Para mi vi[da]
Gracias!
Ivone

Transforma tu pérdida

Ventana a la Esperanza

Enriquecimiento Humano

MY MEANINGFUL LIFE
Life Transitions Center

Presidenta
Ligia M. Houben
Tanatóloga y Geróntologa,
Consejera Certificada de Duelo
y especialista en
Transiciones de Vida

Phone (305) 666-9942 y (305) 299-5370
www.mymeaningfullife.com
info@mymeaningfullife.com

Queda prohibida la reproducción total o parcial
de este libro por cualquier medio o procedimiento sin
la autorización expresa por escrito de la titular del copyright

© Ligia M. Houben, 2007
Todos los derechos reservados
ISBN: 978-1-60013-167-7

Diseño de cubierta:
Alicia Dorn-Elías
www.alidotime.com

Fotografía de portada:
© Randy Groh Grohfoto LLC

Edición, diseño y maquetación:
Alfredo Sainz Blanco

Ligia M. Houben

Transforma tu pérdida

Una antología
de fortaleza y esperanza

La mayor pérdida que he experimentado en mi vida ha sido la muerte de mi padre. Esta dolorosa experiencia fue la inspiración para seguir este sendero en el cual brindo mi mano a aquellos que están pasando por una pérdida. Mi mayor deseo es poder ayudarlos, con compasión y cariño, a transformar su pérdida y cambiar su vida.

Con todo mi amor dedico este libro a mi padre, Julio C. Martínez A.

Le doy gracias a Dios por haber logrado mi sueño. La fe que profeso y el gran amor que siento por las personas fueron los elementos necesarios para finalizar este proyecto que nació del corazón. Agradezco a mi familia, en especial a mi esposo Mario, por su constante apoyo y entusiasmo. A mi madrecita Alicia, por su perenne fe en mí; a mi hija Dianangélica y a mis hermanas Alicia y María Elena, por siempre estar dispuestas a escucharme; y al resto de mi familia, por estar tan presente en mi vida. Les doy las gracias también a mis amistades filiales, que nunca dejan de prodigarme su cariño y amistad.

De manera especial agradezco profundamente a todas las personas que con tanto amor y dedicación nos han enviado sus historias de pérdidas y sus mensajes de fortaleza y esperanza. Sin ellas no habría sido posible este libro.

De igual forma, por su especial colaboración, doy gracias infinitas a las siguientes personas: doctora Isabel Gómez-Bassols, Jorge Córdoba, reverendo Dale Young, Cesar Lacayo, Alex Fiuza, Xiomara Pagés, Marily A. Reyes, Reinaldo Bonachea y Melania Rivas.

También agradezco sobremanera a mi editor Alfredo Sainz Blanco, quien con su gran sensibilidad logró captar el mensaje de este libro y llevar a cabo un encomiable trabajo; a mi amigo el doctor Randall Groh, por haberme facilitado una fotografía tan especial para la portada de este volumen; y a mi diseñadora gráfica, Alicia Dorn-Elías, por su creatividad y dedicación.

Índice

Presentación
Una raya entre dos números /
    Jorge Córdoba / xix
La ciudad que somos
    Alex Fiuza / xxv

El porqué nace este libro / xxvii

Cómo utilizar esta obra / xxxi

Evaluación de tu pérdida
Cuestionario i / xxxv

Primera parte

Introducción / 3
La vida es una sucesión / 9
¿A qué llamamos pérdida? / 11
La muerte de un ser querido / 19
Pérdidas
    Por divorcio / 25
    Por trabajo / 31
¿Qué es el duelo? / 35
El duelo por la pérdida de un ser querido / 39
    Lazos de continuidad / 41
    ¿Cómo experimentamos el duelo? / 42

El duelo. Tipos y manifestaciones

    Anticipado / 47

    Súbito / 48

    Complicado / 50

    Manifestaciones del duelo / 51

Segunda parte: Compartiendo nuestras historias

Introducción / 61

Pérdida

    de un ser querido / 65

    de la salud / 161

    por divorcio / 187

    de trabajo / 209

    de la patria / 217

    de mascota / 225

    de la niñez / 231

    de la amistad / 236

    de seguridad / 239

Tercera parte: Transformación

Al transformar tu pérdida puedes cambiar tu vida / 247

Once principios para transformar tu pérdida

    I. Acepta la pérdida / 249

    II. Vive tu duelo / 253

        Formas no saludables de conllevar las pérdidas / 256

    III. Ahonda en tu dimensión espiritual / 259

    IV. Expresa tus sentimientos / 267

v. Comparte con otros / 271
vi. Cuida de tu persona / 277
    Ayuda a los demás / 273
vii. Elabora rituales / 281
    Rituales para varios tipos de pérdidas
      I. El funeral / 282
      II. El uso de las velas / 283
        Pérdida de un ser amado / 283
        Pérdida de la salud / 284
        Pérdida por divorcio / 284
      III. Tu diario personal / 285
        Cómo llevar tu diario / 286
      IV. Escribir una carta / 287
viii. Vive el presente / 289
ix. Modifica tus pensamientos / 293
    El poder transformador del pensamiento / 294
x. Reconstruye tu mundo / 297
    Agradece lo que tienes / 301
    Significado de la vida / 303
xi. Visualiza la vida que deseas / 307

Con amor, fe y agradecimiento / 311

Evaluación de tu pérdida
    Cuestionario ii / 313

Última reflexión / 315

Notas y fuentes de origen / 317

Sobre la autora / 321

AMIGO LECTOR

Los elementos de transformación presentados en este libro están basados en las historias aquí compartidas y en la experiencia personal y profesional de la autora.

De ninguna manera considera la autora tener la respuesta a todas las preguntas o necesidades, puesto que en estas situaciones cada caso es único y el duelo es un proceso totalmente subjetivo.

El propósito de este libro es ayudar al amigo lector, a través de las historias incluidas y los principios sugeridos, a transformar su pérdida y, por consiguiente, su vida.

Presentación

Una raya
entre dos números

Hace unos días, durante una de las tantas y tan hermosas conversaciones que he tenido el placer de compartir con Ligia, me pidió que le escribiese el prólogo para su nuevo libro: Transforma tu pérdida. Una antología de fortaleza y esperanza. *Tengo que ser sincero y decirles que me sentí muy honrado por su invitación aunque experimenté un sentido de enorme responsabilidad por el simple hecho de que nunca había hecho algo semejante. Sus intenciones de llevar un mensaje de fortaleza y esperanza son tales que, simplemente, sentí que la tarea de escribir el prólogo era algo comprometedor.*

—¡Wow! Es verdaderamente un honor para mí, Ligia —le confesé—, pero... ¿por qué yo?

Lo que me contestó fue suficiente para afirmar, una vez más, que mis experiencias no sólo han transformado mi vida de una manera muy positiva, sino que, además, deben ser compartidas con todo aquel que esté dispuesto a oírlas y quizás a aprender de ellas.

Hace ya casi cinco años perdí a mi querida madre, víctima del cáncer. Esta pérdida sólo la puede describir aquel que haya perdido a un ser querido y cercano como lo es un padre o una madre. Mami fue una maravillosa madre, esposa y abuela que vivía por sus nietos. A su esposo, hijos y nietos los dejó físicamente, pero espiritualmente vive para siempre. La experiencia de ver a mami apagarse poco a poco fue algo muy duro para todos nosotros.

Unas tres semanas después de ella fallecer yo fui diagnosticado con melanoma fase III, uno de los tipos de cáncer que aún no tienen un protocolo de tratamiento identificado. Mi diagnóstico también era muy negativo, ya el cáncer se me había corrido por los ganglios del cuello. Esto significaba que tenía entre seis y veinticuatro meses de vida, según las estadísticas de este pronóstico.

Dicen que normalmente el proceso de duelo es difícil, luego de perder a un ser querido, pero yo casi no tuve oportunidad de llorar a mi madre ya que tres semanas después mi vida estaba en peligro. Aún con el proceso de perder a mi mamá, doce meses antes de mi pronóstico vivía feliz, con salud, una familia unida y un negocio productivo. Pero ahora parecía que una tormenta inesperada se nos venía encima. Después de dos operaciones y seis meses de tratamiento tuve una recurrencia que terminó en otra operación y otro año de tratamientos. En este proceso también perdí mi joven negocio, así que en un período de dos años y medio también perdimos nuestros ahorros y estábamos prácticamente en bancarrota. Fue un cambio muy brusco y repentino.

Mi linda esposa Naomi y yo estábamos una noche contemplando el tsunami que habíamos pasado. Me acuerdo perfectamente que estábamos en el jardín y le dije que tanto ella como yo éramos unos seres muy dichosos. Dichosos por ser parte de este lindo planeta sin haber pedido estar aquí; dichosos por habernos conocido, dichosos por haber podido tener cinco bellos hijos, dichosos por haber podido sembrar amor en nuestros hijos, dichosos por el simple hecho de estar juntos conversando esa noche; dichosos por haber pasado lo que pasamos, ya que, en vez de destruirnos, nos hizo mucho más fuertes. Realmente, después de la tormenta nos esperaba un lindo sol. Ahora que miro hacia atrás, verdaderamente puedo decir: ¡Mi experiencia fue una bendición!

PRESENTACIÓN

En Transforma tu pérdida, *este maravilloso libro, Ligia desea que entendamos que nuestras experiencias de dolor pueden ser transfiguradas y eventualmente ser vistas como algo que, simplemente, forma parte del proceso de esta vida. Nuestra vida parece un libro en el que termina un capítulo pero comienza otro. Ya bien dice la palabra sabia: "Hay tiempo para llorar, tiempo para reír, tiempo para vivir y tiempo para morir".*

¿Y por qué digo que mi experiencia fue una bendición que transformó mi vida?

Cuando me operaron por última vez, antes de que me pusieran la anestesia, pensaba que quizás me quedaban pocos meses de vida; también se me ocurrió que me podía morir en la sala de operaciones. Fue entonces cuando me di cuenta del bello regalo del tiempo y que, quizás, no aproveché mi vida como debía. Me di cuenta de que la vida (regalo que yo no pedí) es una raya entre dos números: el día de mi nacimiento y el día de mi muerte. Así es para todos: mis padres, mis hijos, mi esposa, mis amigos, todos los seres humanos sin excepción. Una raya entre dos números.

Señor, si es posible, dame un poquito más de tiempo. Y si no, entonces dame, por favor, la energía para lograr lo que más pueda de lo que me quede de tiempo. Gracias por haberme dado tan bella familia. Gracias por el nombre que me diste, el mes en que nací, el país en que nací, gracias por mi cultura, gracias por darme el regalo de unos padres tan bellos y unos abuelos inolvidables, gracias por el tiempo en que me prestaste a mi madre, gracias por mis bellos hijos, mi esposa, mis amigos, el sol, las estrellas, las montañas, el mar y los animales, gracias por enseñarme a través de las experiencias buenas y también de las dolorosas.

Mi experiencia me hizo darme cuenta de que se me dio una rayita de tiempo y que dentro de esa rayita todo lo que hay es un regalo. Entonces no me quedó más que estar agradecido por las cosas que mencioné anteriormente.

No sé qué experiencia puedas estar pasando en estos momentos: un divorcio, la muerte de un ser querido, una enfermedad, tu inocencia. Transforma tu pérdida *es más que un libro, es una herramienta para ayudar al que está dispuesto a recibir el mensaje de esperanza y aceptación de este lindo y privilegiado proceso de la vida. A través de su buena intención, conocimiento y cariño, Ligia ha compilado una melodía de esperanza.*

Tengo que terminar estas líneas mencionando la bendición más grande que recibí durante mi experiencia. El entendimiento de la fe. He leído de muchas personas excepcionales en la historia y muchos escritores y sus formidables mensajes. Sin excepción, todos me han enseñado algo positivo, pero la persona de la cual he recibido la mayor enseñanza es Jesús de Galilea.

Mi experiencia fue milagrosa, y parte del proceso de ese milagro fue entender que la fe mueve montañas. No necesariamente montañas físicas, sino aquella montaña que esté bloqueando tu felicidad. Jesús, durante sus tantos milagros, nunca dijo "Te sané"; su expresión siempre fue: "Tu fe te ha sanado". Yo logré soltar todas mis dolencias y preocupaciones a Dios y eso me dio paz y tranquilidad. Eso, en sí, fue otra bendición.

Amigos, ¡sí se puede! Y en este lindo libro verás numerosos testimonios de personas como tú y yo que logran cerrar un capítulo para abrir otro y pasar "del sufrimiento a la paz".

Ya han pasado casi cinco años desde que falleció mami y casi cinco de mi cáncer. Gracias a Dios, hoy estoy libre de cáncer y tengo la dicha de estar aquí, compartiendo con ustedes. Hoy entiendo que todo lo que he pasado es parte de un proceso divino que debo aceptar. Espero que abras tu mente y tu corazón y dejes que Transforma tu pérdida. Una antología de fortaleza y esperanza *te ayude a entender que sí se puede.*

Les dejo con una oración que aprendí cuando tuve la impresión de que el mundo se me venía encima. No me acuerdo quién me la dio, pero estoy seguro de que fue un ángel:

Señor,
gracias por lo que me has dado,
gracias por lo que me estás dando y no me doy cuenta,
gracias por lo que me vas a dar, porque para ti todo
                                                    [es presente,
gracias por lo que me niegas en tu infinita misericordia
y gracias, Señor, por enseñarme que tu tardanza no es tu
                                                    [negación.
¡Amén!

JORGE CÓRDOBA

La ciudad que somos

Transforma tu pérdida. Una antología de fortaleza y esperanza *es un documento vivo, enriquecido con una colección de testimonios sobre la experiencia humana que reafirma dicha experiencia en su totalidad. Nos ayuda a comprender que el duelo es una parte tan natural de la vida como lo es nacer, crecer y morir. Nos da a entender que vivimos dentro de un vestido que es el cuerpo humano y que nuestra alma nunca muere, sino que pasa a otra dimensión, pasa a "la vida real".*

Con esta obra de Ligia M. Houben he aprendido que cada vida es como un mapa. Cada ser humano es una ciudad. Algunas pequeñas, otras más grandes. Y vamos transcurriendo y viajando a través de ese mapa para llegar a nuestro destino que es la casa. Para algunos de nosotros nuestra casa es el Cielo, donde habita nuestro Padre Celestial. Para otros, es una energía tan grande como el sol, que está allí y no podemos llegar a ella sino de una forma verdadera, como un espíritu.

Además de ayudarme en mi profesión de psicólogo clínico (quien trabaja con personas que están pasando por el proceso del duelo), este libro también me ha ayudado a transformar mi percepción espiritual más allá de lo convencional. Mantengo como base mi experiencia humana para ayudar a los demás a través de las más puras de las enseñanzas, que es la del amor. Estamos aquí para aprender uno del otro. Algunos de nosotros lo hacemos a través de pequeñas cosas, como trabajadores silenciosos, sabiendo que la voz de la recompensa no consiste en que se nos diga que hicimos un buen trabajo, el mérito consiste en saber que llevamos a cabo nuestras acciones inspirados por ese amor. No olvidemos que debemos vivir el presente ahora, sin acordarnos de lo que pasó ayer ni preocuparnos por lo que pasará mañana: lo importante es vivir la experiencia del ahora.

Siento que este libro es un instrumento inspirado por algo divino y que puede servir para ayudarnos a entender el dolor como algo normal.

Transforma tu pérdida *también tiene en sus páginas un valioso conjunto de testimonios de gran valor humano y eso nos ayuda a percibir que no estamos solos; estas memorias colectivas nos pueden ayudar a procesar el dolor y a entender que existe un gozo en el dolor y que este gozo sólo se puede lograr al pasar por el duelo y dejarlo ir.*

ALEXANDER FIUZA
PhD. Psicólogo Clínico

El porqué nace este libro

Este libro nace a raíz de un segmento televisivo en el cual participé y en el que se discutió el tema de las pérdidas y cómo conllevarlas. Debido a este programa muchas personas me preguntaron si había escrito un libro sobre pérdidas, ya que deseaban una guía sobre cómo convertir sus vidas después de pasar por un proceso de duelo. Al analizar la necesidad que existe sobre este tema tan universal pero a la vez tan esquivado, decidí escribir este libro, ya que yo experimenté la pérdida de mi padre a la temprana edad de doce años. En ese tiempo no tuve ayuda profesional o libros que me brindaran esperanza o consuelo. Estoy consciente de que esa experiencia cambió mi vida y fue la llama que originó en mí el deseo de ayudar a otros dolientes a procesar sus pérdidas y, a la vez, a transformarlas.

Con este libro, a treinta y seis años de la desaparición física de mi padre, le brindo un homenaje a su memoria, que siempre llevo conmigo.

Porque el amor no termina, se transforma...

Pero estemos conscientes de que al hablar de pérdidas no nos limitamos a la muerte solamente. Existe un sinnúmero de situaciones que enfrentamos en nuestro diario vivir que nos causan dolor y aflicción. Vivimos en una sociedad que evita hablar sobre pérdidas. Pensamos que lo lógico es mantener la actitud de "Yo estoy bien y espero que tú también estés bien". Esta actitud la podemos apreciar al preguntarle a alguien cómo está y asombrarnos si no escuchamos la preconcebida respuesta: "Bien, ¿y tú?".

Aunque continuamente enfrentamos pérdidas y pasamos por el proceso del duelo, todavía no nos hemos acostumbrado a hablar sobre el tema. Nos podemos dar cuenta de que formamos parte de una sociedad de negación ante el duelo, como dijo Elizabeth Kubler-Ross al hablar de las cinco fases relacionadas con la muerte, también aplicables a todo tipo de pérdidas: negación, rabia, negociación, depresión y aceptación.

La primera de estas fases es, precisamente, la negación[1]. Pero mientras nos quedemos estancados en esa fase no podremos realmente resolver nuestras pérdidas ni comprender las de los demás. Reconozcamos que, a veces, no estamos bien y que necesitamos compartirlo y procesarlo. De igual manera necesitamos estar conscientes de que tenemos dentro de nosotros el poder de salir adelante y de transformar nuestro infortunio en una fuente de crecimiento personal y espiritual.

Con el deseo de brindarte esa oportunidad nació *Transforma tu pérdida. Una antología de fortaleza y esperanza*. Éste es un libro interactivo que trata sobre los diferentes tipos de pérdidas que enfrentamos en la vida, cómo reaccionamos ante ellas y cómo podemos transformarlas. En sus páginas finales te ofrezco las herramientas necesarias para transformar tu pérdida y, a la vez, te daré a conocer los testimonios de diferentes personas que decidieron compartir sus propias historias de pérdidas, con la intención de ayudarte en estos momentos de dolor o confusión. Aunque en su mayoría estas historias tratan sobre la pérdida de un ser querido, también se han incluido pérdidas de otro tipo, significativas en nuestras vidas. Ten presente que cada una de estas historias está escrita con gran sentimiento y con el ánimo de ayudarte en el proceso de conllevar tu propio duelo. Cada una de estas personas, incluyéndome a mí, pasamos por un dolor semejante al que tú estás pasando. No digo igual pues cada duelo es único, pero sí, muchos de nosotros sentimos a veces que no íbamos a poder levantarnos ni continuar con nuestra misión en la vida. Sin embargo aquí estamos y unidos de la mano nos acercamos a ti y te damos nuestro más caluroso abrazo y te aseguramos que, aunque no te conocemos, nos sentimos muy cerca de ti, pues te estamos abriendo nuestras almas y nuestros corazones al dejarte saber que, como tú, hemos sufrido, hemos llorado y hemos confiado. Las pérdidas son parte de la vida y debemos aprender a lidiar con ellas y crecer durante el proceso del duelo. Mi mayor deseo con este libro es estimularte a seguir adelante y brindarte la oportunidad de transformar tu pérdida y, consecuentemente, cambiar tu vida.

Cómo utilizar esta obra

Lo que hará diferente tu vida no es lo que te ocurra, sino la forma en que tú manejes lo ocurrido.

Zig Ziglar

Te invito a que leas este libro con los ojos del alma. Seguramente algunas de sus secciones o historias te toquen más que otras. Pero si uno de los mensajes, una de las ideas, una simple sugerencia te ayuda a procesar tu duelo y a mejorar tu vida, bien vale la pena este proyecto. Me sentiré satisfecha pues habré logrado contribuir a la transformación de tu pérdida y, por consiguiente, de tu vida. Todas las personas que han contribuido con sus propias historias lo han hecho de todo corazón y con el deseo de ayudarte e inspirar tu proceso. También es mi deseo dejarte saber que no estás solo y que las pérdidas son parte de la vida, que suceden a cada momento y las personas las afrontamos, las sufrimos y el mundo sigue girando. Así que toma este libro, en su momento, puedes leerlo todo de una sola vez o por capítulos. Inclusive, si lo deseas, puedes hacer los ejercicios presentados en cada Momentos de reflexión antes de leerlo. Yo te invito a que leas el libro en orden secuencial, pues con ese propósito fue escrito.

Te propongo que respondas el cuestionario "Tu actitud ante tu pérdida I", antes de leer la primera parte del libro. Luego, después de haberlo leído y conocer nuestras historias y de haber llevado a cabo los diferentes ejercicios y meditaciones, te sugiero que tomes el cuestionario "Tu actitud ante tu pérdida II", que se encuentra en las páginas finales. Puede ser que te asombres, puede ser que compruebes que, en efecto, dentro de ti reside el poder para transformar tu pérdida.

Este libro está dividido en diferentes secciones. En la primera sección trataremos sobre lo que son las pérdidas y lo que es el duelo. Exploraremos los diferentes tipos de duelo y sus manifestaciones. Esto te brindará la oportunidad de identificar tu situación personal.

En la segunda sección entraremos de lleno a las historias personales con su Mensaje de fortaleza y esperanza; y en la tercera sección te brindo las herramientas necesarias para que tú también puedas transformar tu pérdida. No intento dar todas las respuestas ya que muchas filosofías existen para conllevar un duelo.

Los once principios que te propongo para transformar tu pérdida están basados en mi experiencia personal y profesional, y en los elementos comunes contenidos en las historias aquí compartidas.

A la vez deseo hacerte notar, como te mencioné anteriormente, que en cada sección te encontrarás con tareas que identifico como Momento de reflexión, que son ejercicios que te permitirán establecer una mayor comunicación entre tu yo interior y tu capacidad de transformación.

Si recientemente sufriste tu pérdida, sobre todo la pérdida de un ser querido, puede ser que sientas que este libro es muy exigente y no estás aún en condiciones para llevar a cabo los ejercicios o para recibir el mensaje. Probablemente te encuentres todavía en la etapa aguda del duelo. Si es así, te aconsejo que no lo descartes. Ponlo sobre tu mesa de noche y cuando te sientas preparado para emprender este proceso, tómalo y abre tu corazón al mensaje aquí contenido. Puede ser que éste sea el primer paso para transformar tu pérdida. Puede ser que, si ésta es muy reciente, en estos momentos ni te imaginas que podrás resolver el duelo o, más aún, transformar la pérdida. Pero te aseguro que con el tiempo y llevando a cabo el trabajo de duelo lo lograrás.

Lo más importante es iniciar un camino de crecimiento personal y espiritual. Una vez que asumas el control en tu vida podrás desarrollar el potencial que llevas por dentro.

El deseo de salir adelante es lo que nos puede generar la adecuada capacidad para dar los pasos necesarios en la transformación de nuestra pérdida y recobrar el sentido de la vida. Al llevar a cabo estos pasos, lograremos reintegrar la pérdida en nuestra vida de una forma diferente, sin que nos cause tanto sufrimiento y aprender a vivir en nuestra nueva realidad.

Recuerda que también puedes decidir quedarte como estás, sin intentar siquiera seguir adelante. Es tu decisión. Earl Grollman asegura que "El duelo es un proceso, la recuperación es una elección".

Evaluación de tu pérdida

Cuestionario I

¿CON CUÁL DE LAS SIGUIENTES EXPRESIONES TE IDENTIFICAS?

1. No quiero pensar en mi pérdida
2. Nunca volveré a ser feliz
3. Sólo a mí me suceden estas desgracias
4. El resto de las personas son felices
5. No me interesa el cuidado de mi salud
6. No creo en los grupos de apoyo
7. No creo en Dios
8. No creo en los guías espirituales
9. Siento mucha rabia
10. Siento mucho rencor
11. Nunca perdonaré a quien me ocasiona este dolor
12. No quiero hablar de la muerte
13. La vida es injusta
14. Si ocupo mi tiempo no necesito pensar en mi pérdida
15. No tengo que compartir con nadie mi dolor
16. Necesito ser fuerte ante los demás
17. Desde ahora no demostraré mis sentimientos
18. No creo que me llegue a recuperar
19. Nadie me entiende
20. Nunca más veré a mi ser querido
21. La religión no ayuda a sanar una pérdida
22. ¿Por qué me pasó a mí?
23. Soy culpable de sufrir esta pérdida
24. Algún día seré feliz

25 Aprenderé a vivir con esta pérdida
26 Sobreviviré la pérdida y transformaré mi vida
27 Prefiero estar en soledad
28 No quiero ayuda
29 He interiorizado mi pérdida
30 Llegaré a ser feliz de nuevo
31 Las pérdidas son parte de la vida
32 Todo el mundo enfrenta momentos difíciles en la vida
33 El cuidado de mi salud es muy importante
34 Los grupos de apoyo pueden brindar ayuda
35 Creo en la posibilidad de algo más fuerte que yo
36 En ciertos momentos necesitamos de guías espirituales
37 He logrado que la ira se aleje de mí
38 Guardar rencor no es sano para mi alma
39 He logrado perdonar
40 Es necesario hablar sobre la muerte
41 A veces la vida no es fácil, pero sigo adelante
42 Aunque es difícil, necesito procesar mi pérdida
43 Mucho me ayuda compartir mi pena
44 No necesito aparentar fortaleza ante los demás
45 Es importante demostrar mis verdaderos sentimientos
46 Llegará el día en el cual me habré recuperado
47 Existen personas que entienden mi dolor
48 Siempre llevaré en mi corazón a mi ser querido
49 La dimensión espiritual ayuda a encontrar significado
50 No soy la única persona enfrentando una pérdida
51 No soy culpable de esta pérdida
52 Ayudo a otros a conllevar su pérdida
53 Soy capaz de amar, empezando por mí
54 Al transformar mi pérdida puedo cambiar mi vida

ts
PRIMERA PARTE

Introducción

> *Cada vida es una vida llena. Nadie puede predecirnos el tiempo que viviremos. La mejor estrategia es vivir cada día tan completamente como sea posible. Como si fuera el primero o el último día de nuestra vida. Cada momento puede entonces llegar a ser perfecto.*
>
> Ira Byock

La pregunta que nos hacemos una y otra vez cuando enfrentamos un infortunio, una desgracia, o algo que interrumpió el flujo de nuestra vida es: "Por qué me sucedió esto a mí?". Esa vida que conocíamos, esa vida a la cual estábamos acostumbrados y en la que nos sentíamos cómodos y felices, de pronto experimenta algo y se rompe lo que es el flujo de esta vida; entonces, llenos de desesperación y confusión, nos preguntamos: "¿Por qué me sucedió esto a mí?".

Pero detente un momento y piensa... No sólo a ti te ha sucedido, miles de personas en este mismo momento están enfrentando pérdidas, problemas e infortunios. Pero "(...) la peor pérdida es la que le sucede a uno mismo", como dice el rabino tanatólogo Earl Grollman. Por lo tanto, cuando pasamos por un dolor, por una desgracia, no estamos pensando que otros también están pasando por una situación similar. Nos preguntamos: "¿Cómo es posible que nos suceda a nosotros?", y a veces con nuestra propia actitud engrandecemos más el proceso del duelo. En la vida tenemos muchas veces que enfrentar obstáculos que no esperábamos, especialmente cuando sentimos que todo en nuestra vida se encuentra en orden y nos sentimos contentos, nos sentimos realizados y pensamos que la vida es linda. De pronto algo sucede y nuestro mundo se nos viene abajo. Perdemos a un ser querido, nos percatamos de que sufrimos alguna enfermedad o enfrentamos un divorcio. Cuando nos sentimos solos y frustrados o cuando nos sentimos confundidos e inmersos en nuestro propio dolor nos hacemos una serie de preguntas, aparte de la pregunta inicial —¿Por qué me pasó esto a mí?— podemos preguntarnos llenos de temor y ansiedad:

- ¿Qué va a pasar conmigo ahora?
- ¿A dónde voy a ir?
- ¿Seré capaz de enfrentar esto?
- ¿Cómo será mi vida?
- ¿Cómo será mi futuro?
- ¿Quién cuidará de mí?
- ¿Podré conseguir un nuevo empleo?
- ¿Podré ajustarme a este país?

Nos hacemos muchas preguntas y esperamos muchas respuestas, pero recuerda que no siempre vas a tener la respuesta que necesitas. Esto me recuerda una conversación que sostuve con un reverendo, especialista en duelo, y con quien llevé a cabo un entrenamiento sobre el luto. Al tocar el tema de las preguntas, él comentaba que era necesario, al empezar el trabajo de duelo, poner de lado esas preguntas —esos ¿por qué...?— y seguir adelante. Con el pasar del tiempo, probablemente, encontraremos el significado y comprenderemos las preguntas.

Por lo tanto, es de humanos preguntarse aunque la mayoría de las veces no vamos a obtener la respuesta que nuestro corazón desea escuchar. Mi intención es que puedas desarrollar tu dimensión espiritual para, a la vez, transformar tu pérdida o transformar cualquier área de tu vida que esté sufriendo un trauma o cualquier situación que te esté causando dolor. Con nuestras historias no pretendemos imponerte nuestras creencias religiosas. Podrás observar que en la mayoría de estas historias hemos recurrido a la espiritualidad para conllevar la pérdida, pero no pretendemos con eso que tú lo hagas de la misma manera. Tú, simplemente, trata de aplicar tus propias creencias. Si a un ser superior deseas llamarlo Universo, Buda, Tao o Energía, hazlo, si es lo que te brinda fuerza espiritual. En mi caso lo llamo Dios, pero cualquier nombre que represente para ti un ser supremo le servirá de bálsamo a tu alma.

No es por casualidad que tienes este libro en tus manos, ya que podrías haber tomado cualquier otro. Probablemente te llamó la atención el título, ya que puedes estar pasando por una pérdida o conoces a alguien que esté en esa situación. Esto no lo encuentro difícil, ya que todos estamos continuamente enfrentando cambios y pérdidas; unas más difíciles y dolorosas que otras ya que la vida, en sí, es una sucesión de pérdidas.

Por lo tanto, ¿qué ha pasado en tu vida que te ha causado tanto dolor? ¿Qué está causándote dolor? Este libro es sobre el poder que reside en ti para transformar profundamente tu vida y tu manera de reaccionar ante el dolor que te ha causado una pérdida. Vale aclarar que, aunque en la mayor parte del libro y las historias nos referimos a la muerte de un ser querido, existen las otras "pequeñas muertes" que enfrentamos en la vida y que no podemos ignorarlas ya que también generan dolor y sufrimiento[2].

Transforma tu pérdida es una guía que te ayudará a procesar y a transmutar ese dolor tan profundo, esa sensación de vacío que llevas dentro y te hace sentir a la deriva. Deseo de todo corazón que este libro y las historias contenidas en él te ayuden e inspiren en tu proceso de duelo. No sé exactamente cómo te sientes en estos momentos, pero lo que sí te puedo asegurar es que todas las personas que compartimos nuestras historias hemos pasado por pérdidas y por momentos difíciles que creíamos que nunca mejorarían, que nunca sanarían. Al analizar mi propia vida y darme cuenta de que he sufrido múltiples pérdidas me doy cuenta de que no estoy sola. En mi vida personal y profesional he constatado que como seres humanos pasamos por pérdidas de toda índole y que de nosotros depende cómo las asumimos y cómo lidiamos con ellas.

Si lo permites, con el tiempo se va a producir una metamorfosis en ti y vas a poder levantarte como el ave fénix, pues vas a darte cuenta del poder que reside dentro de ti. Mi intención no es ignorar tu dolor o decirte que no tiene importancia lo que sientes. Reconozco tu dolor, ya que yo también he pasado por el duelo y la desesperación, pero a la vez deseo que con nuestros mensajes y nuestras historias puedas atravesar con más valor, esperanza y consuelo esta etapa de tu vida que pareciera no terminar.

Desarrolla el poder de transformación que llevas dentro, porque —aunque tal vez en este momento no sepas cómo vas a enfrentar el hoy y el mañana— tu poder es interior y está en ti la posibilidad de canalizarlo hacia algo positivo, hacia algo que te ayude a salir de esa situación tan difícil en la que te encuentras ahora. Tú tienes el poder de seleccionar, la capacidad de escoger. Cuando uno sufre una pérdida también tiene la opción de una nueva vida. Comprendo que en el caso de la muerte de un ser amado no es fácil, pues extrañamos a la persona cada día, pero no olvides que, aunque esta persona no se encuentre físicamente contigo, los recuerdos y su memoria perdurarán siempre. Podemos transformar la relación que teníamos con la persona ausente, puesto que los lazos de amor continuarán hasta después de esta vida, y son esos lazos invisibles, esos lazos de oro, los que nos unen a la persona amada y son los que nos pueden inspirar a forjar una vida con altos propósitos y mayor significado.

Al sufrir por una pérdida de gran magnitud debemos ser compasivos con nosotros mismos y permitirnos un tiempo para pasar por el sufrimiento. Las lágrimas son necesarias y hablar de ello es necesario. No existe un determinado tiempo para procesar el duelo. Para algunas personas será más rápido que para otras. El hecho de entrar en un proceso de transformación no implica que se dará de forma precipitada, puesto que tú eres único y a unas personas les toma más tiempo que a otras, pero, poco a poco, podrás lograrlo de acuerdo a tu propia situación personal. Lo que sucede también es que vivimos en una cultura caracterizada por la prisa. Todo pasa rápidamente y por lo tanto esperamos que todo sea instantáneo y si no sucede así, nos impacientamos. Pero con el proceso de duelo no puede suceder así, ya que si lo apresuramos podemos tropezar. Es como una persona que toca piano y desea llegar a ser una gran concertista sin pasar por el proceso de la práctica. Todo lleva tiempo y especialmente todo lleva empeño y esfuerzo, incluyendo el proceso del duelo.

La vida es una sucesión

> *La vida no es justa. Nunca lo fue. Pero tiene significado si tú permites que este significado esté presente. Siéntete orgulloso por lo que tú eres y por permitirte crecer y sanar.*
>
> Harriet Sarnoff Schiff, PhD

La vida es una sucesión de pérdidas y a veces no es fácil enfrentar lo que nos toca vivir, pero tengamos presente que nuestra vida y la vida de los otros tiene significado y que el significado que la vida tiene es el que nosotros mismos le damos a ella.

Por lo tanto, concédete el valor que tú tienes y bríndate la oportunidad de poder crecer en medio de este dolor y llegar a la sanación de tu herida. Cuando llegues a ella, te sentirás satisfecho y podrás ver la vida desde otro punto de vista. Desde el fondo de mi corazón te deseo lo mejor y espero que el largo caminar por el sendero del duelo podamos recorrerlo juntos y si alguna vez tropiezas y caes, no te preocupes, estamos aquí para ayudar a que te levantes. Y no olvides que es de humanos caer y dentro de nosotros está la fuerza necesaria para poder levantarnos. Ten siempre presente que

- Después de la oscuridad viene la luz…
- Después de la tormenta, la calma…
- Después de la noche, el día…
- No olvides que al final del túnel está la luz. Ese es el valor de la esperanza

Si lo que has intentado hasta ahora no te ha ayudado en tu dolor, te pido que te des la oportunidad y continúes leyendo. Puede ser que en estas páginas encuentres la paz y la sanación que tu alma necesita. Si tú deseas transformar tu vida, lo primero que tienes que hacer es transformar tu pensamiento. Trata de ver tu vida con otros ojos. Con ojos de apreciación, con ojos de compasión, con ojos de crecimiento y con ojos de amor. Pienso que probablemente todo estriba en eso. Primero en el amor hacia nosotros y luego en el amor hacia los demás, como dijo Jesús de Nazareth en Marcos, 12,3:

"Amarás a tu prójimo como a ti mismo".

¿A QUÉ LLAMAMOS PÉRDIDA?

Las personas son como vitrales. Destellan y brillan cuando el sol está fuera, pero al caer la oscuridad su verdadera belleza es revelada solamente cuando existe una luz que brota de adentro hacia afuera.

ELIZABETH KUBLER-ROSS

¿Qué sentimientos provocan en ti los fragmentos que se reproducen a continuación?

Desde afuera todo el mundo hubiera dicho que tenía la vida ideal. Una carrera profesional muy exitosa, dos hijos maravillosos y un matrimonio estable por más de veinte años. Pero, recientemente me di cuenta de que mi esposo por más de dos años había mantenido una relación amorosa con su compañera de trabajo y me siento totalmente a la deriva. Me siento traicionada y enfurecida… No sé si pretender que nada ha sucedido o enfrentarlo… No quiero pasar por un divorcio.

Hace un mes diagnosticaron a mi hija Josefina un tumor en el cerebro. ¿Por qué tuvo que pasar esto? Ella es una dulce niña de apenas doce años que recién comienza a vivir. Qué injusta puede ser la vida. Tendría que haber sido yo quien tuviera el tumor y no ella. Al principio parecían ser sólo unos fuertes dolores de cabeza y yo deseaba que así fuera… ¿Por qué Dios no escuchó mis rezos?

Ayer cumplió un año de muerta mi madre. Aunque he logrado continuar con mi vida durante este año y siento que su amorosa presencia siempre está conmigo, ayer fue diferente. Reviví el dolor de los primeros tiempos. Siento haber retrocedido en mi proceso de duelo. ¿Será que nunca voy a sobrepasar esta etapa?

Puede ser que los anteriores fragmentos provoquen en ti sentimientos reconocidos, ya que a lo mejor tú has pasado por alguna de estas situaciones o conoces a alguien muy cercano que ha pasado por esa realidad. Aunque estas situaciones son diferentes por naturaleza todas tienen algo en común. Todas representan una pérdida. Pero te preguntarás qué es exactamente una pérdida.

Experimentamos una sensación de pérdida cuando algo o alguien que nos pertenecía y que tenía gran valor para nosotros ha sido arrancado de nuestra vida, dejando en su lugar un vacío que a veces nos resulta imposible de llenar. Este vacío nos deja desconcertados, aturdidos y con dudas sobre nuestros siguientes pasos en el sendero. La pérdida es una experiencia propia de nuestra condición humana, por tanto, no es realmente ajena, la experimentamos desde pequeños, lo que pasa es que no nos percatamos de ello. Tanto es así que Judith Viorst, en su libro *Necessary Losses*[3], asegura que las pérdidas son inevitables y hasta necesarias en nuestra vida, ya que es la forma de ganar madurez y una mayor sabiduría. Viorst menciona como primera pérdida la que experimentamos cuando, al nacer, nos separamos del cuerpo de nuestra madre. Viorst luego da el ejemplo de cuando el niño pierde su primer diente. Imaginemos por un momento esta situación. El niño sufre una pérdida (su diente) y la madre para brindarle consuelo le sugiere que coloque el diente debajo de su almohada para que el ratoncito Pérez se lo lleve y éste, a la vez, le traiga un regalito. Esta madre le brinda esperanza al niño con la historia de que el ratoncito le traerá un regalo, como consuelo por haber perdido su diente. A veces esa pérdida es para el niño un gran dolor. Le da vergüenza andar con su huequito en la boca y es por eso que en ocasiones evita reírse para que las personas no lo noten. Ahora, en carácter de adultos podemos analizar esa pérdida y nos puede parecer pequeña pero para ese niñito representó una pérdida muy grande, pero pudo pasar por ella y transformarla en un momento de crecimiento. También podemos tomar por ejemplo el cambio que sufrimos de la niñez a la pubertad, perdemos la inocencia de ser niños, pero entramos a una nueva etapa en nuestra vida que nos llevará a la madurez.

Cada uno de nosotros a lo largo de nuestra vida se ha enfrentado a dichas pérdidas, y hemos logrado superarlas y continuar con nuestro crecimiento como personas. A la vez nos suceden infortunios que provocan en nosotros un dolor tan grande que lo sentimos como una ola que nos arrastra hasta el fondo del mar. Luego nos devuelve extenuados a la orilla para volvernos a arrastrar de nuevo. Experimentar dolor por la pérdida de algo valioso es así, como una marea. A veces alta… A veces baja… ya que el flujo de emociones nunca es constante. Pero de nosotros depende si los momentos de marea alta los apreciamos y sacamos provecho de ellos para gozarlos a plenitud. No escojamos quedarnos en la marea baja. Que ésta sea una oportunidad de crecimiento y desarrollo espiritual. ¿Acaso no contamos con el mayor regalo que es la vida? No la desperdiciemos, saquemos fuerza de nuestro ser el cual tiene un potencial infinito de resistencia.

Esta capacidad de supervivencia y de transformación la he comprobado de forma muy especial con las ancianas que visito en un centro de cuidados de personas mayores. Cada dos semanas nos reunimos y facilito para ellas un grupo de apoyo o, mejor dicho, de crecimiento. Digo crecimiento porque estas mujeres —de entre sesenta y cinco y ciento un años— son un ejemplo de fortaleza ya que continúan viviendo a plenitud, a pesar de tantos sufrimientos que han experimentado en sus vidas y de las limitaciones físicas que enfrentan. Cuando ellas comparten sus historias me doy cuenta de lo mucho que aman la vida y de la capacidad que existe de seguir creciendo espiritualmente. Tomemos el ejemplo de Luisa, quien con ochenta y cinco años nos dice:

> Cada día que amanece doy gracias por estar viva... sé que en la vida hay valles y montañas, pero en las montañas tomo la fuerza necesaria para salir de los valles. Por lo tanto, cuando nos encontremos en esos valles, no olvidemos que también somos capaces de escalar las montañas, sobre todo al encarar situaciones en la vida que nos estremecen y nos mueven el piso, como es el caso de enfrentar una enfermedad, perder un trabajo estable, pasar por un divorcio, abandonar nuestra patria y lo más terrible que nos puede suceder: perder a un ser amado.

Y tú, ¿qué pérdida estás enfrentando? Te invito a que te tomes una pausa y ahondes profundamente dentro de tu ser al responder las siguientes interrogaciones. Es recomendable que tengas a tu lado un cuaderno en donde puedas ir contestando las preguntas que se te irán formulando a lo largo del libro.

Momento de reflexión

- ¿Cuál ha sido la mayor pérdida que has sufrido?
- ¿Cuánto tiempo ha pasado ya?
- ¿Cómo sucedió?
- ¿Cómo te diste cuenta?
- ¿Cómo reaccionaste?

- ¿Quiénes estaban presentes?
- ¿Cómo fue tu reacción física?
- ¿Cómo fue tu reacción emocional?
- ¿Cómo fue tu reacción espiritual/religiosa?
- ¿Existen algunos aspectos en tu vida que todavía no han sanado?
- ¿Cómo estás lidiando con la pérdida?
- ¿Has aprendido algo con esta pérdida?

Ya dijimos que aunque en primera instancia estas pérdidas nos parecieran diferentes, todas ellas comparten algo en común y esto es el proceso del duelo. En algunas pérdidas el proceso es más llevadero que en otras, ya que influye el tipo de pérdida, nuestra personalidad, nuestro historial de pérdidas y hasta nuestras creencias religiosas y/o espirituales. Pero en todo caso lo que nos hace experimentar ese gran dolor es nuestro apego o conexión con esa persona o circunstancia. Nunca olvides que nuestra vida tiene sentido y a veces es a través de una pérdida que uno encuentra ese sentido. Como ciertos temas del libro pueden traer a tu mente o corazón recuerdos o preguntas, te recomiendo nuevamente que mantengas un cuaderno o diario a tu lado, para anotar los pensamientos que te puedan proporcionar ese sentido que tu vida necesita.

Cuando uno siente el dolor de una pérdida, uno busca consuelo. Éste se puede encontrar de diferentes formas: en la religión o en prácticas espirituales, en un confidente que nos escuche y no nos juzgue, en consejería de duelo, en grupos de apoyo, escribiendo en un diario, mirando fotos, visitando el cementerio o simplemente tomando un paseo por la playa.

Tocaremos cada uno de estos temas en el capítulo "Once principios para transformar tu pérdida", que se encuentra al final del libro y que te proporcionará las herramientas para convertir estos momentos tan dolorosos en una oportunidad de evolución personal, ya que, si aprendemos a aceptar la presencia de la aflicción o el duelo, podemos valorar lo que es realmente importante en nuestras vidas y hasta nos podemos dar la oportunidad de crecer espiritualmente.

Es muy probable que te encuentres en medio de muchas emociones, ya que puedes sentir dolor, frustración, miedo, depresión y hasta falta de esperanza a la vez, pero desde el momento en el cual tomaste este libro y deseas conocer cómo otras personas igual que tú lograron sobrepasar las pérdidas, estás demostrando que deseas salir adelante, estás manifestando que deseas poner todo tu empeño para continuar con el regalo tan preciado que es tu vida. Este libro es solamente el vehículo para proporcionarte una esperanza. Es como una especie de soga que te llega desde la cima de una montaña para que con su ayuda puedas ir, poco a poco, subiendo. Con cada peldaño que subas irás llenándote de confianza en ti mismo. Renacerá la esperanza hacia el futuro y llegará el momento en el cual habrás logrado superar la etapa de duelo. Llegará el momento en el cual habrás logrado transformar tu pérdida al reconstruir su significado.

He encontrado el trabajo del psicólogo Sameet M. Kumar muy pertinente para este tema, ya que él se ha especializado en el duelo y trabaja con pacientes con cáncer. Kumar aplica sus principios budistas al tratar con pérdidas y el proceso de la aflicción[4]. Un tema que predomina en esta filosofía y que puede ser muy útil al lidiar con las pérdidas y las transiciones en la vida es que no existe algo perpetuo y que todo continuamente está en proceso de cambio. Kumar considera que es importante tratar de vivir una vida de compasión y con sentido mientras tengamos la oportunidad y que trabajando el duelo de forma consciente lograremos transformar nuestro dolor en una oportunidad de crecimiento. Al llegar a este convencimiento nos daremos cuenta de que nuestra aflicción atraviesa un proceso de cambio, ya que no es permanente ni perpetua. Llegar a este convencimiento de capacidad y superación ante el dolor es lo que nos brindará las armas necesarias para tomar control sobre nuestra vida y nuestro sufrimiento.

Por tanto, al emprender el viaje en el mundo de la aflicción nosotros tenemos dos opciones. La primera es renegar en cada momento de nuestra situación y hacer nuestra vida miserable; la segunda es tomar cada pérdida como una oportunidad de aprendizaje sobre nuestra propia existencia y sobre lo que realmente es importante en nuestra vida.

A veces, después de una pérdida es que nos damos cuenta de nuestros valores y logramos establecer nuestras prioridades.

Tengamos presente, de igual manera, que al enfrentar una pérdida no siempre funciona el querer recuperarnos o sanar si antes no nos hemos tomado el tiempo de adaptarnos a nuestra nueva situación y aceptar que algo ha cambiado dentro de nosotros. Aunque es verdad que con el tiempo la pena se aminora, ya nuestra vida quedó marcada por la pérdida y lo que debemos proponernos es aprender a vivir con nuestra nueva realidad en lugar de pretender que desaparezca todo vestigio de nuestra pérdida con el paso del tiempo. Es por eso —como afirma acertadamente el tanatólogo Kenneth Doka— que es mejor utilizar la palabra "aminorar" en lugar de "sanar"[5]. Aunque muchos dolientes escogen utilizar la palabra sanar para describir su situación personal, yo pienso que si tú estás de duelo por una pérdida no significa que estás enfermo, sino que la vida, como tú la conocías, cambió y requiere que tomes un alto, reflexiones sobre ello, trabajes tu aflicción y tomes conciencia de que posees una gran fuerza interior (que aunque no lo creas la tienes). Sucede muchas veces que desarrollamos nuestra fortaleza espiritual sólo cuando nos vemos en la necesidad de enfrentar momentos de dolor y desesperación.

Dedica unos minutos de reflexión a la siguiente interrogante: ¿alguna vez te has tomado el tiempo de pensar sobre tu vida cuando todo transcurre maravillosamente, cuando disfrutas de una alegría constante? Si lo has hecho, te felicito, pues eres una de las pocas personas que lo hace. Generalmente tomamos un tiempo para ponderar nuestra vida y evaluar temas existenciales cuando algo nos aflige y mueve nuestros cimientos. Es entonces que reconocemos que no siempre todo será maravilloso en nuestra vida, sino que pasaremos problemas, heridas y pérdidas a lo largo del camino y puede ser que hasta reenfoquemos nuestras prioridades y metas. Ten siempre presente que son todas estas experiencias las que nos convierten en lo que somos y que es necesario reorientar la energía para continuar el sendero con una nueva perspectiva y esperanza. Lo primordial es superar la aflicción que la pérdida nos proporciona y encontrar esperanza y consuelo. En el próximo capítulo trataremos la aflicción, los tipos de duelo y las manifestaciones que se presentan en dicho proceso.

A continuación te presentaré ciertos tipos de pérdidas, ya que existen muchas, incluyendo las intangibles, como la pérdida de la esperanza, de la confianza o la ilusión. Pero debido a que es imposible extenderme en cada una de ellas me limitaré a las siguientes: la muerte de un ser querido, el divorcio y la pérdida del trabajo.

La muerte de un ser querido

El amor es eterno... La muerte no separa al que ama del ser amado.

KAHLIL GIBRAN

Sufrimos la pérdida de un ser querido cuando alguien a quien amamos no está más a nuestro lado. Cuando necesitamos hablarle o abrazarle nos rompe el alma saber que no lo tenemos a nuestro lado, pero no olvidemos que el amor es eterno. Escucha las palabras tan hermosas de Luisa, quien recientemente perdió a su madre:

> Es terriblemente doloroso que alguien muera, pero si nosotros aceptamos esa ley no debe de ser tan doloroso. Es muy natural que estemos apagados, tristes, llorosos y que existan momentos en que nos dejemos llevar por las pasiones y lancemos palabras groseras y hasta nos confesemos incrédulos y ateos en lo referente a Dios... Recientemente mi tristeza se acentuó mucho por mi cumpleaños. Recordé, lloré y, al final, supe que era natural esta reacción mía porque el amor nunca muere, pero ella (mi madre) ya cumplió su tiempo y ahora esta allí, rodeada de amor.

Como dice Luisa, el amor está en nuestro corazón y el recuerdo de esa persona permanecerá con nosotros siempre, ya que nuestro ser querido puede dejar de estar a nuestro lado físicamente, pero emocional y espiritualmente lo llevamos en nuestra alma. Te lo digo por mi propia experiencia. Como te comenté al inicio del libro yo perdí a mi padre hace treinta y seis años, pero su amor, sus consejos y su guía los conservo en mi alma. No pienses que al perder a tu ser amado lo olvidarás en algún momento; aprenderás a vivir sin la presencia física de esa persona, aprenderás a seguir adelante en la vida pero su recuerdo y su amor te acompañarán siempre.

Después de una pérdida nuestra vida ya no es igual. Se transforma. Podemos caer en un abismo y concentrarnos en nuestro dolor y angustia, o podemos renacer con un sentimiento de esperanza y crecimiento espiritual.

Como humanos no estamos exentos de enfrentar esta dura realidad, pero por medio de esta guía espero brindarte aliento y esperanza y, a la vez, dejarte saber que no estás solo en tu dolor.

En este contexto nos referimos a la pérdida de alguien querido. Sentimos entonces un inmenso vacío interior. Es como sentir un hueco que nada ni nadie puede llenar. Yo sentí ese hueco cuando a los doce años de edad falleció mi padre, y me imagino que tú lo estás sintiendo también. Al perder a un ser amado sentimos que perdemos una parte de nosotros, de nuestra identidad familiar, ya sea filial, paternal, de pareja o amistad. Pero no olvidemos que, aunque físicamente la persona querida no se encuentre con nosotros, seguirá existiendo siempre en nuestro corazón. A pesar de haber pasado tanto tiempo yo mantengo viva en mi corazón la llama de amor hacia mi padre y sé que nunca se extinguirá. Es precisamente esa llama de amor la que ha inspirado la transformación de mi vida y me ha permitido alcanzar muchos de mis sueños, entre ellos el de poder culminar mis estudios y prepararme para ayudar a otros que, igual que yo, han tenido que enfrentar el duelo o la pérdida. Éste fue mi primer encuentro con la muerte y súbitamente comprendí que nuestros seres queridos no son eternos y que por lo tanto los debemos apreciar y amar mientras los tengamos con nosotros.

La muerte es muy difícil de conllevar. Entre las más dolorosas se encuentran la perdida de un hijo o las muertes que se producen violentamente, o trágicamente, ya sea por suicidio, crimen o accidente automovilístico o aéreo. La descripción del dolor puede llegar a ser muy explícita, tal como nos lo dice Laura, quien perdió a su esposo en un accidente aéreo:

> Una de mis amigas cercanas me dijo en uno de esos días de larga espera:
> —Te veo aturdida, vamos a dar una vuelta.
> Y contra toda predicción de lo que se espera de una viuda me fui con dos de mis amigas a tomar algo a un pequeño lugar por mi casa. Ahí, recuerdo que les dije:
> —Siento que me están cortando el corazón con una gillette, nunca había sentido un dolor tan grande en mi corazón, en mi alma...

Si perdemos a alguien cercano, nuestro cónyuge, nuestro padre o un colega en nuestro trabajo, nos asustamos, no sabemos qué hacer, estamos condicionados a pensar que nuestros seres queridos y nosotros mismos somos inmortales, que no existen cambios y que la vida, como la conocemos, será siempre la misma. Nos asusta lo que no conocemos y más aún lo que sabemos nos causará dolor.

Pero ese vacío, aunque no se llena totalmente con el correr del tiempo, se va poco a poco haciendo más llevadero.

El duelo ocasionado por la muerte de un ser amado es considerado como el mayor de los duelos y es un proceso difícil pero inevitable: todos tenemos que pasar por él en un determinado momento de nuestras vidas. Este proceso conlleva un período de adaptación que muchas veces implica agudos períodos de tristeza en los cuales se piensa que no se podrá salir adelante. Pero estos momentos son de esperar aunque debemos tratar de no permanecer por mucho tiempo en esa situación y entender que es parte de todo el proceso de luto.

Poco a poco irás recuperando la energía y la concentración. Te irás reintegrando a las actividades cotidianas y también tendrás la posibilidad de reintegrarte a las actividades sociales.

Aunque ese vacío no se llena totalmente con el correr del tiempo, poco a poco se va haciendo más llevadero.

Si no has encontrado hasta ahora ayuda en tu dolor, te pido que te des otra oportunidad y continúes leyendo. Puede ser que en estas páginas encuentres la paz y la sanación que tu alma necesita. No esperes que el dolor desaparezca por completo puesto que es imposible. Pero puedes tener la seguridad de que el dolor sí se irá aminorando y transformando. Los episodios de dolor intenso y profundo se van a ir distanciando paulatinamente. No creas que el dolor desaparecerá por sí solo. Mientras más intentes ignorarlo se manifestará con más fuerza. La forma de experimentar la vida es, inevitablemente, una reflexión sobre nuestra naturaleza. Recordemos que vivimos de adentro hacia fuera. Lo que sentimos por dentro lo proyectamos al exterior. Cuando sufrimos una herida en el cuerpo, esta herida sana de adentro hacia fuera, se va cerrando y se forma la cicatriz. Aunque la herida ya no está abierta, la cicatriz quedó como muestra de la herida. Lo mismo sucede con el sufrimiento de una pérdida. Nuestra cicatriz ya no dolerá tanto como cuando la herida estaba reciente, pero nuestra piel ya quedó marcada, y de vez en cuando, como dijo Silvia, una mujer de sesenta y cinco años que perdió a su hija de veinte, debido a un aneurisma cerebral: "La cicatriz ya no duele como la herida abierta, pero eso sí, de vez en cuando hace frío, nos molesta y se pone sensible...", de igual manera nuestra pérdida, aunque pensemos que hemos sanado, en ciertos momentos, como aniversarios y cumpleaños, sentimos ese dolor renovado, aunque con el tiempo, poco a poco, se va haciendo más llevadero.

Al perder a un ser querido, generalmente pensamos en cuánto lo extrañamos y cuán vacía es nuestra vida sin su presencia, a tal punto que puede ser que hasta olvidemos los buenos momentos que compartimos. ¿Por qué, en cambio, no te esmeras en recordar los momentos felices que tuviste con esa persona? A continuación te daré ciertas sugerencias. Presta atención y escribe lo que te venga a la mente.

Momento de reflexión

Recuerda alguna de las siguientes ocasiones compartidas con tu ser querido:

- Un cumpleaños especial
- Una ocasión en que te hizo sentir orgulloso/a
- Unas vacaciones inolvidables
- Una situación divertida

Que no se te olvide que compartiste momentos lindos con tu ser amado. Recuérdalos y verás cómo se llena de emoción tu corazón al saber que tuviste la dicha de tener a esa persona en tu vida y que su memoria perdurará por siempre contigo.

Pérdida por divorcio

Al divorciarnos nos separamos de la persona amada con la cual esperábamos compartir nuestro futuro. Cuando se muere la relación de pareja uno se siente perdida/o, sin norte. Ésta es una de las muertes que podemos pasar en la vida, la muerte de la relación matrimonial, que para muchos es muy difícil de sobrellevar ya que, generalmente, cuando contraemos matrimonio deseamos que sea para toda la vida y aunque éste haya durado sólo unos años, es una fuente de desilusión y pérdida. Claro, existen casos en los cuales nos podemos alegrar de habernos divorciado, como me lo comentaba Benjamín, quien piensa que no siempre el divorcio es sinónimo de pérdida. Y es verdad. En muchos casos no representa una pérdida devastadora, pero en la mayoría de los casos el vernos de pronto sin nuestra pareja nos golpea y ocasiona, a veces, que nos hagamos las siguientes preguntas:

- ¿En qué me equivoqué?
- ¿En qué fallé?
- ¿Podría haber hecho algo diferente?
- ¿Cómo no me di cuenta antes?

Al enfrentarte a un divorcio se cierra un capítulo en tu vida pero no se acaba tu vida. Delante de ti existe un sendero que eventualmente podrás caminar con fortaleza e ilusión.

Si sientes en tu alma algún rencor, déjalo salir. No es saludable guardar sentimientos negativos. Si crees que le estás haciendo daño a tu ex cónyuge, te equivocas. A quien le estás haciendo daño es a ti. Por lo tanto, perdona y sigue adelante.

También existen retos que muchas mujeres enfrentan al divorciarse. Por ejemplo, tal vez tú eres una mujer que mientras estuvo casada no le hizo frente a la vida y te aterra admitir que ahora que te has divorciado tendrás que hacerlo. Te resulta imposible tomar decisiones o llevar a cabo planes y proyectos por tu propia iniciativa. ¿Y si te lo propones? ¿Por qué no ir dando pequeños pasos cada día hasta lograr ciertas metas? El dolor y la soledad te pueden infundir temor por el futuro y dudas sobre tu capacidad y todo ello puede envolverte en comportamientos que no te ayudarán, como el distraerte sin cesar en cosas que a la larga te dejarán vacía, entregarte al alcohol, a la droga o involucrarte en relaciones que te puedan confundir más. Puede ser que extrañes a tu cónyuge, su ayuda para ejecutar ciertas tareas del hogar o determinados problemas que tal vez por comodidad o hábito terminaron siendo su responsabilidad. Es más, puede ser que te hubieses convertido en una persona dependiente de tu esposo o esposa. Tomemos el ejemplo de Carolina, quien durante sus doce años de casada nunca se hizo cargo de los gastos de la casa. Su esposo pagaba desde la luz eléctrica hasta el impuesto de propiedad. Ella no sabía, ni siquiera, cuánto era el gasto mensual de mantenimiento de su casa. Al principio —una vez que el divorcio se materializó y ella tuvo que hacerse cargo de su hogar— se sintió perdida. Se le empezaron a acumular las cuentas y llegó un momento en el cual no pudo balancear sus gastos entre los niños, el trabajo, la escuela y su casa. Pero debido a que deseaba recuperar el control de su vida y ser un buen ejemplo para sus hijos tomó unas clases sobre organización y aprovechamiento del tiempo; logró reorientar su situación y alcanzó una vida productiva y con significado.

Al tratar sobre la superación posterior a un divorcio recuerdo a María. Una mujer de setenta y ocho años que después de cincuenta años de matrimonio decidió divorciarse. Ante todo uno puede preguntarse qué fue lo que la impulsó a terminar un matrimonio de tantos años, prácticamente de toda una vida, podríamos decir, pero María, ya estaba cansada de llevar una vida sin sentido después de tanto tiempo de abusos, tanto físicos como emocionales. Al poderse liberar de esa prolongada carga emocional, María sintió que había nacido de nuevo. A la edad de setenta y dos años ingresó a la universidad a estudiar la profesión que siempre le había atraído: la docencia. Se graduó con altos honores y actualmente se dedica a impartir clases para adultos que viven solos.

Te recomiendo que no evites enfrentar tus sentimientos ante el divorcio. No tienes que asumir el papel de la persona fuerte, dura, ni comportarte como si nada hubiera sucedido, ya que lograrás que esos sentimientos se aumenten y puedes quedarte estancada en ellos. Si sientes rabia o rencor déjalos salir. No te servirá de nada ignorarlos, y acrecentarlos será peor. Recuerda que tendrás días mejores que otros. El proceso de duelo, como lo hemos dicho anteriormente, es como una montaña rusa, con altas y bajas. Cuando uno enfrenta un divorcio es difícil aceptar que eso le ha ocurrido a uno. Por ejemplo, si te diste cuenta de que tu pareja te fue infiel. Puede ser que hasta pretendas que no fue así, que tuvo que haber sido un error, pero...

no te engañes. Si fue así, acéptalo. Toma los pasos necesarios y sigue adelante. Recuerda que si te quedas sumergido en el dolor y el rencor la única persona que sufrirá serás tú. Otra de las emociones comunes en esta situación es el temor al futuro. Como me confesó Carla, una mujer que durante años dependió financieramente de su esposo, pues se había dedicado exclusivamente a cuidar a los niños. Después de ocho años de matrimonio y con dos hijos pequeños, se enfrentó a la situación de buscar trabajo y empezar una nueva vida como madre soltera. Tenía temor de no estar capacitada para encontrar un empleo. ¿Qué podría hacer? Le aconsejé que se preparara, que tomara algunos cursos y que dejara el temor a un lado. Es normal tener miedo. Lo que no debemos es dejar que éste nos controle o, peor, que nos congele. El temor lo podemos canalizar de una forma positiva, como un motor que nos impulsa a actuar y a tomar la pérdida como un reto para demostrarnos que somos capaces de actuar y de reconstruir positivamente nuestras vidas. Al reconocer que estás enfrentando la muerte de tu relación matrimonial, puedes hacerte las siguientes preguntas:

- ¿Qué pensarán de mí?
- ¿Cómo será mi futuro?
- ¿Conoceré a alguien que valga la pena?
- ¿Cómo les afectará a mis hijos el divorcio?

No te desesperes, es normal que te hagas estas preguntas. Te las irás respondiendo cuando constates que eres capaz de hacerte una vida nueva, llena de posibilidades y oportunidades. Los primeros tiempos son los que conllevan más retos y nos hacen tambalear. Tomemos por ejemplo a la mujer que una vez que se divorcia se encuentra sola ante responsabilidades que por comodidad o codependencia nunca asumió. ¿Te encuentras tú en esa situación? ¿Te sientes de pronto como una inepta? Es probable que te pueda asaltar la inseguridad y el miedo, sobre todo si tenías como constante mensaje de tu ex que eras incapaz. Puede ser que hasta te paralices y te arrepientas de haberte divorciado. Puedes empezar hasta a fantasear que vuelves con tu esposo y que todo será como antes. No te engañes, es el momento de aceptar tu nueva situación: eres una mujer divorciada y puedes salir adelante. Si eres un hombre que está enfrentando la vida solo, es igual. A lo mejor estabas acostumbrado a llegar a tu hogar y tener la comida preparada o todo en orden. Al ver que todo esto ha cambiado, añoras esos días pasados y desearías que todo fuera como antes. Es lógico. Como dice el dicho "Vale más lo viejo conocido que lo nuevo por conocer". Pero no olvides lo que te llevó a tomar la decisión del divorcio y el porqué se produjo. Toma acción, acepta tu nueva situación y saldrás adelante. Recuerda, ¡tú tienes el poder dentro de ti!

Pérdida de trabajo

Cuando empezamos un trabajo nos llenamos de ilusión y tranquilidad, pues contamos con una seguridad presente y proyectada hacia el futuro. Sentimos confianza en que al llegar a ser mayores contaremos con un plan de retiro y beneficios que nos serán muy provechosos y nos servirán para vivir cómodamente en nuestra vejez. Pero... ¿qué sucede si lo perdemos? Estamos viviendo unos tiempos en los cuales el trabajo no es tan estable como antes. No existe la seguridad que tuvieron nuestros padres o abuelos. Ahora podemos perder un trabajo de años en un abrir y cerrar de ojos. ¿Y qué nos queda por hacer? Además de que las tareas que desempeñamos en nuestro trabajo son de gran importancia para nuestro valor personal y autoestima. Por lo tanto, esta pérdida es un evento que implica mucho estrés y ansiedad. Prácticamente entramos en un proceso de duelo al constatar que aquello que nos pertenecía y de lo cual estábamos orgullosos no existe más. La pérdida de un trabajo tiene muchas implicaciones, ya que incide en nuestra seguridad financiera y hasta en nuestra relación personal.

Tomemos por ejemplo a Carlos, quien después de haber trabajado en una compañía de productos alimenticios por espacio de quince años recibió la noticia que al cabo de dos semanas no sería más empleado de la compañía, ya que ésta estaba atravesando una etapa de reorganización y estaban reduciendo personal. ¿Cuál crees tú que fue la reacción de Carlos? Inicialmente, de total asombro y de negación. Era imposible que él, siendo tan buen trabajador, fuera despedido sin una razón válida. Pensó en su pensión, en los planes que tenía para el futuro. De igual manera admitió estupefacto que no contaría con el seguro de salud para él y su familia. Al llegar a su casa decidió no compartirlo con Roxana, su esposa durante los últimos diez años. Tenía la esperanza de que su jefe lo llamara de nuevo para decirle que su trabajo lo estaba esperando. Cada día Carlos salía de casa aparentando que iba a su oficina y cada noche se refugiaba en el alcohol para no tener que enfrentar su realidad ante Roxana.

Al cabo de un mes en esta situación, y sin la posibilidad de aportar dinero a la casa, finalmente aceptó la realidad de que no lo llamarían para reintegrarse a su trabajo y decidió compartir esta transición con Roxana. Este paso es el que debió haber dado desde el principio. Se hubiera ahorrado muchos días de angustia y ansiedad, además de evitar el sentimiento de culpabilidad por engañar a su esposa y la caída en el alcohol para conllevar la pérdida.

Puede ser que la situación que tú estés pasando es la que llamamos Pérdida Anticipada (capítulo 2). Esto ocurre cuando escuchas rumores de que tu compañía se está reduciendo o presenta problemas internos y temes perder el trabajo. Aunque no se ha producido la pérdida, puede ser que tú estés experimentando la angustia y el desasosiego de antemano. Si es así, que no te tome de sorpresa. Evalúa la situación y a la vez tus opciones. Si es que recientemente has perdido tu trabajo y te sientes desolado/a, acepta tu nueva situación, expresa tus sentimientos a tu cónyuge y familia y decide tomar una acción. Recuerda que de ti depende cómo conllevas esta transición. Evalúa otras posibilidades. Recuerda que en el último capítulo presento las herramientas para transformar una pérdida. Lee cada paso y aplícalo. Verás que lo que ahora resulta ser una pérdida puede ser una oportunidad de crecimiento y de mejoría personal.

Si perdiste tu trabajo te recomiendo que evalúes tu situación tomándote una pausa para hacer el siguiente ejercicio.

> **MOMENTO DE REFLEXIÓN**
>
> - ¿Cuánto tiempo hace que perdiste tu trabajo?
> - ¿Cómo sucedió?
> - ¿Cuál fue tu reacción?
> - ¿Lo compartiste con tu familia?
> - ¿Cuáles son tus temores?

El período de enfrentamiento a una pérdida es una época en nuestra vida en la cual experimentamos mucha confusión y vulnerabilidad. Te recomiendo de forma especial que no tomes decisiones importantes en esos primeros tiempos, ya que puedes actuar de forma impulsiva y luego te puedes arrepentir de tu decisión. Date un tiempo prudencial y luego reevalúa si esa posible decisión es lo que deseas.

Un famoso verso asegura que "Todo pasa"; pero yo, en realidad, al referirme a la pérdida de un ser querido prefiero, ante todo, afirmar: "Todo mejora", pues siempre queda en nuestro corazón el recuerdo. Una vez que nuestra vida ha sido tocada por una pérdida, nuestra vida cambia. Pero recuerda que está en ti la posibilidad de transformar esta pérdida en algo con sentido, para lograr que tu dolor experimente una metamorfosis y que al pasar el tiempo mires el pasado con la satisfacción de haber logrado salir airoso de una etapa difícil.

¿Qué es el duelo?

Nadie puede ascender la montaña llamada madurez sin pasar por el valle de las sombras del dolor.

June Hunt

El duelo es la reacción natural que experimentamos al sufrir una pérdida significativa en nuestra vida. El término lo introdujo el psicoanalista Sigmund Freud en su ensayo *Duelo y melancolía* y lo describe como "(...) una reacción frente a la pérdida de una persona amada o de una abstracción que haga sus veces, como la patria, la libertad, un ideal"[6]. De acuerdo a dicha definición podemos entonces aplicarlo a los diferentes tipos de situaciones que provocan en nosotros un sentimiento de pérdida y que, por lo tanto, produce sufrimiento.

El tiempo que uno vive después de una pérdida generalmente se conoce como "tiempo de luto". Inclusive, cuando las personas tienen una pérdida dicen estar "de luto", pues la expresión expresa el sufrimiento por algo que se perdió o que no se llegó a dar. Pero en cuanto a pérdidas, el luto es necesario pues es en este proceso cuando realmente procesamos el profundo dolor que nos aqueja y nos puede llegar a paralizar si no lo vivimos a conciencia.

La manera de expresar dicha aflicción difiere entre las personas, ya que cada uno de nosotros tiene su historia y su manera de procesar la aflicción. Por lo tanto, basándonos en nuestra propia realidad no tiene sentido juzgar la forma en que otra persona procesa su duelo.

Seguramente has escuchado muchas veces los siguientes comentarios:

- ¿Es ésa la viuda? Pero si ni siquiera está llorando... ¡Se nota que no lo quería lo suficiente!
- Tanto que dijo que sufriría con el divorcio y yo la veo que sale constantemente...
- Dice que extraña su país, pero yo nunca lo escucho hablar de su patria...

Todos estos comentarios los escuchamos una y otra vez a lo largo de nuestra vida. ¿Por qué? Porque estamos acostumbrados a ver la vida desde nuestra perspectiva, no desde la de los demás. ¿Cómo podemos saber si esa viuda al llegar a su casa se desplomará? ¿O si la mujer recién divorciada necesita frecuentar sus amistades como punto de apoyo? ¿Y qué tal si el emigrante prefiere no hablar de su país porque allá dejó a su madre y sufre cada vez que piensa en ella?

Por lo tanto no olvidemos que cada duelo es individual y que nuestra congoja es nuestra y de nadie más y que, además, se puede experimentar de diferentes maneras:

- físicamente
- espiritualmente
- emocionalmente
- socialmente

En nuestra sociedad tendemos a pensar que sólo emocionalmente demostramos nuestro duelo, pues lloramos por un ser querido que falleció o cuando atravesamos por un divorcio. Pero ¿y si sentimos un dolor en el pecho que nos atraviesa? Y qué tal ese niño que recién perdió a su mascota y se queja de un terrible dolor de estómago pero no sabe qué lo origina. Esto sucede porque a veces el dolor emocional es tan fuerte que lo somatizamos y lo reflejamos en males físicos, cuando en realidad lo que está doliendo es el alma. Una de las mejores maneras para evitar que esto se produzca es comunicándonos, transmitiendo los sentimientos, no guardándolos internamente. Tenemos que sentir la libertad de expresar nuestra tristeza y el dolor de nuestro corazón. Al final del capítulo visitaremos cada una de estas dimensiones para que tengas la oportunidad de evaluar tu propia situación. La duración y la intensidad del duelo también es individual y cada persona lo procesa de acuerdo a su situación personal, su historia de pérdidas y el significado de dicha pérdida en su vida.

Por ejemplo, en el caso de la pérdida de un ser amado o de un divorcio tenemos que tomar en cuenta cómo era nuestra relación con la persona que no se encuentra ya con nosotros. Si nuestra relación era amorosa o conflictiva, si habíamos establecido un patrón de codependencia o si éramos totalmente independientes. Estos aspectos de la relación influyen en cómo nos sentiremos ante dicha pérdida y cómo haremos el trabajo para recuperarnos del duelo.

Pero por el momento deseo ahondar un poco más sobre el proceso del duelo y comenzaremos con la muerte de un ser querido, ya que es particularmente difícil de procesar y siempre me gusta darle el valor que se merece. No quiero decir con esto que las otras pérdidas no sean dolorosas, pero el proceso del duelo ante la pérdida de un ser querido, incluyendo los rituales, son necesariamente diferentes.

El duelo por la muerte de un ser querido

> *La muerte, como cualquier pérdida, nos convierte en dolientes y el camino que ahora caminamos se llama duelo. Cuando somos capaces de vivir el duelo, dejamos salir nuestros sentimientos, compartimos nuestras historias y nos movemos, probablemente pulgada a pulgada, hacia el nuevo comienzo de nuestra vida dentro de esos recuerdos. Debemos dejar ir esos sentimientos. Nuestra única alternativa es experimentar el duelo de forma saludable o destructiva.*
>
> RICHARD GILBERT

El dolor que sentimos al experimentar la muerte de un ser querido puede ser tan devastador que nos parecerá imposible seguir viviendo sin la persona amada. Eso lo sentí al morir mi padre. Pensé que la vida no tenía sentido, que no había razones para seguir. Me sentía sin agua en un permanente desierto, sin esperanzas, completamente perdida. Pero mi madre me dio fuerza y me ayudó a encontrar mi norte, ya que un mes después de perder a su esposo (mi padre) ella perdió a su adorada madre. No puedo describir el dolor que sufrió al perder en un mes a dos de sus seres más amados... pero su fe y su empeño en llevar adelante el legado de mi padre la impulsaron a transformar su pérdida en una oportunidad de crecimiento personal y espiritual. No te niego que la vi llorar muchas veces, pero dentro de ella yacía ese deseo de inmortalizar la memoria de mi padre... y lo logró. Su ejemplo me reveló que dentro de nosotros está la fuente de la inspiración, del tesón y de la voluntad; que nuestra vida es demasiado preciada para dejarla ir; que en los momentos terribles, después de una pérdida podemos tambalearnos pero no derrumbarnos; que nuestra vida es demasiado preciosa y que solamente tenemos una oportunidad para vivirla.

Una de las preguntas que las personas se hacen una y otra vez es: "¿Cómo voy a experimentar la aflicción?". Y aunque uno se puede formar una idea de cómo puede reaccionar, es imposible saberlo con certeza. Al experimentar la pérdida de un ser querido puede ser que reaccionemos gritando, llorando o guardando silencio. Podemos compartirlo con alguien o quedarnos callados. Podemos escribir nuestros pensamientos en un diario o recurrir a nuestras creencias religiosas. Todas estas reacciones son posibles e impredecibles. En la misma familia podemos encontrar diferentes tipos de reacciones. Tomemos por ejemplo el caso de Susana, quien perdió a su hijo de ocho años en un accidente automovilístico. Al darse cuenta del terrible accidente fue ella quien, en medio de su dolor, se hizo cargo de los funerales y de los ritos religiosos. Juan, el padre del niño, no tuvo fuerzas ni siquiera para atender el velatorio. No podía dejar de llorar y se sentía culpable de no haber actuado "como el hombre de la casa".

Tenemos que estar conscientes de que, como seres humanos, somos distintos y, por lo tanto, manifestamos el duelo de forma única. No podemos compararnos con los demás ni debemos comparar a los otros con nosotros. Por ejemplo, tenemos el caso de René, quien por espacio de tres años cuidó a su madre, enferma de Alzheimer. René se dedicó en cuerpo y alma a su madre y cuando ella falleció no tenía consuelo. Siendo "el hombre de la familia", según las reglas de la sociedad, no se esperaba que llorase tanto, ya que eso "es cosa de mujeres". René manifestó su duelo llorando inconsolablemente, mientras que Sara, su hermana menor, fue quien se hizo cargo de los arreglos funerales, con serenidad y precisión.

En el anterior ejemplo hemos podido ver como dos hermanos manifiestan el duelo de manera muy diferente, uno de forma intuitiva —atribuida mayormente a mujeres— y la otra instrumental, que por ser más práctica se le atribuye a los hombres. Pero en realidad no sucede siempre así y ésta es una de las razones por las cuales no se debe presuponer la reacción de una persona ante una pérdida ni cómo expresará su duelo[7].

Lazos de continuidad

En los últimos tiempos se ha escrito mucho sobre los lazos de continuidad y el valor que éstos tienen para evocar a nuestros seres queridos. Antes se decía que si uno guardaba algo esto podría representar una forma de no dejar ir, pero ahora se ha pensado que da una sensación de presencia y compañía.

Precisamente recuerdo una conversación que mantuve con Gabriel. Él me contó que todavía guardaba la última billetera que utilizó su tío, y también sus relojes. Él pensaba que su casa era como un museo pero que, en realidad, los objetos representaban recuerdos de sus seres queridos. Esto es algo hermoso y es una especie de legado. Pero no confundamos este tipo de recuerdos u objetos significativos con la necesidad obsesiva de apoderarnos de un objeto que le perteneció a la otra persona y no poderlo soltar, pensando que volverá por él o que representa a la persona fallecida. Eso ya es diferente pues se puede convertir en algo compulsivo. Pero si se lleva un objeto, una foto, un pendiente o algo que perteneció al difunto estamos sólo ante una forma simbólica, una manera de mantener el amor y el recuerdo vivo en el corazón. Particularmente en rituales se utilizan estos objetos pero de esto trataremos más adelante en el capítulo de la transformación.

¿CÓMO EXPERIMENTAMOS EL DUELO?

¿En qué consiste lo que llamamos duelo? ¿Es igual para todos? Al sufrir una pérdida es normal que nos hagamos una serie de preguntas, ya que las reacciones pueden ser diversas y confusas. Nos podemos preguntar: "¿Por qué siento como una lanza que me atraviesa el estómago, pero me es imposible llorar? ¿Es esto normal?".

Carolina, una mujer dominada por el pesar de haber perdido su trabajo me preguntó:

—¿Por qué si el malestar está en el corazón siento un profundo dolor de estómago?

—Bueno —le respondí—, porque el duelo se puede manifestar de varias maneras, desde un padecimiento físico hasta problemas emocionales.

Y de igual manera le recomendé que escribiese una lista de todas las emociones que estaba experimentando. Al principio le fue difícil identificar lo que era sentimiento y pensamiento. Pero eventualmente, al finalizar la lista se dio cuenta de que muchos de sus padecimientos eran originados por sus emociones controladas o no expresadas. Al mes siguiente escribió en un diario lo que sentía cada vez que le preguntaban sobre su trabajo o cuando buscaba en el periódico alguna posibilidad en la sección de empleos. Llegó a pensar que el sentimiento que predominaba en ella era el miedo. Hicimos una serie de visualizaciones para dejar ir el temor y poco después consiguió un trabajo que le dio mucha satisfacción. Lo importante fue ponerse en contacto con su yo interno.

El duelo es un proceso que no es estable ni lineal. Es como una montaña rusa, que tiene sus subidas y bajadas, a veces bruscas, a veces no tanto, pero nunca es constante. Es imposible imponer un tiempo limitado a nuestra aflicción, pero la mayoría de las personas que enfrentan un duelo se preguntan cuánto puede durar, y la verdad es que todo depende de lo dispuesta que esté la persona a llevar a cabo el trabajo del duelo (Baldwin, 2004).

Sin embargo, aun cuando uno piensa que ha superado la etapa más difícil, algún hecho puede evocar la imagen añorada o eventos vinculados a ella y entonces caemos de nuevo en el centro del dolor. Tales situaciones suelen ser los aniversarios, un cumpleaños o una fecha especial que nos llega de nuevo al alma y nos revive el dolor como lo padecimos en un principio. Permitamos a nuestro corazón experimentar los sentimientos y vivámoslos. No los podemos reprimir. Es como si fuera una gran ola. Al divisar la ola gigante podemos irnos con ella, huir de ella o tirarnos dentro de ella. De las tres posibilidades la que más nos conviene es permitir que la ola nos lleve a la orilla, irnos con ella... Es lo mismo con el dolor. Permitamos que nos lleve con él, no luchemos en su contra ni intentemos enfrentarlo, mucho menos escapar de él... Démonos permiso de experimentarlo a fondo, profundicemos en él y sigamos adelante en nuestro sendero.

Manuel, un chico de veintiún años, recuerda cuando perdió a su abuelito. Al saber que había fallecido golpeó las paredes con gran dolor y sintió un gran vacío. Pero aun así él considera que no hay que vivir sufriendo por los seres amados puesto que ellos no querrían vernos así. Lo que no está más con nosotros o ya no nos pertenece no es que desaparece de nuestra vida por completo, siempre quedan los recuerdos y estos a veces son los que nos impulsan a seguir adelante. Pero deseo aclarar que siempre tenemos que hacer una observación con relación a los recuerdos. No es vivir de recuerdos, sino integrarlos en nuestros días, como parte nuestra y continuar con nuestra nueva vida. Al perder a alguien o a algo querido tendremos que ajustarnos a nuestro nuevo mundo.

Uno de los pasos esenciales para poder llevar a cabo la transformación de la pérdida es encontrar el sentido que ésta tiene.

- ¿Qué significado tiene para ti tu pérdida? ¿Qué sentido le encuentras?
- ¿Qué te ayudó más al enfrentar tu pérdida?
- ¿Qué fue lo que menos te ayudó al enfrentar la pérdida?
- ¿Cuál consejo le darías a alguien que está enfrentando el mismo tipo de pérdida?

Retomaremos el proceso de búsqueda de significado en tu pérdida y reconstrucción de tu vida en el último capítulo, en donde te presentaré once principios para transformar tu pérdida.

De las siguientes oraciones, ¿cuál piensas que ayuda más durante el proceso de duelo y cuál no?

- Sigue adelante
- Todo pasa

- El tiempo todo lo cura
- Está con Dios
- Así es la vida
- No llores tanto
- Ya es hora de que te sientas mejor
- No puedes estar hablando sólo de eso.

Te sugiero que nunca te compares con los demás ni hagas caso de comentarios que, a veces, con las mejores intenciones, te dicen las personas que desean darte aliento. Las siguientes expresiones son ejemplos de lo que podemos escuchar al pasar por un duelo:

- Pero si todavía estás joven, ¡te puedes volver a casar! (En el caso o de viudez o de divorcio).
- Por lo menos disfrutaste de tu mamá por largo tiempo. (En el caso del fallecimiento de una madre anciana).
- Ustedes están jóvenes, ¡pueden tener otro hijo! (En el caso de la pérdida de un hijo).
- Tal vez ésta es la oportunidad que necesitas para avanzar en tu carrera. (En el caso de la pérdida del trabajo).
- ¡Menos mal que lograste salir de tu país! (En el caso de la pérdida de la patria).
- ¿Por qué lloras? ¡Si era sólo un animalito! (En el caso de la pérdida de una mascota).
- Si rezas con fervor, ¡Dios te curará! (En el caso de una enfermedad).

Las anteriores expresiones suelen decirse con buena intención. Lo que sucede es que muchas veces uno no sabe qué decir y trata de animar, de la manera que conoce, al doliente. Inclusive, en la mayoría de los casos estos comentarios salen de la propia incomodidad del amigo o familiar al enfrentar al afligido. Si sientes que el comentario te molesta y tienes confianza con la persona le puedes dejar saber una forma mejor de ayudarte.

El duelo
Tipos y manifestaciones

Los duelos pueden ser de tres tipos: anticipado, súbito y complicado.

¿Existe alguna diferencia entre la pérdida súbita y la pérdida anticipada? Lo analizaremos en el siguiente espacio, pues aunque ambas son pérdidas, las manifestaciones del duelo a veces pueden ser diferentes.

Duelo anticipado

El duelo anticipado se produce cuando se espera que suceda algo que sabemos que nos dolerá terriblemente. Es decir, estamos conscientes de que sufriremos una pérdida. Aunque pensemos que una pérdida siempre es igual, no es lo mismo irse preparando para ella que cuando sucede de repente. Helen Fitzgerald —pionera en tanatología o tratado sobre la muerte— expone en su libro *The Mourning Handbook* cómo ella experimentó el duelo anticipado al saber que su esposo sufría de cáncer terminal en el cerebro. Helen confiesa que esta situación le ayudó a preparase para la situación que tendría que vivir inevitablemente. De igual manera esta circunstancia le dio la oportunidad de despedirse de su esposo. Pero esto sólo puede ser beneficioso si, como dice ella, "aceptas el pronóstico del doctor e interiorizas lo que está sucediendo"[8].

Rosaura, quien enfrentó un divorcio, me comentó que ella sufría de duelo anticipado, ya que sabía de antemano lo difícil que sería la situación en los meses venideros.

Si es en el caso del trabajo lo podemos experimentar al recibir un aviso de despido que se llevará a cabo en dos semanas, o al planearnos dejar nuestra patria para buscar nuevos horizontes. Dejamos la patria con ilusión por una nueva vida, pero a la vez dejamos a familiares, amigos y tradiciones. Esto nos puede causar un gran pesar y producir en nosotros un sentimiento de duelo anticipado.

> MOMENTO DE REFLEXIÓN
>
> - ¿Estás confrontando una posible pérdida? ¿Qué tipo de pérdida?
> - ¿Qué sientes al pensar en ello?
> - ¿Cómo te imaginas la vida al enfrentar esta pérdida?
> - ¿Está influyendo en tu comportamiento actual?
> - ¿Cómo te imaginas tu vida después de pasar por la pérdida?
> - ¿Existe algo que puedas hacer al respecto?

DUELO SÚBITO

Este duelo, como se produce inesperadamente, nos causa un gran dolor. Es el caso de una muerte repentina, la pérdida de la casa como consecuencia de un desastre natural, un ataque terrorista o de un despido sin aviso previo.

Muchos psicólogos afirman que este tipo de pérdidas súbitas pueden provocar lo que se conoce como "duelo complicado", ya que la persona no tiene tiempo de ir procesando o asimilando la pérdida poco a poco. Es peor cuando la pérdida además de súbita es trágica. La muerte súbita siempre nos sorprende aunque sepamos que una enfermedad existe.

Te presento el caso de José, quien sufrió una tremenda impresión al darse cuenta de que su mejor amigo de la infancia había fallecido. José estaba consciente de que su amigo sufría de cáncer y que pasaba por etapas difíciles en el hospital, pero la muerte se produjo de repente, ya que supuestamente su amigo se encontraba en remisión.

La reacción provocada por una muerte súbita se puede manifestar de diferentes maneras. Recuerdo a Carla, quien justo antes de hacer una presentación en su lugar de trabajo, recibió la noticia de que su hermano había perecido en un accidente automovilístico. Su reacción fue un shock total. Se negó rotundamente a aceptar dicha realidad y prosiguió con su presentación. No fue sino hasta un par de horas después, cuando su esposo la recogió en el trabajo para llevarla a la funeraria, que Carla interiorizó que su hermano realmente había fallecido, pero ni aun así pudo llorar. Frente al ataúd de su hermano fue cuando las memorias de la niñez le asaltaron de pronto y comprendió que no lo vería más. Luego de un grito ahogado se derrumbó sin conocimiento. Después de varios meses de consejería y de asistir a grupos de apoyo Carla pudo reintegrarse a su trabajo, ya que durante todo ese tiempo identificó a su centro de trabajo como la fuente que le originaba dolor y sufrimiento.

MOMENTO DE REFLEXIÓN

- ¿Has perdido a alguien súbitamente?
- ¿Cómo sucedió?
- ¿Cómo te enteraste?
- ¿Quedaron cosas sin decir?

En las siguientes líneas escribe lo que hubieras deseado decirle a esa persona:

_____

_____

_____

_____

DUELO COMPLICADO

Enfrentar una pérdida muy difícil, como la muerte de un ser amado, siempre nos causa una tremenda impresión. Pero existen situaciones en las cuales el proceso de duelo puede resultar más complicado y severo. Aunque en todas las situaciones existen diversas variables, éstas son algunas de las causas de duelo complicado:

- Muerte súbita por homicidio, suicidio o trauma
- Muerte de un hijo
- Historial de pérdida complicada
- Divorcio largo y abusivo

Según la reconocida tanatóloga Theresa Rando, "en todas las formas de duelo complicado existe el deseo de hacer dos cosas: negar, reprimir o evitar los aspectos del duelo y comprender sus implicaciones para el doliente o apegarse en demasía al recuerdo y negarse a dejar ir al ser amado"[9].

Al enfrentar la pérdida pueden presentarse serios problemas para desenvolverse en la vida, como negar que ha sucedido una desgracia, quedarse estancado o envolverse en actividades destructivas, como abuso de alcohol o uso de drogas. Si éste es tu caso te aconsejo primeramente que busques sostén en tu familia, amigos y/o grupos de apoyo. Si continúas manteniendo un comportamiento negativo hasta el punto de no desear seguir viviendo, te aconsejo que busques ayuda profesional, ya sea con tu médico, un terapeuta o tu guía espiritual. Es imprescindible que logres salir de ese ciclo y prosigas con el proceso de duelo. A continuación te sugiero que respondas las preguntas siguientes para que tú mismo evalúes lo que estás sintiendo. Si respondes afirmativamente a alguna ellas te sugiero que busques ayuda y verás que podrás salir adelante en tu duelo y reconstruir tu vida.

- ¿Te sientes estancado en tu proceso de duelo?
- ¿Niegas haber sufrido una pérdida?
- ¿Recurres al alcohol o la droga para lidiar con tu pérdida?
- ¿Tienes pensamientos autodestructivos?

MANIFESTACIONES DEL DUELO

Al comenzar el capítulo vimos que el duelo se puede manifestar de diferentes maneras. A continuación nos adentraremos en cada una de estas manifestaciones, evaluando, a la vez, cómo tú has experimentado tu duelo. Si te tomas el tiempo necesario para observar lo que has sentido podrás ahondar más en tu proceso y comprender cómo se ha exteriorizado. Ya dijimos que el proceso de duelo puede manifestarse de diferentes formas: física, emocional, social, espiritual y mental. Pero ¿cómo diferenciar estos tipos de manifestaciones?

Empecemos con la física. A veces sentimos que nos duele la cabeza, o nos duele el estómago o no sabemos por qué nos sentimos increíblemente cansados, pero simplemente tal vez estamos interiorizando, estamos somatizando lo que es la pérdida. Yo te sugiero que al finalizar este capítulo, en el momento de reflexión, evalúes el tipo de síntomas o manifestaciones que tú has sentido al pasar por el proceso de duelo.

Por otro lado, no olvidemos que la parte emocional nuestra tiene una gran influencia en nuestro estado físico. Las emociones llegan a dominar tanto nuestra existencia que pueden convertirse en nuestros peores enemigos, pues nosotros mismos podemos aumentar los sentimientos negativos, los sentimientos que nos hacen daño y, en vez de mejorar, de salir adelante, nuestras propias emociones nos pueden traicionar, es por eso que es importante estar conscientes de que esto nos puede suceder para poder identificar la situación y tomar medidas para contrarrestarlas.

Al final del capítulo también encontrarás una lista de emociones. Te sugiero que las examines todas y luego expreses con cuál de ellas te identificas. En un papel escribe por qué sientes estas emociones, identifica su origen y cómo puedes transmutar la emoción negativa hacia una emoción que te restaure la vida. El dolor hay que vivirlo, no reprimirlo. Nunca debemos presumir que todo está bien. Recuerdo un libro muy famoso de Thomas A. Harris: *I Am OK-You are OK*. Podríamos preguntarnos entonces si siempre estamos realmente OK. Estamos tan condicionados a no exteriorizar nuestros sentimientos (al menos aquellos que no son alegres o positivos) que aprendemos a disimular el dolor, la aflicción, la angustia, la ira o la ansiedad. Esto no implica que con todo el mundo iremos compartiendo nuestras intimidades, pero sí debemos hacerlo con las personas que nos quieren y se preocupan por nosotros. Con ellas podemos compartir cuando no nos sentimos bien y necesitamos expresar lo que nos angustia internamente.

Lo expuesto anteriormente me hace pensar en Juanita, una señora que limpia el edificio donde tengo mi oficina. En días pasados le pregunté cómo se sentía. Me dijo que bien, pero al escuchar cierta vacilación en su voz le pregunté directamente si su familia estaba bien. Y después de verme directamente a los ojos me dijo:

—Pues la verdad es que no, mi papá está en el hospital por un problema del corazón.

Y se sentó a mi lado a comentarme el problema. Sólo fue un par de minutos, pero ¡qué alivio sintió Juanita al expresar sus sentimientos! Y qué bien me sentí yo de haberle brindado una mano y darle mi completa atención. Éste es un ejemplo palpable de lo que te decía anteriormente. Respondemos automáticamente que estamos bien. Pero si alguna vez no lo estamos, debemos confesarlo a quien le importe nuestro bienestar.

A continuación te presento diferentes formas de manifestaciones. Toma papel y lápiz y trata de identificar cuál has experimentado de todas ellas. Este ejercicio te dará la oportunidad de adentrarte en tu yo interior.

MOMENTO DE REFLEXIÓN
MANIFESTACIONES

FÍSICAS	EMOCIONALES
• dolor de cabeza	• depresión
• dolor de estómago	• ansiedad
• mareo y náuseas	• temor
• dolor de espalda	• hiperactividad
• dolor en el corazón	• letargo
• falta de apetito	• desconfianza
• comer en exceso	• desesperanza
• falta de sueño (insomnio)	• shock
• dormir en exceso	• adormecimiento

Sociales	Espirituales
• aislamiento • poca comunicación • salidas excesivas • trabajo excesivo • compras excesivas	• falta de fe • incapacidad para perdonar • falta de esperanza • enojo ante Dios • enojo ante la vida

Espero que te hayas tomado un tiempo para realizar estos ejercicios y poder identificar lo que estás sintiendo. Puede ser que hayas descubierto que estás experimentando enojo o shock y todavía no puedas creer que te haya sucedido una pérdida de esa magnitud. Si es la muerte de un ser querido hasta puedes sentirte enojado con la persona o ser incapaz de perdonarlo por haberte dejado. Si es la pérdida de un trabajo puedes llegar a desarrollar un sentimiento de incapacidad o inseguridad. No te preocupes, todos estos sentimientos son normales.

Cierto tiempo atrás, Claudia, una joven viuda, me preguntó llena de desconcierto: "¿Es que me estoy volviendo loca? Todos estos pensamientos me asaltan día y noche y no puedo perdonar a Luis, que me dejó cuando más lo necesitaba". Yo le respondí que no era fácil ajustarse a su nueva realidad. Por eso te recuerdo que el duelo es un proceso y que es esencial estar conscientes de nuestras propias reacciones. Pero debemos tener cuidado de no caer en el patrón de preguntarnos incesantemente sobre diferentes posibilidades. Por ejemplo, si sufrimos de sentimiento de culpabilidad podemos llegar a las siguientes suposiciones:

- Si al menos…
- Si hubiera…
- Si acaso…

Si sufrimos sentimientos de ira podemos pensar:

- ¿Cómo es posible?
- ¿Con qué derecho...?
- ¡No te perdono!

Si sufrimos sentimientos de inseguridad podemos llegar a pensar:

- No soy capaz de...
- No tengo poder para...
- No me es posible...

No vale la pena castigarnos por la pérdida que estamos pasando. El dolor que sentimos es simplemente una manifestación de nuestra capacidad de amar. Si no amáramos no sufriríamos la pérdida de la persona amada. Si no sintiéramos amor por nuestro perrito o por nuestra patria, no los extrañaríamos. No olvidemos que experimentamos diferentes formas de amor. Pero el duelo es ocasionado por el sufrimiento que nos da perder a alguien o algo que nos ha producido un sentimiento positivo.

El psiquiatra Víctor Frankl, en su libro *El hombre en búsqueda de significado*[10], al relatar su propia experiencia en un campo de concentración, describe lo importante que es encontrar significado en el dolor para darle valor a la vida. Frankl considera que cuando una persona encuentra este significado logra alcanzar paz espiritual y trascendencia personal.

No olvides que:

- El duelo es diferente para cada persona
- El duelo, como la montaña rusa, tiene altas y bajas

- El duelo puede durar mucho tiempo
- El duelo no es eterno

De igual manera, Julio Beviones —autor del libro espiritual *Vivir en la zona*[11]— nos recuerda en su artículo "Sufrimiento" que el dolor es parte de la vida y que no debemos ignorarlo:

> Cuando sufrimos y experimentamos dolor, no deberíamos evitarlo, sino escucharlo y usarlo a nuestro favor. Podremos reconocer dos opciones:
> 1. Calmarlo de alguna manera hasta disimularlo.
> 2. Agradecerlo y retomar el camino.
>
> La primera posibilidad hará que el dolor desaparezca momentáneamente, pero de seguro volverá a aparecer porque su mensaje no fue atendido.
>
> La segunda es una invitación a sacar la atención del dolor y enfocarnos en retomar el camino. Esto significa volver a conectarnos con la espiritualidad y el amor.

No esperes procesar el duelo de la misma forma que el resto de las personas, tu dolor es único y solamente tú puedes saber si el período agudo de sufrimiento ha transcurrido. Al vivir en una sociedad tan apresurada nos podemos preocupar y hasta sentirnos culpables por demorar nuestro proceso. En un estudio realizado en 1992 por el psicólogo Stroebe y otros autores se comenta que, debido a la modernización que prevalece en nuestra sociedad, el doliente "(...) necesita recuperarse de su estado de intensa emoción y regresar al funcionamiento normal y efectivo los más rápido y eficientemente posible"[12]. Pero la realidad es que no existe un tiempo estipulado ni se debe esperar que esto suceda de manera uniforme para todos. La duración y la intensidad del duelo es individual y cada persona lo procesa de acuerdo a su situación personal, su historia de pérdidas y el significado de dicha pérdida en su vida.

Por ejemplo, en el caso de la pérdida de un ser amado o de un divorcio tenemos que tomar en cuenta cómo era nuestra relación con la persona que ya no se encuentra entre nosotros. Si nuestra relación era amorosa o conflictiva, si habíamos establecido un patrón de codependencia o si éramos totalmente independientes. En fin, estos aspectos de la relación influyen en cómo nosotros nos sentiremos ante dicha pérdida y cómo haremos el trabajo del duelo.

No te niego que para la mayoría de las personas trabajar el duelo requiere de mucho empeño... Tal vez tú eres una de esas personas que piensa que es imposible, que no es para ti este libro. Pero no te niegues la oportunidad de crecer y de transformarte, ya que la vida es en realidad un regalo y debemos apreciar todo lo que nos ofrece. No dejemos que nos pase de lado por enfocarnos en nuestro duelo solamente. Recuerda que la vida está llena de momentos felices y tristes, pero... ¡es tu vida!

> Cuando estamos creciendo aprendemos que la única persona que consideramos incapaz de decepcionarnos, lo hará probablemente.
>
> Con seguridad sentirás que se te rompe el corazón más de una vez y que cada vez es más difícil...Vas a llorar porque el tiempo está pasando con rapidez y eventualmente vas a perder a alguien a quien amas.

Por lo tanto toma muchas fotos, ríe mucho y ama como si nunca te hubieran herido, porque cada sesenta segundos que tú pierdes enojado es un minuto de felicidad que nunca volverá. No temas que tu vida acabe, teme que nunca empiece.

ANÓNIMO

MOMENTO DE REFLEXIÓN

¿Qué piensas de la siguiente afirmación?:
"El dolor es inevitable, el sufrimiento es temporal".
¿Estás de acuerdo? ¿No lo estás? En las siguientes líneas escribe tu opinión.

_____
_____
_____
_____

Ahora lee lo que escribió June Hunt y escribe lo que sientes:

"Nadie puede ascender por la montaña llamada madurez sin pasar por las sombras del valle del dolor".

_____
_____
_____
_____

SEGUNDA PARTE

COMPARTIENDO NUESTRAS HISTORIAS

Introducción

Diferentes personas, a nivel humano y profesional, me han confesado que sienten temor de enfrentar una pérdida, una transición o una nueva etapa en la vida. Debido a que la naturaleza de estos relatos ha sido diversa, decidí escribir este libro sobre pérdidas, en el que se recogen ciertas transiciones a las que estamos expuestos como seres humanos.

Las historias aquí compartidas son testimonios de fortaleza y esperanza. Ellas nos muestran la capacidad interior que —una vez pasada la necesaria etapa de duelo y pena— nos permite transformar nuestras vidas al transformar nuestras pérdidas.

Las historias están agrupadas según el tipo de pérdida: de un ser querido, de salud, por divorcio, y otras. Empiezo las historias con un conjunto de testimonios sobre la mayor de las pérdidas posibles: la de un ser querido. Incluyo a continuación una reflexión que me envió la escritora Susanne Berger porque nos brinda esperanza y consuelo al pensar que nuestros seres queridos han pasado a otra vida.

> He buscado alguna situación de duelo en mi vida y, en realidad, no pude encontrarla, ya que yo sé que la muerte no existe. Lo que existe es un puente hacia el otro mundo, hacia otro tipo de existencia.

Es nuestro propio egoísmo, nuestras incertidumbres, nuestro propio miedo hacia la muerte lo que nos lleva hasta ese plano de sufrimiento.

La muerte es una palabra que nos llena de dudas, ya que no conocemos la verdad de ella (la mente humana necesita constantemente pruebas).

Aquí, en la Tierra, todo el mundo puede esconder su alma verdadera... no somos libres, tenemos que lidiar con nuestra mente, la cual está conectada con nuestro cuerpo y con sus reacciones emocionales.

Todo el mundo tiene que ir al mundo espiritual, entonces, ¿por qué no sentirnos felices por aquellos que han logrado llegar a la verdadera existencia de luz y amor?

Necesitamos aprender a ver, sentir y escuchar con la parte más profunda de nuestros cuerpos: nuestra alma.

S. BERGER

En *Transforma tu pérdida. Una antología de fortaleza y esperanza* nos trazaremos un sendero diferente para cada uno de nosotros. Puedes escoger el que más desees. En este libro conocerás el testimonio de muchas personas que han caminado diferentes senderos y han podido llegar al final del camino, conscientes de que lograron salir adelante con su pérdida. Es por esta razón que compartimos estas historias en las cuales a lo mejor tú encuentras algo de tu propia vivencia. Cada historia mantiene el estilo del colaborador/a, la "voz" que la distingue. Lo que he deseado transmitir es la esencia del mensaje original. Empezamos, pues, con las historias sobre la pérdida de un ser querido.

No podemos buscar externamente lo que está dentro de nosotros. Recuerda que tú eres el arquitecto de tu propio destino. Nadie puede mandar en tu vida más que tú. Tú eres el que decide cómo transformar tu vida después de pasar por una situación de pérdida.

Yo te pido, una vez más, que abras tu corazón y que escuches nuestro mensaje, este mensaje que te estamos llevando al compartir nuestras historias y que tú debes leer con los ojos del alma para que nuestras semillas penetren en tu corazón. Puede ser que algunas de estas semillitas hagan florecer la esperanza de nuevo en tu vida y que de nuevo sientas el deseo de seguir adelante al comprobar que se puede producir una metamorfosis en ti al transformar tu pérdida y cambiar tu vida.

Pérdida de un ser querido

Incertidumbre y alivio
Adriana
43 años

Esta historia tiene que ver con la pérdida de mi mejor amigo, cuando estaba soltera, en 1999. Todo empezó con su desaparición, siguió con la angustia de su familia y amigos, la incertidumbre y las conjeturas acerca de su paradero y terminó con el insólito e inesperado desenlace de su escogido tipo de muerte. La sensación de incapacidad y frustración por no haber podido hacer nada es el inicio del significado que tuvo para mí esta pérdida y por eso quiero compartirla.

A mi mejor amigo lo conocí cuando hacía mi carrera de Psicología. Siempre demostró un interés por mí, que yo nunca interpreté como algo sentimental. Recuerdo que después de esas pausas en que uno deja de ver a sus compañeros, reanudamos nuestra amistad y hasta yo pensaba que podríamos darnos la oportunidad de una bonita relación amorosa, pero parecía que él tenía ya muy clara mi inicial posición con respecto a él. La última conversación que tuvimos por teléfono fue una señal clara de lo que venía, que tampoco yo vi. Me dijo que yo siempre había sido el amor de su vida.

La siguiente vez que supe de él fue a través de su hermano, a quien había visto un par de veces, siempre preguntándome si sabía de él. Parece que había salido de su casa y no había regresado. Comenzó entonces un camino de averiguaciones, de búsquedas, de contactos con la gente que lo conoció. Todo el mundo temía la realidad tan común en nuestro país de un secuestro. Personalmente me encaminé a hacer todo lo que estaba a mi alcance para encontrarlo: divulgué su foto y sus características, hablé con un funcionario público encargado de contactar miembros de organizaciones delictivas con el fin de negociar la liberación de secuestrados y hablé con amigos comunes, quienes me sirvieron de apoyo durante esos días. Incluso, casualmente encontré a alguien que lo había visto el día que desapareció y que, según lo que expresaba sobre mi amigo, me hizo pensar que realmente yo no lo conocía. Al cabo de más de veinte días, recibí la noticia de que lo habían encontrado muerto, casi descompuesto, colgado de un árbol. Se había suicidado.

Si quisiera decir lo que pasó por mi mente y todo lo que sentí, me quedaría corta. Comprendí que el sufrimiento que ocasiona la incertidumbre de no saber qué pasa con un ser querido es peor que saberlo muerto. Recuerdo que mi primera reacción física al oír la noticia fue suspirar, descansando por conocer la verdad. No fue llanto ni tristeza, fue un alivio. Después vinieron otras reacciones. Traté de comprender todo lo que había conversado con amigos comunes y familia. Siguieron la tristeza y la frustración, pues había cosas que yo no sabía. Era evidente el sufrimiento por el que mi amigo había atravesado gran parte de su vida. Vino entonces esa reacción hacia él mismo, en la que le hablaba mentalmente, como cuando lo consideraba desaparecido y lo consolaba. Ahora le decía que me hubiera gustado haber sabido todo lo que pasaba por su mente, que me hubiera gustado darnos la oportunidad sentimental en la que él hubiera podido ser más feliz. Me culpaba por no haberme dado cuenta; contrariamente, con otras personas era muy fácil percatarme de todo, ya que siendo psicóloga, pensaba que "no se me escapaba nada" con relación a la gente que conocía. Era obvio mi sentimiento de ineficacia.

El haber conversado con otra muy buena amiga de él (ahora era claro que yo no era su mejor amiga, agregando a todo esto otra pérdida) fue el comienzo de mi reacción espiritual. Ya no había tanta tristeza, pero sí mayor entendimiento de que lo que pasó era algo que yo nunca hubiera podido controlar. Le rezaba mucho. En los mensajes de la religión católica que yo interioricé se juzga negativamente al que escoge este tipo de muerte. Sin embargo, hallé precisamente la oración más adecuada para él en un devocionario católico muy especial para mí, pues era de mi madre, cuya muerte era la última que había enfrentado antes de ésta. La oración era tan bella y llena de sentido para este caso que me dio la fortaleza necesaria para sanar esa herida tan compleja.

Seguí mi vida, cambié de país ese mismo año, lo recordaba, llevaba su foto conmigo... y la oración también, junto con otras. Mi relación con él continuó, como siempre, espiritualmente, y lo mejor de todo es que pude encontrar la manera de darme esperanza y resolver el hecho de que "hubiéramos podido darnos una oportunidad de tipo sentimental". A él le puse la tarea de que me ayudara a elegir bien la que sería mi pareja. Ahora entiendo el significado que le di a su pérdida, pues el que ahora es mi esposo lleva su mismo nombre, pero eso no es todo. Cuando me casé hace dos años y fui con mi esposo a visitar a familiares y amigos a mi país de origen, lo primero que me dijo alguien que estuvo en todo este proceso de amistad y muerte es que era impresionante cómo mi esposo se parecía y le recordaba a mi amigo... Yo no me había dado cuenta de este segundo significado. Lo que comenzó con frustración e ineficacia, significaba ahora tranquilidad y ausencia de culpa.

MENSAJE DE FORTALEZA Y ESPERANZA

Es importantísimo saber que hay cosas que no se pueden controlar. Saber la verdad alrededor de cualquier muerte es la mejor medicina. En mi historia, saber la verdad fue la solución a la incertidumbre. Aprendí que fue bueno ser honesta con mis sentimientos hacia mi amigo, cuando inicialmente no quería ninguna relación sentimental con él. Eso hizo que ahora pueda estar en paz con él y conmigo. Pasé por muchas etapas, pero eso me dice que podemos superar cualquier situación por difícil que sea. Creo que si él lamentó en algún momento haberse suicidado, Dios lo entendió, lo perdonó y le permitió ayudarme a escoger una buena pareja con la que me siento muy feliz. Esa felicidad siempre se la dedicaré a él, mi amigo del alma.

PAPÁ, SIEMPRE ESTÁS EN MI CORAZÓN
Alice
47 años

Hace seis años recibí la terrible noticia de que mi padre había fallecido. Me llamaron por teléfono para darme la noticia y me dolió muchísimo. Sentí que una parte de mi corazón murió en ese momento. Mi mejor amiga, aunque no estaba presente físicamente, ya que se encontraba en Santo Domingo, se quedó todo el tiempo conmigo al teléfono.

En ese momento sentí que Dios me había quitado lo más querido que yo tenía y me sentí tan mal que dejé de comer por varios días y mi neuropatía superficial empezó. Lloro muchísimo en ocasiones especiales y recuerdo que justo pocos días antes de su muerte, el Día de los Padres, le había dicho lo mucho que lo amaba y que si algún día nacía de nuevo le pediría a Dios que me lo concediera de nuevo como padre.

Mensaje de fortaleza y esperanza

Uno nunca debe de permitir que pase el tiempo sin expresarle el amor a las personas que ama, ya que nunca podremos recuperar el tiempo perdido. Expresa tu amor a los que te rodean y vive el presente.

El poder de la oración
Alicia
87 años

A la edad de cincuenta y dos años y después de veintinueve años de casada sufrí la mayor de las pérdidas. Todavía recuerdo con gran congoja cuando mi esposo llegó de su trabajo con un fuerte dolor al lado de la vesícula. Al ver lo mal que se sentía llamé inmediatamente a los médicos y después de una larga consulta decidieron trasladarlo al hospital. Cuando escuché eso me puse triste, muy triste y me llené de temor. Cerca de las cinco de la mañana se me informó que tendríamos que partir para Miami. En ese tiempo vivíamos en Managua, Nicaragua, y su médico de cabecera sugirió que lo trasladáramos a Miami ya que él tenía allá un colega que prepararía todo lo necesario para internar a mi esposo en el hospital.

Al saber esta noticia recurrí a mi madre, que vivía con nosotros y le informé sobre la situación de mi esposo. Pude dejar a mi madre anciana a cargo de una hermana y su esposo. También se quedaron en Managua mis dos hijas, después de abrazarlas y comunicarles la noticia ellas irrumpieron en llanto. Partí hacia Miami con una de mis hijas y el hijo de mi esposo, quien era muy cercano a la familia. Ingresamos a mi esposo Julio en el hospital Miami

Heart Institute y después de una semana, el mismo día que le daban de alta, falleció de un aneurisma en la aorta.

Recuerdo como si fuera ayer cuando se me comunicó que era necesario que fuésemos de inmediato al hospital. Esa mañana mi hija y yo nos encontrábamos en el hotel disponiéndonos a salir para reunirnos con mi esposo, a quien se esperaba le dieran de alta ese mismo día. Al llegar al hospital nos encontramos con la terrible noticia de que ya había fallecido. Sentí una impresión profunda dentro de mi ser y el doctor tuvo que aplicarme un calmante, ya que me encontraba fuera de mí.

De inmediato se llevaron a cabo los arreglos para trasladarlo a Managua, pero yo me encontraba como en una nube, sin poder creer lo que estaba viviendo.

Al abordar el avión que me llevaría de regreso a mi patria pensé que en vez de ir al lado de mi esposo, lo que me acompañaba era el féretro con su cuerpo inerte.

Cuando mi esposo estaba enfermo, yo rezaba constantemente a nuestro Señor y a la Santísima Virgen María que me lo mejorara. En el viaje de regreso me encontré rezando por su alma y que Dios lo acogiese en su Santa Gloria.

La oración me brindó mucha paz puesto que sentí que Dios y la Virgen María me escuchaban...

Siendo mi esposo un hombre de negocios y dueño de empresas me vi en la situación de afrontar ese nuevo papel; asumí el cargo de presidenta de la compañía y descubrí dentro de mí una faceta que ni siquiera sospechaba. De ama de casa me convertí en una empresaria decidida a seguir los pasos de mi esposo y a continuar con su legado. Fueron tiempos difíciles y constantemente extrañaba las palabras de Julio y su constante cariño, pero logré llevar adelante el nombre de mi esposo, ya que fui presidenta de la compañía durante veinticinco años después de su muerte.

Mensaje de fortaleza y esperanza

Afronten su problema con serenidad y resignación, acogiéndose a Dios nuestro señor Jesucristo y a la Santísima Virgen María. Una pérdida puede darnos la oportunidad de descubrir facetas de nuestra personalidad que ni siquiera sospechábamos tener.

Los ángeles me protegen
Alma
56 años

Sufrí muchísimo cuando veintidós años atrás mi padre tuvo un repentino derrame cerebral mientras nos encontrábamos desayunando. Fue algo inesperado que me provocó mucha angustia y cambió bruscamente mi vida. Le recé mucho a Dios para que no se lo llevara y, en ese estado, vivió nueve meses más.

Aunque me sentí sumamente triste con su muerte, el tiempo me ha ayudado mucho. He podido salir adelante y estoy segura de que lo único que nos puede brindar consuelo es Dios y dejar que transcurra el tiempo.

Mensaje de fortaleza y esperanza

Recomiendo a cualquier persona que esté pasando por un proceso de duelo que se refugie en la oración, ya que ésta brinda paz y a la vez da fortaleza. De manera especial siento que los ángeles nos protegen y nos ayudan cuando nos sentimos sin aliento y sin esperanza.

¡TE QUIERO!
Arelis
51 años

Hace veintiocho años que perdí a mi madre de cáncer. Al darme cuenta reaccioné muy mal y mis hermanos y padres estaban presentes. De manera reaccionaria perdí un poco de fe en el Señor pero luego me di cuenta de que Él tenía un lugar especial para ella. Me sentí muy sola y, aunque siempre recuerdo a mi madre, Dios me dio la fuerza necesaria para seguir viviendo hasta el día en que vuelva a reunirme con ella. Me pude dar cuenta al experimentar esta terrible pérdida que aunque el cielo y la tierra se unan, siempre hay un escape para seguir con el plan de tu vida que Dios ha marcado para seguir. He aprendido lo importante que es llevarse bien con los otros y decir te quiero una y otra vez.

MENSAJE DE FORTALEZA Y ESPERANZA

Tenemos que darnos cuenta de que hay que llevarse bien con el otro y decir, una y otra vez, ¡te quiero!

PÉRDIDA Y GANANCIA
Carlos
20 años

Fue en la madrugada del 10 de agosto, siendo un niño de ocho años de edad, que abrí la puerta de mi cuarto, sólo para ver a mi familia entera en la sala. Al ver tal cosa yo pensé que estaba soñando porque no había manera de que toda mi familia estuviera en mi sala a esas horas, y simplemente cerré la puerta y me volví a dormir. Unos minutos después entró mi mamá con cara de desvelo y nos despertó a mí y a mi hermano. Nos informó que el vuelo de mi papá se había estrellado en una montaña en El Salvador y que las probabilidades de que mi padre hubiera sobrevivido eran remotas. Inmediatamente Francisco y mi madre se ahogaron en llanto y empezaron a orar el Padre Nuestro. Yo, de ocho años, no caí en llanto, sino que todavía recuerdo estar recitando el Padre Nuestro con mis labios, pero en mi corazón estar cuestionando mi fe católica, mi fe en Dios. No comprendía cómo el orar iba a ayudar a mi padre, estuviera vivo o no, no era cuestión de oración para mí en ese momento.

Los días por seguir llenaron mi hogar de lágrimas y de gente de todos lados dando el pésame. Recuerdo que la primera vez que lloré fue al escuchar a un locutor de la radio, quien conocía a mi padre, anunciar su muerte. Lloré, grité y pateé. Al recibir el cuerpo en el aeropuerto procedimos al funeral. El rostro de mi padre estaba deformado, con una inflamación exagerada en el cuerpo entero, la nariz notablemente quebrada y el pelo totalmente quemado. Las palabras de mi madre me dieron paz cuando me dijo que venía dormido y que no sufrió durante el accidente. Yo, de niño inocente, le creí, pero ahora sé que no fue así. La misa y el entierro fueron fuertes para mí, pero eran necesarios para asumir lo que había acontecido.

En menos de una semana regresé a la escuela junto a mi hermano y mi madre que iba a trabajar. A pesar de la pérdida que habíamos sufrido, aprendí mucho de mi madre, comprendí que la vida continuaba, y así lo hicimos en la escuela. En tanto, mi vida había cambiado. Mi madre lloraba frecuentemente, especialmente en ocasiones especiales, y mi hermano también lo enfrentó a su manera. Yo lo tomé de manera distinta. Aunque sí visité unos psicólogos en la primaria no considero que enfrenté la muerte de mi padre hasta mi adolescencia. No recuerdo haber llorado mucho por la muerte de mi padre. La vida nos enseña que nunca hay que parar, que el mundo sigue adelante y no espera a que uno se recupere. Entonces, yo continué adelante con mi vida.

Cuando cumplí los quince años ya era una costumbre tomar licor. Con la ausencia de un padre que me enseñara como crecer, festejar y conocer mujeres, quedé a las sugerencias de mi hermano y sus amigos. Grandes cantidades de alcohol, mujeres y pleitos componían mi vida. Fue entonces que mi mamá me llevo a una psicóloga. El trabajar con Conchita durante varios meses me demostró que yo le tenía rabia a la vida. Y esa rabia me la desquitaba con mi madre y, en fin, la hacía sufrir bastante porque yo sentía que era culpable de que mi padre hubiera muerto. Yo no entendía nada de lo que la doctora decía sobre mi relación con mi madre, pero sí sabía que estaba enojado con el mundo. Dios nunca dejó de existir para mí, sin embargo, yo estaba peleado con Él. Al continuar mis bebederas de alcohol, expresaba yo mi enojo tanto hacia el mundo como hacia Dios. La ira me poseía y me convertía en un monstruo. El volverme agresivo me hizo hacer muchas cosas de las cuales me arrepiento. Expresaba en palabras lo enojado que estaba con Dios y con la vida tan injusta que me había entregado al quitarme a mi padre. Recuerdo una noche que de tanto enojo que tenía me quebré la mano al darle un golpe a una columna de cemento. Fue este hecho el que llevó a mi mamá a tomar acciones en contra de mis estupideces y me trató de proteger, como buena madre, presentándome en Alcohólicos Anónimos. Asistí durante unos dos meses a sus terapias, conocí a gente que había perdido su vida por el alcohol. Aprendí que la bebida puede ser una enfermedad para algunos y que no tiene perdón con nadie: ricos, pobres, blancos, negros, jóvenes, viejos, hombres y mujeres. Aprendí bastante de la filosofía de Alcohólicos Anónimos y reconozco que son eficientes con cierta gente, pero no conmigo. Yo necesitaba algo más que un programa de doce pasos, yo necesitaba a Dios.

En aquel tiempo visitaba yo a una consejera que me caía muy bien. Una buena amistad surgió de las visitas semanales y bastantes buenos consejos aprendí de ella. Fue en enero del 2005 que se me brindó la oportunidad de viajar por tierra a Guatemala con mi tío Rodrigo. Con bastante tiempo y preparación me aseguré de pasar de nuevo el duelo de mi padre. La consejera me ayudó mucho con eso. Saqué periódicos viejos y fotos de niñez y con bastante paz acepté que mi padre había muerto. Por tanto, en ese momento supe que mi padre no murió dormido como mi madre me había dicho a los ocho años, al contrario, había sufrido bastante antes de su muerte. Al manejar hacia Guatemala pasamos por el cerro en el cual su avión se había estrellado, fueron minutos de silencio y de recordar todas aquellas tristezas, a pesar de todos los buenos momentos que habíamos compartido. Ese día vi el mundo de otra manera, acepté la muerte de mi padre como parte de la vida.

Justamente dos meses después, en marzo de 2005, asistí a un retiro. Ese retiro era diferente pues era de seguimiento. Consistía en siete charlas con siete actividades, de las cuales dos me asombraron. En una actividad teníamos que escribir en un papel tres cosas que teníamos que no necesitáramos, y al lado tres cosas por la cuales le dábamos gracias a Dios. En lo que no necesitaba, yo recuerdo haber escrito mi carro y otras dos cosas materiales; y en las que le daba gracias a Dios, mi inteligencia, mi familia y algo más que no recuerdo. El papel con las tres cosas que no necesitábamos en nuestras vidas lo pusimos en una olla y lo quemamos, pero el otro se guardó. Al siguiente día uno debía recoger de una olla un papelito, en el cual probablemente alguien más le había dado gracias al Señor, y eso nos iba a dar una inspiración de darle gracias a Dios por las cosas en nuestras propias vidas. En el papel que yo recogí la primera cosa que decía era padre y madre. Me reí. La actividad había fallado para mí. Yo nunca había visto a mi padre como un regalo de Dios, es más, lo veía como algo que Dios me había quitado. Después de unos momentos de reflexión me di cuenta de que mi padre, de hecho, había sido un regalo de Dios y una gran bendición en mi vida. Mi padre, a pesar de pasar conmigo solamente ocho años, dio un gran ejemplo en mi vida y me dio bastante amor y principios en mis primeros años de vida. En ese mismo momento me di cuenta de que Dios estaba tratando de decirme algo.

Al no saber qué significaba lo que me había pasado con la actividad fui a ver a mi amiga Marcela y le expliqué lo que me había ocurrido. Ella no tenía ni idea qué significaba eso y me sugirió ir a mi guía espiritual, otro joven; y así lo hice. Luis, el muchacho, me escuchó como por media hora en la cual yo expresaba un poco de mi vida y le contaba los acontecimientos del retiro. Luis me invitó a visitar a Jesús en el Sagrado Sacramento de la Adoración. Al entrar al cuarto, con la eucaristía en exposición, me arrodillé frente a Jesús, me rodeaba gente que no conocía y que pasaron días orando durante el retiro.

Luis me dijo que le expresara a Dios en voz alta lo que yo sentía. Cerré mis ojos y oré. Ese día le hablé a Dios y le dije todo lo que tenía en mi pecho, le pregunté por qué había dejado morir a mi padre, que era un buen papá; por qué mi madre lloraba tanto; por qué me dio una vida tan difícil pero, ante todo, por qué me había quitado a mi padre. En un conjunto de oraciones de las personas de mi alrededor empecé a escuchar a una señora en la esquina del cuarto hablando en "lenguas"; a pesar de que el habla era en lenguas, yo la entendía más o menos. La señora me preguntaba por qué pecaba, y yo, un pecador sin razón, sólo con excusas, no tenía respuestas; en tanto, Luis se acercó a mi oído y me dijo: "Ésa es la Virgen María que te está hablando, ¡contéstale!", y yo me ataqué en llanto. Pedí perdón por mis faltas y lloré bastante. Todavía la voz que hablaba en lenguas resonaba en el cuarto, y en palabras de Dios me reveló que Él era mi padre y que a pesar de que mi padre terrestre había muerto, Él nunca me dejaría huérfano, y que siempre ha estado conmigo y me quiere mucho. En ese momento entendí que Dios tiene un plan perfecto para todos, y lo que Él quiere es que seamos buenos hijos e hijas y que nos amemos entre nosotros. Debo haber pasado cerca de tres horas en ese cuarto de adoración, tres horas divinas que jamás olvidaré y que marcaron el inicio de mi búsqueda de Dios.

Mensaje de fortaleza y esperanza

He aprendido que nada vale la pena si uno no está con Dios. He cometido errores en mi vida de los cuales sólo unos pocos fueron mencionados en este texto, pero confío en la misericordia del Señor y busco su amor cada día más.

A LA MEMORIA DE UNA GRAN SEÑORA
Fidel
23 años

Perder a mi amiga ha sido la mayor de las pérdidas. Ella murió mientras dormía. Sus hijas me avisaron y, aunque ya se esperaba, fue una noticia impactante que nos dejó a todos en shock. Yo me quedé inmóvil, tal vez porque no comprendía o no lo creía, no me podía mover y, a la vez, lloraba al escuchar la noticia. Experimenté gran tristeza, desesperación e impotencia.

No puedo entender el porqué, ya que la señora nunca cometió pecado alguno como para recibir tal castigo. No entiendo el porqué de esta situación, pero si Dios así lo quiso fue por algo, sólo quiero saberlo.

Aun así la tristeza continúa, pero creo que lo importante en situaciones como éstas es superarlas, así que intento dar mi mejor cara a la gente y que no se note mi tristeza.

Lo que hago mientras estoy triste es leer a solas, en especial sobre el tema que me ha afectado; mientras leo, si es necesario, lloro y me desahogo, platico lo que me sucede pero me he dado cuenta de que desde que la señora murió, mi mal humor e intolerancia se hacen presentes con más frecuencia. Sólo espero que el tiempo pase y sane lo pasado.

MENSAJE DE FORTALEZA Y ESPERANZA

Desahóguense como les resulte más natural, pero háganlo porque puede ser muy perjudicial quedarse con tanto sentimiento guardado.

UNA HISTORIA DE PACIENCIA, ACEPTACIÓN Y MUCHO AMOR
Ivonne
43 años

Algunas veces me siento triste pero sé que no estoy sola. Vivía en New Jersey con mi esposo cuando tuvimos a Steven, nuestro primer hijo, hoy de diecisiete años. Cuando tenía veinte meses nació Jason. Tuve un embarazo normal a mis, entonces, treinta años pero Jason no adelantaba, no se movía. Cuando cumplió los once meses tuvo la primera convulsión. Yo le decía a los médicos: "Yo sé que Jason tiene algo malo", y me decían que no, que él estaba bien con su peso y que era sociable. Cuando tuvo la primera convulsión fue que decidieron chequearlo bien. Me decían que era degenerativo, de los nervios, que probablemente se iba a poner peor. Lo diagnostican al año, con "Atraso del desarrollo". Cuando vieron el MRI dijeron que había algo mal en el cerebro pero aun así no sabían con certeza cuál enfermedad era. A los tres años gateaba, se paraba, pero nunca pudo caminar. Yo trabajé mucho con él, con voluntarias que venían a ayudarme para ver si caminaba, pero nada. Las convulsiones continuaron cada dos o tres días. Cuando Jason tenía tres años nos mudamos a Miami. El frío de New Jersey era mucho para Jason. Le dimos medicinas y una dieta especial para controlar las convulsiones. Yo tenía una consejera, empecé a participar en un grupo de apoyo con otras madres y nos la pasábamos llorando, pero siento que me ayudó a compartir algo que todas estábamos viviendo. No había un pronóstico y eso causa mucha angustia, pues no tenía una enfermedad sobre la cual yo pudiera leer. Preguntábamos: "¿Qué tiene?", y la respuesta era: "Bueno, es atrasado". "Sí, pero... ¿hasta cuándo? Llegará un momento en que será igual a los otros niños?". Y los médicos me decían que me fuera para la casa, le diera amor y me ahorrara el dinero. El médico una vez me dijo: "Si no está hablando a los dos años, él no va a hablar; y si no camina a los cinco, no va a caminar". Él nunca habló mucho, solo diez palabras básicas, pero sí, siempre entendía, como entiende ahora. Se comunica con la mirada, con la vista apuntaba; si le decía "Vamos al baño", él apuntaba al baño; si le decía "Vamos a salir", él apuntaba hacia la puerta o a los zapatos. Establecí un sistema de comunicación con él por medio de sonidos y ciertas palabras. Al principio él podía asir cosas con la mano, pero ya no tiene la misma fuerza. Otra cosa que me ayudó fue que yo trabajé en un hospital ortopédico. Mi mamá trabajó ahí también y ella nos invitaba a las casas de estos niños y me ayudó a ver que había niños que estaban en silla de ruedas. Lo más duro fue como a los nueve años, cuando tuve que ponerlo en una silla de ruedas. El médico me dijo: "Cuando tú estés lista...", pues sentí que se me acababa la esperanza. Yo dije: "Bueno, yo hice todo lo que podía con él...". Eso era día y noche, tratábamos de ponerlo a caminar. Yo he contado mucho con el apoyo de mi esposo y mi hijo mayor, ya que él era casi de la misma edad de Jason y me decía que quería que su hermano hablara aunque no caminara, y yo me sentía mal por él. Yo esperaba que Steven tuviera un compañero. Me acostumbré a él, a aceptarlo, pero siempre me molestaba pues no quería verlo en una clase con tantos niños enfermos. Quería verlo en un ambiente regular, que se rodease de gente regular para que Jason les demostrara que lo podían querer como a una persona. Jason fue rey de la escuela, siempre tenía amigos jugando y atendiéndolo. Cuando terminó esa escuela le dieron una medalla por enseñarle a otros a comunicarse sin palabras. Cuando Jason cumplió diez años yo le dije a mi esposo que quería otro hijo, pues yo siempre quise tener cuatro, para que Steven no se sintiera solo. Nosotros hablamos con Steven, de doce años, los riesgos que podíamos tener. Me dijo; "No, ya tú sabes cómo es, ya tú sabes lo que tienes que hacer si te pasa otra vez". A los cinco meses me hacen la prueba de la amniocentesis y aunque me dicen que todo estaba normal yo me sentía muy asustada. Pero decidí que si me pasaba otra vez no iba a tratar de arreglarlo. Emily nació a los siete meses, de cuatro libras y media, y fue lo mismo, como repetir la misma historia. Los médicos me decían que había sido prematura y era normal. Pero al mes, cuando me la llevé para la casa me asusté mucho pues vi que no se movía y pensé: "¡De nuevo a empezar con lo mismo, a llevarla al pediatra...!", pero no me entendían, me decían que eran ideas mías. El doctor me dijo que era algo del sistema nervioso y ya mi cabeza empieza a darme vueltas, *Nervous system,* lo mismo que tiene Jason y me sentía muy frustrada. Ellos no me creían hasta que sucedió la convulsión. Ellos solamente ven un minuto al muchacho mientras que yo me pasaba todo el día con ellos, ya que no trabajaba entonces. La historia se repite y a los once meses le da la primera convulsión a Emily. A los cinco meses de chequeo me dicen que estaba retrasada, lo mismo que me habían dicho con Jason. "Oh, ya empezó la cosa", pensé, el MRI registró lo mismo que Jason. El cerebro no se había desarrollado para un niño de un año, y comparé ambos MRI y lucían iguales. Pensé: "¿Qué voy a hacer ahora?". Ante todo no me podía demorar sufriendo tanto como con Jason. Teníamos una enfermera que venía a ver a Jason y le dije que yo pensaba que estaba sucediendo lo mismo y me dijo: "¿Cuánto tiempo quieres que te dure esto? Sigue para adelante, la primera vez pasaste tres años tratando de averiguar, ya tú sabes lo que tienes que hacer, acéptala como es". "Bien, ahora tengo dos hijos

—dije—, no sólo uno". Enseguida mandé a Emily a la escuela. Pero lo que me dolió más fue que yo soñaba que, como ella era una niña, yo podría disfrutar con ella, de forma normal, ponerla en clases de ballet, cosas así, y no podía. Ése fue el mayor dolor que tuve. Pero en realidad pasó poco tiempo entre el momento en que supe que era así y la aceptación de esa realidad. Ya no voy a pensar cómo hubiera podido ser. El médico me dijo que era igualita a Jason, que no tenía reflejos. Pasé momentos de molestia, me sentía mal y, a veces, preguntaba por qué me sucedió, si yo no hice nada malo. Y la gente me decía que Dios me había escogido porque sabía que era capaz de conllevarlo, y me ayudaba. La consejera me preguntó qué era lo que más me molestaba y yo le dije: "Que yo veo otros niños corriendo y mi hijos no puede correr". Entonces ella me dijo: "Tú necesitas saber que ellos son como unos ángeles que te escogieron a ti para que los cuides... Tú necesitas buscar a alguien que te ayude para que puedas ayudarlos a ellos y seguir adelante".

Mi defensora, Lili, me dijo: "Ivonne, hay un retiro por tres días y quiero que vengas". Pero yo dije que no podía ir sola a ese lugar, porque casi nunca estaba sin ellos, pero ella insistió: "Tú tienes que ir...". Y durante todo el fin de semana estuve llorando y buscando fuerzas. Lili me dijo que yo no era la única, que mucha gente también estaba pasando por problemas, y poco a poco fui aceptando a mis hijos como son. Yo decidí trabajar como sustituta de maestra para ayudar a otros niños. Y como sabían que yo tenía a mis hijos me colocaban con niños especiales y ahí empecé a ver a todos estos niños. Salí de mi dolor para ayudar a otros, ya que vi que había tantos muchachos así, no puedes arreglarlos pero por lo menos tratas de darles una mejor vida, es lo único que puedes hacer. Y entonces la trabajadora social de

Jason me ofreció un trabajo como coordinadora de apoyo, para tratar con madres de niños especiales. Jason enseño a Emily a gatear. Es más, entre ellos existe un lazo muy especial. Emily estaba siempre a su lado y juegan juntos. Yo había pensado que Emily iba a ayudar a Steven con Jason, pero Emily está al lado de Jason como una amiga. Cuando Steven tuvo su primera novia, me contó que ella conoció a Jason y que almorzaban juntos afuera con sus amigos. Y ella me dijo que él era *cool*. Fue como si Dios pusiera estas cosas en el camino. Yo trato siempre de hacer cosas con Steven. También salimos de vacaciones juntos, como familia. Mi esposo me ha apoyado mucho. Cuando él a veces me ve triste me dice: "No te pongas así, pues yo me voy a poner igual", entonces yo trato de sentirme mejor y sacar fuerzas. Nosotros sabemos que cuando nos casamos fue para compartir lo bueno y lo malo y tenemos mucho amor. Además, hay mucha gente que pasa por cosas peores. Lo más importante es saber que no hay algo perfecto y que uno puede seguir adelante. Yo siempre quiero que las personas aprendan de mis hijos, que los vean contentos, pues así yo me siento bien. Por ejemplo, Jason está en una clase donde lo llevan a pasear y así se siente bien. Él es tan carismático y alegre que todo el mundo tiene que simpatizar con él.

Mensaje de fortaleza y esperanza

Dios nos mandó esta situación. Esta situación me fortaleció y me enseñó a aceptar que nada es perfecto. Yo quiero que otras familias incluyan a nuestros hijos porque ellos también quieren disfrutar de la vida. Cada día es importante decir: "Tengo que vivir... tengo que seguir viviendo para estar aquí para ellos porque necesitan de mis cuidados y, sobre todo, de mi amor".

Dos grandes pérdidas
Isabel
46 años

Los dos seres queridos que he perdido fueron mi padre y mi hermano Juan. Mi padre murió hace siete años y mi hermano hace apenas unos meses.

La muerte de mi padre fue una muerte tranquila, feliz ya que se esperaba en cualquier momento. Me di cuenta en el hospital cuando se le estaba haciendo un examen médico a mi hijo Jorge. Pero primeramente, esa mañana, él se encontraba solo en su apartamento, no contestaba el teléfono y no podíamos localizarlo. Entonces, como yo me esperaba algo así, me fui preparando psicológicamente. Cuando mi hermana me llamó, me pidió que fuera inmediatamente, ya que ella se encontraba en el apartamento de mi papá. En ese instante me imaginé lo sucedido pero no pude hablar con nadie hasta que llegué donde mi mamá. Mientras iba camino al apartamento de mi papá llamé a mi tía, su hermana menor, y le dejé un mensaje en su máquina contestadora diciéndole que yo creía que mi papá estaba muerto. Cuando supe que mi papá había muerto recé por su alma y le pedí fuerza y resignación a Dios.

La muerte de mi hermano fue completamente diferente, ya que fue trágica. Él se suicidó. Cuando sonó el teléfono a las 5:30 a. m. y mi esposo contestó, yo le pregunté: "¿Qué pasó?", pero él no podía hablar, ¡estaba mudo! Le di cuatro gritos y le pregunté si era que Javier se había suicidado. Él me confirmó con la expresión de su rostro y se quedó asombrado de mi instinto. Sentí mucha rabia al saber que mi hermano se había suicidado, pues yo había hablado con él a media noche y le había pedido que me esperara para llegar temprano a su casa y ver cómo lo ayudaba a resolver su problema. Le dije a mi esposo: "No vas a derramar una lágrima por ese tonto" y tomé las riendas, llamé a mi hermana Nora para que me acompañara donde mi hermano, mi marido no podía hacer nada del shock. Sólo me miraba. Cuando llamé a mi hermana menor fue patético pues como ella es escandalosa y no se esperaba nada de lo ocurrido, le cayó como un balde de agua helada.

Me sentía muy dolida con la muerte de mi hermano ya que después de haber hablado con él la noche en la cual se suicidó, al irme a acostar oré mucho y le pedí a la Medalla Milagrosa que le ayudara a encontrar la paz, ya que su cruz era muy dolorosa y pesada. Oré por un período de dos horas. No me era posible conciliar el sueño. Creo que Dios se llevó a mi hermano, pues en el momento en que él se mató, yo me encontraba orando. Siento que la Medalla Milagrosa me concedió lo que le pedí de la forma más dolorosa. Ahora pienso mejor cómo pedirle las cosas. Después de su muerte recé mucho y todavía lo hago. A veces le dedico todas mis oraciones de la noche a él.

Cuando murió mi padre fue muy duro para mí ya que lo tomé como un castigo. Me da pena recordar que cada vez que estaba en Miami me invitaba a almorzar y nunca fui pues siempre estaba trabajando. Son momentos que uno pierde sin saber por qué y después los añora. Él siempre comentó las veces que le dije: "Otro día, hoy no".

Yo lo iba a visitar al cementerio todas las tardes y guardé luto por cinco meses. Lloraba sin cesar hasta que un día fui al cementerio y le dije que iba a ser la última vez que lo visitaba y que lloraba por él, que esa tarde me iba a quitar el luto y dejaría ir mi dolor... Y así fue.

Con mi hermano me sentí muy triste, yo creo que pocas veces he sentido ese dolor, era algo desgarrador, yo me acuerdo que cuando llegué al velorio y lo vi, pegué un alarido desgarrador y me desvanecí. Los que me vieron dicen que fue impactante. Continúo sintiendo ese dolor, es algo que no se puede expresar. Ahora estoy escribiendo y estoy llorando. Para mí todavía es doloroso saber que él está muerto y de la forma en que murió. Me aquejan muchas preguntas sin respuestas. Me pregunto cómo no lo mantuve más tiempo en mi casa y cómo no lo protegí más. Cuando nosotros hablamos la noche en que se suicidó yo me hice la fuerte y lo reté a que se hiciera hombre, que enfrentara la vida, que yo no siempre le iba a poder resolver sus problemas y todo cuanto le dije sólo le sirvió para alimentar su intención de matarse.

Me es muy difícil pensar siquiera en su muerte. Es un dolor que se manifiesta cuando hablo de él, cuando pienso en él, pero realmente no es algo que me deprima ni que altere el rumbo de mi vida.

Al perder a estos dos seres amados he comprendido que el dolor no te hace más fuerte ya que siempre que uno tiene una pérdida va a sufrir, ésa es la ley de la vida. Mientras uno tenga amor y sentimientos, sentirá dolor. Si volviera a tener una pérdida reaccionaría más o menos igual. Trataría de resolver cualquier problema y después lloraría mi dolor. A veces sería más intenso, pero siempre doloroso. No deseo cambiar mi manera de ser, ya que pienso que cuando uno siente dolor creo que tiene que sufrir y adaptarse con el tiempo a esa pérdida.

MENSAJE DE FORTALEZA Y ESPERANZA

Experimentar dolor es parte de la naturaleza humana, por lo tanto vive tu dolor y con el tiempo aprenderás a vivir con tu pérdida.

Inesperadas sorpresas
Carol
46 años

La mayor pérdida que he sufrido en mi vida es la muerte de mi madre, hace veintisiete años. Ella falleció debido a complicaciones de salud. Mi madre se encontraba tomando una siesta y perdió el sentido. Cuando llegó al hospital ya había fallecido y los doctores nos lo dejaron saber, estando nosotros en la sala de emergencia. Me encontraba con mi padre y mi hermana menor. Al comunicarnos la noticia me tomó completamente por sorpresa y me sentí muy mal, perdí la fuerza en mis piernas, caí al suelo y los doctores me tuvieron que sacar del cuarto. Dentro de mí no podía comprender el porqué Dios había decidido llevársela. Mi madre, después de darnos a luz a mi hermana y a mí, se volvió muy enferma, pero siempre, después de cada recaída, era capaz de recobrar en cierta medida su salud. Ella tuvo que pasar por muchas cirugías complicadas pero pudo recuperarse de cada una de ellas. Cuando ella murió no podía entender el porqué Dios no evitó que falleciera.

Me sentía emocionalmente devastada, totalmente sola. Yo estaba tan joven... Tenía sólo diecinueve años y mi hermana diecisiete. Aunque teníamos a nuestro padre, en ese momento supe que mi hermana y yo nos encontrábamos totalmente solas y pensé que tendría que ser fuerte para ayudar a mi hermana. No podía permitir que ella sintiera que se encontraba sola. ¡Tenía que estar ahí para ella!

Nunca podré olvidar que cuando mi madre murió, prácticamente todos mis familiares desaparecieron con ella. No he sido capaz de olvidar o en realidad de sanar en ese aspecto. Aunque ahora lucho con la pérdida de mi madre bastante bien, existen muchas cosas en la vida que no se pueden cambiar. Toda esta experiencia me convirtió en la mujer con fortaleza que soy hoy. Me siento orgullosa de mí y de la forma tan maravillosa en que me he desarrollado como persona. No puedo olvidar lo que pasó, pues todavía duele. Pero al mirar hacia atrás y ver todo lo que mi hermana y yo tuvimos que sufrir, creo que por alguna razón tuvimos que pasar por esa experiencia.

Con esta gran pérdida he recibido sólo bendiciones de Dios y de mi madre, quien cuida de nosotros desde el Cielo. Los momentos dolorosos me han hecho más fuerte.

Mensaje de fortaleza y esperanza

Al enfrentar momentos dolorosos ocasionados por algo o por alguien debemos pensar que, a pesar de que el túnel se encuentra muy oscuro, siempre existe luz al final del mismo. El dolor nos enseña a disfrutar de la felicidad y en realidad todas las heridas sanan con el tiempo. Esta experiencia me hizo madurar muy rápidamente, ya que sólo éramos mi hermana y yo, y tuve que ser fuerte para ella...

Muestra tu amor
Carolina
60 años

Hace diecinueve años mi padre murió de cáncer una noche de febrero, en 1987. No podía aceptarlo y lloré mucho. Mi marido estaba conmigo pero me sentí perdida. Pedí muchísimo a Dios que todo fuese un error.

Sentí muchísimo dolor, mi estómago no resistía comida ni líquidos. Me sentía desesperada y frustrada, llena de impotencia, pero con el tiempo pasó la etapa del dolor y ahora me da mucha paz cuando pienso en mi padre.

MENSAJE DE FORTALEZA Y ESPERANZA

Hay que amar y mostrar ese amor. No tengas reservas en mostrar tu amor a tus seres queridos. Ese recuerdo te llenará de paz cuando no los tengas más a tu lado.

NO TODO ESTÁ PERDIDO
Diley
23 años

Mi padre murió el 19 de septiembre de 2005. Recuerdo que ese día, al regresar de la universidad a mi casa, el teléfono empezó a sonar. Al contestar escuché una voz que no había escuchado en casi diez años. Mi prima me llamó para decirme que había sucedido un terrible accidente y que mi padre había fallecido en el impacto. Un vehículo había atropellado a mi padre al cruzar una calle en la madrugada.

No supe cómo reaccionar ni qué sentir. Lo que pasa es que apenas me acordaba de la cara de mi padre, sólo me recordaba de imágenes. El último contacto que mi hermana y yo tuvimos con él fue cuando yo tenía cinco años y mi hermana dos y medio. Aun así, recuerdo claramente un evento. Fue el penúltimo día que lo vi muchos años atrás. Sólo recuerdo las luces de la policía y mi padre de espaldas hacia mí, con sus manos esposadas.

Lo habían arrestado porque borracho le pegó a mi madre. Según ella, ése fue el único día que le pegó y el último que yo lo vi. Pero fue lo suficiente para que esa imagen se me quedara grabada por una eternidad. Luché conmigo misma para asistir al funeral de un hombre que estuvo ausente de toda mi vida, y de un hombre que nunca pudo mantener un trabajo, ni siquiera por sus hijas.

Decidí asistir al funeral el viernes de esa semana. Mi madre y mi hermanita me acompañaron y nos brindamos apoyo mutuo. Su familia, que apenas conocía, asistió ese día al funeral. Me presentaron a mi madrina, una mujer que no reconozco. También me presentaron a los hermanos y hermanas de mi padre, primos y otros, no me acuerdo de ellos y lo poco que me acuerdo es negativo, ya que al igual que mi padre, ellos nunca pudieron llevar una vida normal, sin problemas.

Tengo vívido en mi mente esas horas anteriores a que se me informara sobre esta catástrofe. Tuve como una especie de visión, aunque parezca ridículo, siento que fue una premonición. Estaba en la escuela esperando que empezara la clase, pero no podía entrar al aula hasta que los refugiados del huracán Rita salieran. De pronto, vi a mi padre entrar al cuarto. Era él, de carne y hueso y a colores. En ese momento supe que algo malo había pasado. Pensamientos acerca de él eran muy raros y esporádicos. Creer que él estaba ahí me dio la certeza de que algo había pasado, pero eché ese pensamiento a un lado y entré al cuarto. Como era de esperar, él no estaba ahí. Más tarde, después de colgar el teléfono y saber la terrible noticia, le conté a mi madre mi visión y ella me dijo que ésa fue la manera en que mi padre me hizo saber que había fallecido.

En el funeral logré finalmente dejar salir las lágrimas que por mucho tiempo había reprimido después de verlo partir con su sonrisa. Desgraciadamente yo nunca le recé realmente a Dios y sólo decía su nombre en vano al recordar todo lo malo de mi vida y por negarme la oportunidad de conocer a mi padre y no darme a alguien que fuera parte de mi vida. Continué mi vida sin creer en Dios, pero de alguna manera mantengo mi creencia en el mundo espiritual. Aunque parezca raro, estudio muchas religiones en la universidad, pero no mantengo una creencia sólida en ninguna de ellas.

Me sentí terriblemente cansada y me apoyaba continuamente en mi hermana quien, a su vez, también se apoyaba en mí mientras continuábamos llorando. Sé que lloré mucho, lloré más de lo que esperaba. Guardé tanto dentro de mí por tanto tiempo que dejé salir algo de ese dolor en ese momento. Traté de ser fuerte para mi hermanita, pero siento que no fui tan fuerte como debí haber sido. Con el tiempo he aprendido a vivir con el dolor y ahora siento que se ha aminorado con respecto a lo que originalmente era.

La razón principal por la que asistí al funeral fue para no vivir con arrepentimientos. Siempre tuve arrepentimientos y siento que fue un buen paso a tomar. No quise guardar arrepentimientos sin ver la cara de mi padre; aunque fue muy duro, tuve que hacerlo. Sentí que al perdonarlo me liberaría de alguna manera del terrible peso que siento. Ese terrible dolor en el pecho tenía que dejarlo salir, dolor que ha resurgido después de tantos años de preguntas sin respuestas.

Conocía la frase: "Con una muerte en este mundo una nueva vida nace". Sabía que no podía tomar esta frase literalmente, sino más bien como una metáfora. Espero que con la muerte de mi padre una parte de mí nazca de nuevo, a lo mejor con mayor sentido y deseo por vivir, una esperanza futura, pues es un sentimiento que me hace falta.

MENSAJE DE FORTALEZA Y ESPERANZA

La muerte siempre nos afecta. Puedes creer que tu corazón es de piedra, pero no lo es. Todos somos vulnerables ante la muerte. Yo espero que al pasar por esta experiencia te vuelvas más fuerte y te conviertas en una mejor persona, ya que siempre hay posibilidad de crecer. Yo pienso que tomé la decisión correcta en ese momento sin ningún arrepentimiento, pero no tenemos una segunda oportunidad. Espero que tú también tomes la decisión correcta...

¡SIEMPRE HE ESTADO VIVO!
Elgin
57 años

Un miércoles 25 de enero de 1989 mi hermano Freddy se encontraba cumpliendo años, fuimos toda mi familia, mi esposo y nuestros cinco hijos a visitarlo a su casa; pasamos un rato tranquilo aunque él se encontraba en la fase final de un cáncer terminal.

Cuando regresábamos a casa nuevamente, mi hijo Álvaro José, de 16 años, nos comenta a su papá y a mí que quería ir con sus primos el sábado siguiente, 28 de enero, a la finca de mi madre, a jugar al tiro al blanco. Su papá le otorgó el permiso y Álvaro José aprovechó para pedirle prestada la camioneta porque "no tenemos en qué ir". Su papá aceptó, pero le puso como condición traer la tina de la camioneta con tierra negra para la grama, y todos estuvieron de acuerdo.

Llegó el sábado 28. A las siete de la mañana yo preparaba lo necesario para mi acostumbrado viaje al mercado; Álvaro José, por su parte, preparaba las palas para recoger la tierra negra y las ponía en la tina de la camioneta. Antes de marcharse, regresó a despedirse de mí y abrazándome por la espalda me dijo: "Mami, hoy no voy a poderte acompañar al mercado —él lo hacía sábado a sábado—, acordate que me dieron permiso para ir a la finca, pero regreso a la una y media a más tardar con tu tierra negra, para que vayamos a la celebración de la Cena del Señor".

La Cena del Señor era una actividad que celebrábamos con nuestro grupo de oración.

Salimos de la casa, cada uno con su rumbo. Cuando regresé del mercado vi que todavía era temprano y fui a ver a mi hermano Freddy, lo encontré con mucha incomodidad y dolor, lo estuve acompañando un rato y regresé a la casa muy triste.

A mi regreso, me senté a almorzar con mis otros cuatro hijos; después de servirle la comida a cada uno, serví y guardé la de Álvaro José para que almorzara cuando regresara. Terminamos de almorzar y cada uno se metió en su cuarto a descansar. Yo me sentía muy triste por mi hermano y llorando tomé mi *Biblia* y empecé a leerla; en ese momento tocan el timbre de la casa y oigo que va la muchacha a abrir, y oigo también a mi hermano que llegaba, entonces salí de mi cuarto y vi que mi hermano venía con mi cuñado; ambos, al verme con los ojos llorosos, se asustaron y me preguntaron qué me pasaba, les respondí que había ido a ver a Freddy y me había impresionado mucho; ellos me preguntaron entonces dónde podrían encontrar a Álvaro, mi esposo, les indiqué y se fueron; yo por mi parte, regresé a continuar leyendo mi *Biblia*.

Unos treinta minutos después, mi esposo Álvaro entra al cuarto, veo que se acerca a mí llorando y que se arrodilla, en ese momento lo primero que se me ocurrió fue preguntarle: "¿Qué pasó?, ¿murió Freddy?, y él baja la cabeza y me dice: "No, ¡nuestro hijo Álvaro está muerto!".

—¡Qué horror!

Salí corriendo totalmente descontrolada y gritando por toda la casa, me metí al cuarto de mis otros hijos gritando y repitiendo: "¡Álvaro José está muerto!". Cuánta confusión, cuánto dolor, corría y corría, de pronto me detuve, entré en mi cuarto, cerré la puerta, me quedé en silencio profundo y en ese entonces dos manos invisibles se posaron en cada uno de mis hombros y un calor empezó a bajar de mi cabeza hasta mis pies, me llené de paz, de serenidad... Salí de mi cuarto, tomé las llaves del auto, le dije a mis hijos y a mi esposo que nos fuéramos a la casa de mi otro hermano Adolfo, porque allí tenían el cadáver.

Mi hermano y mi cuñado me preguntaron si yo iba a manejar, contesté positivamente y nos fuimos todos.

Llegamos a la casa, entramos mi esposo y yo al cuarto de mi hermano donde estaba mi niño, me acerqué a él, me arrodillé y junto a su oído empecé muy despacio y suavemente a susurrar "Padre nuestro, que estás en el Cielo, ¡santificado sea tu nombre!, hágase tu voluntad así en la Tierra como en el Cielo! Me acerqué más a él y continué: "Perdona nuestras ofensas...", hasta terminar. Lo que yo quería era que él, Álvaro José, pidiera perdón por sus pequeñas culpas, para que Nuestro Señor lo recibiera limpio. En ese momento yo no sentía a nadie, sólo sabía que su espíritu estaba cerca de mí y que me quedaba viéndolo fijamente, revisé su cuerpo físico, vi su herida, rezamos el Santo Rosario todos los que estábamos en el cuarto, se lo llevaron a preparar al hospital y yo me regresé con todos a la casa; y pensé: "Vino a la una y media de la tarde, pero ¡vino muerto!".

Poco después lo trajeron ya en el ataúd, se hizo la vela, al día siguiente lo enterramos y todo quedó en un silencio profundo en mi casa. Mi llanto era silencioso en mi alma, ¡qué dolor tan profundo!, era un dolor total, que casi lo sentía físico, sentía como si me hubieran amputado una parte de mi alma, comprendí en esos momentos por qué el anciano Simeón le había dicho a nuestra madre María Santísima: "Una espada atravesará tu corazón", era eso exactamente lo que yo sentía, que algo había amputado mi alma.

Cierto tiempo después sueño con él, que lo tengo sentado sobre mi cintura, como un niño tierno, no me hablaba, sólo se acercaba a mí, me besaba en cada mejilla, yo recuerdo que lo empujaba con mis brazos hacia arriba como apartándolo de mí y le decía: "Hijo, no sufras, ¡vete, que tú ya no eres de este mundo! ¡Vete, vete...!". Mi esposo me despertó preguntándome qué me pasaba, le conté mi sueño y acabó todo.

Otro tiempo después volvió a venir a mis sueños, y lo vi de pie apoyado sobre el marco de la puerta de mi cuarto, y recuerdo que le dije:

—¡Qué barbaridad! ¡Ahora vuelves a venir!

Y él me contestó:

—Sí, sólo vengo a despedirme porque ya me voy.

Diecisiete años después volví a soñar con él, en el sueño lo veía acostado en la calle y yo sabía que él estaba muerto, pero al acercarme vi que sus parpados se movían y me acerqué más y le pregunté:

—¿Estás vivo, hijito?

De pronto, sonriendo, se levantó, me abrazó y me dijo:

—Pero mamá... ¡si yo siempre he estado vivo!

Y esa es la realidad, dejamos este mundo, pero se vive en la Vida Eterna.

MENSAJE DE FORTALEZA Y ESPERANZA

Durante la misa de Homilía, el 17 de noviembre de 2006, el sacerdote dijo las siguientes palabras: "El Señor no nos quita la cruz (los problemas), sino que nos da fortaleza para llevarla". Y como me había comprometido a escribir mi dolor, asocié estas palabras del sacerdote con las manos que sentí sobre mis hombros y el calor que bajaba de mi cabeza a los pies y regresaba a mi cabeza. Ésa era precisamente la Fortaleza que me estaba transmitiendo para que a su vez yo la transmitiera a mis hijos y esposo.

UNA HISTORIA
Francisco
22 años

Era una noche fría como ninguna otra. Para un niño de doce años era una noche muy aburrida pero, a la vez, esa noche era especial. Me encontraba junto a mi familia rumbo al aeropuerto a recoger a mi padre, quien regresaba de un viaje de negocios a Guatemala. Siempre era muy excitante para mis hermanos y para mí cuando nuestro padre iba de viaje porque de alguna manera él siempre se las arreglaba para hacernos sentir especiales al traernos regalos. No importaba si eran pequeños, siempre nos provocaban alegría.

Lo que recuerdo es que eran casi las siete de la noche cuando llegamos al aeropuerto. Fuimos con otra familia, ya que mi padre había viajado con su jefe y decidimos ir juntos a recogerlos. Al llegar al aeropuerto mis hermanos y yo nos pusimos a jugar con los otros niños. Ocasionalmente alguno de nosotros nos acercábamos al mostrador de la aerolínea a preguntar a qué hora llegaría el avión, ya que estaba programado su aterrizaje en Nicaragua a las 7:30 p. m. y eran las 9:00 p. m. y todavía no había llegado. La señorita de la aerolínea siempre nos daba la misma respuesta: "Debido a la lluvia el avión tuvo que hacer una parada en El Salvador, pero apenas se componga el tiempo, el avión despegará de nuevo y llegará prontamente".

A las 10:30 p. m. ya nos encontrábamos muy cansados e inquietos, por lo que nuestras madres nos llevaron a todos los niños a la casa más cercana para dejarnos allí, y regresar al aeropuerto en caso de que sus esposos al fin llegaran.

Cuando nos dejaron en casa, recuerdo haberme quedado dormido alrededor de las 11:30 p. m. Por alguna razón todos los niños dormimos en el cuarto de mis padres y cuando nuestras madres regresaron apenas me desperté para ver partir a la otra familia. Más dormido que despierto le pregunté a mi mamá por mi papá y su respuesta fue muy parecida a la de la señorita del aeropuerto, sólo que esta vez ella me explicó que probablemente se quedarían esa noche en El Salvador y regresarían durante las primeras horas de la mañana siguiente. Por lo tanto me fui a dormir con la esperanza de ver a mi padre y preguntándome qué le diría y qué me traería.

Eran las cinco de la mañana cuando alguien me tocó el hombro, me desperté y la primera imagen que vi fue la de mi madre sentada en mi cama, a mi lado, con una sonrisa falsa y sus mejillas rojas como una manzana. Por primera vez sentí que algo no estaba bien. Yo sabía cuando mi mamá había llorado porque sus mejillas y nariz se tornan rojas. Poco a poco iba tomando conciencia y me di cuenta de que fuera del cuarto había gente y voces familiares. "¡Qué raro!", pensé. Entonces mi madre dijo algo que nunca olvidaré: "El avión tuvo un accidente, ¡se estrelló!". En ese momento me volví para ver en la cama de al lado a mi hermano de ocho años y a mi hermanita de dos años. Me sentí mareado.

Al principio pensé que eso era un mal sueño. Me levanté y salí del cuarto. Debido a la impresión en la cual me encontraba no recuerdo muy bien quiénes se encontraban en mi casa, pero recuerdo que estaban mis abuelitos y la señora que vivía frente a nuestra casa. Después de eso vinieron los días más terribles que he vivido.

Para que sepas, el avión en el cual viajaba mi papá se estrelló contra una montaña en El Salvador. Por lo tanto, debido a la altura, no era fácil llegar a donde se encontraban él y los otros pasajeros. Yo mantenía la fe de que mi padre era lo suficientemente fuerte para sobrevivir a dicho accidente. Lo que quiero decir es que él no solamente era mi padre, también era mi héroe. En mis adentros yo sabía que estaba vivo, que iba a sobrevivir. A pesar de que las noticias decían que la probabilidad de supervivencia era nula, pero yo nunca perdí la fe. Unos días después fue que la realidad me golpeó, y me golpeó de lleno. Durante todos esos días la casa siempre se mantenía llena de amigos y familiares.

Durante una mañana en la cual me encontraba en el cuarto de mis padres viendo la televisión, tratando de distraerme, vi en uno de los canales de noticias, no recuerdo cuál, las imágenes del accidente. Fue tan impresionante que se quedaron grabadas en mi mente. No vi los cadáveres, pero sí partes de éstos que se encontraban por todos lados: encima de los árboles, en el suelo y hasta sobre los pedazos del avión. Empecé a gritar con todas mis fuerzas y lo más impresionante es que a pesar de que gritaba muy duro no podía escuchar que algún sonido saliera de mi boca. Mi mamá vino al cuarto a abrazarme y yo empecé a llorar. Fue entonces que interiorice lo que había sucedido. ¡Mi papá no iba a regresar!

Por varios años estuve enojado con Dios de una manera muy personal. Lo culpaba por lo que me había pasado. No podía entender por qué Él había permitido que le sucediera eso a mi papá, a mi familia y, sobre todo, a mí. Sólo años después fue que dejé ir el rencor, porque finalmente entendí que en la vida suceden "cosas malas" pero la vida continúa.

Yo no soy lo que se diría un hombre muy religioso, pero sí creo en Dios y tengo una fuerte fe en Él, pero creo en Él a mi manera. No me gusta mucho ir a la iglesia y si llego a ir es por alguna ocasión especial o para complacer a mi mamá. No creo que para hablarle a Dios sea necesario ir a la iglesia. A mi manera yo le hablo constantemente. Pero durante un par de años estuve muy enojado con Él. Es cómico pero nunca perdí la fe en que Dios existía, como mucha gente lo hace. Yo solo perdí mi fe en Él, pero ahora he madurado.

Es realmente duro perder a un ser amado. Es aún más duro crecer en un hogar sin padre. Conozco muchas familias que han crecido sólo con el padre o la madre, pero no es lo mismo que él o ella se marche a perderlo en un instante. De alguna manera he aprendido a vivir con la muerte de mi padre y aunque dentro de mí tengo todavía asuntos no resueltos, sé que con el tiempo esto sanará.

La muerte de mi papá tuvo un gran impacto en mi vida ya que siendo el hijo mayor me convertí en la mano derecha de mi mamá. Cuando maduré, maduré realmente rápido, más rápido que los otros niños de mi edad. Hice muchas cosas y aprendí a valorar más la vida. Pasé por una etapa viviendo la vida como si no hubiera un mañana, entonces participé en deportes extremos y mi mamá pensó que lo hacía porque enfrentaba asuntos personales, pero a mí me gusta sentir el flujo de adrenalina en mi cuerpo. ¿Habría hecho todas estas cosas en mi vida de no haber perdido a mi padre? Me imagino que no hay forma de saberlo.

Han pasado once años desde la muerte de mi padre y aún lo extraño y siempre lo extrañaré. Pero ahora sé que él siempre está conmigo, cuidando de mí y de mi familia. Y lo que me inspira en la vida no es el llevar los zapatos de mi papá, pero sí continuar el legado que él dejó atrás. Sabes, una cosa que no te he dicho es que con todo orgullo llevo su nombre y aunque yo soy una persona diferente a mi padre, yo sé que la manzana no cae lejos del árbol. Mira, él es todavía mi héroe y cuando enfrento un conflicto me pregunto qué es lo que él haría.

Mensaje de fortaleza y esperanza

La vida de uno puede cambiar de un día para otro, sin advertencia. No importa lo duro o leve que sea el cambio, el cambio está hecho y no sólo hay que aceptarlo, también hay que aprender y fortalecerse de tal cambio. Así es como vamos a lograr crecer y transformarnos en mejores personas.

El Señor me dio la fortaleza
Héctor
23 años

Mi padre falleció el día en que cumplí diecisiete años, nunca se me olvidará. Llevé a mi padre en mi carro de uno a otro especialista, para ver por qué estaba sangrando tanto y tenía los análisis tan extraños. Al final del día nos informaron que él tenía tumores en el pecho y estómago. Mi papá siempre me pedía perdón después porque él pensaba que me había echado a perder el cumpleaños, pero en realidad el Señor me permitió pasar el día entero con mi papá... Tiempo precioso que se me iba. Él tuvo cáncer en los pulmones y el intestino delgado. En enero del 2006, cuando los cirujanos estaban sacando esos tumores, vieron que también tenía una masa en un riñón. Era tan pequeña (como la mitad de la uña del dedo gordo) que decidieron no sacarla, dando la explicación de que esas masas nunca crecen y se disuelven solas. En mayo él fue para un examen y la masa había crecido tan rápidamente que ya tenía metástasis en la mayoría del pecho.

El dolor fue muy intenso pero tuve que tener la cara dura frente a mi mamá, hermana, hermano y sobrina. Mi padre sabe que por dentro lloraba pero yo, como él, sabía que las necesidades de la familia estaban por encima de las mías en ese momento. El Señor me dio la fortaleza y gracia para ser fuerte en tiempos tan difíciles.

Hasta ese momento yo iba a la iglesia sólo para "visitar a Dios". No le había dado mi corazón. La primera noche del velorio tuve una larga conversación con Él cuando entendí su plan: ser mi Padre eterno. Él siempre me quería como hijo pero nunca lo vi, nunca me rendí. Esa noche hice mi paz con la situación y me di por completo al Señor Jesucristo, Dios Todopoderoso. Muchos piensan que cuando mi papá murió yo me hice "el hombre de la casa" pero en realidad el Señor se hizo cargo de mi familia y hay evidencia de eso hasta hoy. Me puse flaco, me puse gordo... comía cuando podía, después de estar seguro de que los otros habían comido.

Extraño mucho a mi padre. Hay tantas cosas que quisiera preguntarle, tantos de sus consejos que necesito. Mi papá es el hombre que yo quiero ser y sé que él solamente me podría haber enseñado muchas de las lecciones que tuve que aprender de mala manera o, quizá, yo tenía que aprender de esa manera porque soy cabeciduro. Todavía lloro de vez en cuando, sobre todo cuando oigo una vieja canción cubana o algo me hace acordarme de él. Lloré fuertemente cuando vi la película *The Lost City*, de Andy García, porque me lo recuerda. Hay veces que estoy pasando por algo y sé que si él estuviera no me iría tan mal. Pienso mucho en él cuando estoy manejando y miro al cielo... Me imagino que él me esta mirando y sonriendo. Si Dios quiere yo un día le voy a preguntar si él está orgulloso con lo que ha llegado a ser mi vida.

Seguí mi vida, me casé, me mudé y todo siguió pa'lante. Vivir un día a la vez y nunca olvidar que el Señor es bueno.

Con esta pérdida tan grande he aprendido a ser el mismo tipo de hombre que mi padre fue: lleno de amor, integridad y honra para mi familia. Aprender lo más que pueda ahora para ayudar a mis hijos y a mi hermano. Siempre estar disponible para mi mamá y hermana y demostrarles lo más posible que las quiero. Nadie es perfecto y yo nunca lo seré pero a mis seres queridos intento hacerles la vida mejor cada día.

Mensaje de fortaleza y esperanza

Hay que ser mejor con nuestros seres queridos, mucho más que con nosotros (hasta el Señor se sacrificó por los que quiso). Si vives con todo el corazón, ese corazón te dará vida eterna en los que dejas.

DIOS ME PREMIÓ CON UN ÁNGEL
Ivette
43 años

Faltaba sólo un mes para que mi hijo, el menor de tres, cumpliera cuatro años. Era un niño feliz, con don de gente, sumamente inteligente, muchos dicen que brillante, era de esos seres que por su nivel no pueden permanecer mucho tiempo entre nosotros, no pertenecía a este mundo. Había nacido con un gravísimo problema congénito en el corazón, uno de los más raros y serios. A los seis meses fue operado por primera vez y el diagnóstico decía que serían necesarias al menos cinco operaciones a lo largo de sus primeros años de vida y hasta la adolescencia para que él pudiera tener un nivel de vida normal.

En esos días estaba muy cansado y se determinó que habría que hacerle un procedimiento quirúrgico para arralar la sangre, en el único hospital privado que operaba entonces en Nicaragua, no existía un área de cuidados intensivos pediátricos ni tampoco el instrumental necesario, la opción era el hospital infantil del Estado, empobrecido y descuidado por diez años del gobierno sandinista. Me horrorizaba la idea de tener a mi hijo en una sala de cuidados intensivos compartiendo cama con uno o dos niños más, sin ninguna garantía de asepsia y espantando cucarachas y ratones. Decidimos llevarlo a México, para que lo atendiera el cardiólogo infantil que lo había diagnosticado y operado años atrás y se internara en el centro infantil privado de México. Viajamos Fernando y yo, el sábado 6 de junio de 1992 y, para mi sorpresa, el médico me informó que el niño estaba tan mejorado que no sería necesaria más que una sola operación para resolver su problema definitivamente. Ese lunes le dio cita para hacer el procedimiento quirúrgico en terapia intensiva el siguiente viernes. Salimos muy contentos del hospital rumbo al zoológico de Chapultepec para que Fernando pudiera conocer los elefantes, pues esa era su mayor ilusión. Mi mamá nos acompañó. El niño se cansaba mucho, pero era normal, el problema de la sangre espesa le provocaba ese cansancio, además de la altitud de ciudad de México. No pudimos ver a los elefantes porque el zoológico cerraba los lunes.

Por la noche hablé con mi esposo en Nicaragua y le di la buena noticia, el proceso del viernes era algo sencillo, estaría veinticuatro horas en terapia intensiva y después podríamos viajar de regreso a casa, la operación definitiva estaba programada para el mes de octubre de ese año, cuatro meses más y terminaríamos con la pesadilla. El miércoles 10 de junio me desperté temprano, Fernando estaba muy llorón, no quería que me separara de él ni un segundo, ni siquiera la idea de ir al zoológico lo calmaba, a las diez de la mañana sufrió el primer ataque de estenosis, (falta de oxígeno en el cerebro), salí corriendo con él en los brazos, estaba hospedada a más de una hora de distancia del hospital, tomé un taxi, recuerdo que lo único que hacía era darle respiración de boca a boca, y decirle al oído que lo amaba sobre todas las cosas del mundo y darle mi bendición. Cuando llegué al hospital, entré corriendo hacia el consultorio del cardiólogo, la gente de información me gritaba y corría detrás de mí, me decían que la entrada de emergencia era del otro lado, que fuera para allá, sabían que era algo grave y no había que perder el tiempo, pero para mí, lo único importante era entregárselo al cardiólogo. Pregunté por él en la salita de espera, me contestaron que estaba atendiendo un paciente, corrí hacia el consultorio con todos detrás de mí, abrí la puerta y puse al niño en los brazos del médico, éste salió corriendo por la parte de atrás hacia la emergencia, yo no pude correr más, me detuvieron ahí, empecé a agonizar.

En recepción me entregaron la ropa cortada del niño, estaban ingresándolo en terapia intensiva, ya lo habían sangrado y su estado era muy grave, yo llevaba el dinero necesario para ese procedimiento, programado para el viernes 12, pero en estas circunstancias ese dinero sólo me alcanzó para cubrir las primeras dos horas en el hospital y los procedimientos de emergencia. No recuerdo cómo se enteró mi mamá, no sé si fui yo quien la llamó, si fue de casa de mi tía, donde me estaba hospedando, no me acuerdo; el dinero prestado por ella y mi tía, apenas cubrió los siguientes procedimientos, tenía que buscar cómo dejar un depósito millonario lo antes posible pues de lo contrario, trasladarían al niño a un hospital público. Buscando la manera de resolver el problema económico y con el apoyo del cardiólogo, que impidió cualquier tipo de acción del hospital, ya que Fernando no estaba en capacidad de ser trasladado, podría morirse en cualquier momento, pasé todo ese día entrando y saliendo del hospital, haciendo llamadas telefónicas a amigos, conocidos, llamando de larga distancia a mi esposo, a quien no localicé puesto que estaba en alta mar con un barco camaronero desde el día anterior y regresaba por la noche, en fin que no pude estar durante todo ese tiempo con el niño y ése es el dolor más grande que me queda.

Todas mis cuñadas enviaron dinero para enfrentar la deuda del hospital, pero ese dinero tardaría dos días en llegar y la administración del hospital no quería esperar, eran las 7:00 p. m., me permitieron pasar a verlo, lo besé, lo acaricié, volví a darle la bendición y empezó otro ataque, me sacaron de ahí, pasaba el tiempo y a las 7:45 p. m. salieron a informarme que Fernandito había muerto.

Le pedí a mi mamá que esperara para que se lo entregaran y llevarlo a la capilla del hospital, en lo que yo iba a hablar por teléfono, yo no tenía fuerzas para sostenerlo en mis brazos, me dio miedo, no sé, no pude, le pedí a una amiga que me ayudara con todo el proceso de buscar donde velarlo, pero primero tenía que pagar en el hospital, porque prácticamente estábamos secuestrados, no podría llevarme el cuerpo si no pagaba y para que me diera cuenta de que no estaban jugando, a la entrada de la capilla donde nos permitieron estar con el niño, pusieron un guardia de seguridad. Así pasamos esa noche, mi mamá, Fernandito y yo. A las 8:10 p. m. llamó mi cuñada de Guatemala, ella se encargó de llamar a Nicaragua para dar la noticia; a las 9:00 p. m. pude hablar con mi esposo. Él se encargó de decirle a nuestros otros dos hijos. Carlos necesitaba solicitar visa para viajar a México, así que era imposible que llegara antes del viernes.

A la mañana siguiente, después de una larga reunión con el director del hospital, accedió a que le firmara un pagaré con fecha de vencimiento de una semana, para poder llevarme al niño a velar a otro lugar. Decidimos incinerarlo, pensando en nuestros otros niños, yo no podía regresar a casa con su hermanito metido en una caja. El viernes por la mañana recibí el dinero que me enviaron, fui al hospital a pagar, hubiera querido tirárselo a la cara del director y al contador del hospital, pero no tenía fuerzas, me estaba muriendo en vida. Después me fui al aeropuerto a esperar a mi esposo, sólo esperábamos por él para poder incinerar el cuerpo. A las 5:00 p. m. del viernes 12 de junio nos entregaron una pequeña urna con las cenizas de Fernando y las de nuestro corazón.

Todavía había que esperar el trámite de la funeraria para que nos entregaran el acta de defunción y poder viajar de regreso a Nicaragua, así que nos fuimos a un hotel, a esperar y a llorar. El domingo a mediodía me entregaron el acta y el lunes 15 viajamos de regreso a casa. Enterramos las cenizas de mi hijo, en la tumba de su abuelo, el día 16 de junio, cumpleaños de su padre.

Corté mi relación con Dios, no es que de pronto ya no creyera en Él. Fue algo peor, en medio del dolor más grande que he sentido en mi vida, la única posibilidad de volver a confiar en Él era que me devolviera a mi hijo, que lo resucitara, ¿acaso no era ésa la promesa?, lo retaba día a día, ¿sería capaz de hacer ese milagro? No, por supuesto, entonces no me interesaba saber nada más de Él. Mi fe se terminó, la perdí, se esfumó. Odié a Dios con todas las fuerzas de mi ser.

Perder un hijo es el dolor más grande del mundo, no se compara con ninguna otra pérdida, el dolor es insoportable, sientes cómo se te desgarra, literalmente hablando, el corazón dentro del cuerpo, te falta el aire, el aliento, son mil puñaladas al mismo tiempo, es simplemente indescriptible. Me sentía vacía, sola, abandonada, sentía que de pronto me habían quitado todo estímulo de vida. Cuatro años de lucha por la vida finalmente me habían vencido. Este proceso de duelo duró años, muchos años, pero creo que en mi amargo proceso lo único que me ayudó a sobrevivir fueron mis otros dos hijos, si ellos no hubieran existido, estoy totalmente convencida de que me hubiera vuelto loca o lo que es peor: me hubiera suicidado. Sentía muchas cosas dentro de mí, culpa por no haber hecho más por él, por no haber podido salvarlo, por haber tomado las decisiones que tomé, por no haber dado más, más, más, tristeza de no tenerlo, envidia de ver a otros padres alrededor mío con sus hijos sanos, ¿por qué el mío y no el de ésa o aquélla?

Día tras día de mi vida blasfemé y morí en vida, pasaron los años y lo único que pedía era encontrar la fe que había perdido, tener un poquito de fe sería un consuelo.

Físicamente también me afectó, fue la época en la que más me enfermé, tenía gastritis todo el tiempo, tan grave que me enviaban al hospital por dos o tres días, los nervios los tenía destrozados, visitaba al psicólogo dos veces por semana, las depresiones eran cada vez más agudas, tomaba pastillas para dormir, para los nervios, la gastritis, etc.

Un día toqué fondo, me desperté después de semanas de abrir los ojos sólo cuando me tocaba tomar más medicinas; era un fin de semana, ni mis hijos ni mi esposo estaban, no sabía mucho de ellos y eso que los amaba... Tomé los antidepresivos y las pastillas para dormir y lo tiré todo a la basura, decidí que de ahí en adelante sería yo quien tomaría las riendas de mi vida, de frente y sin evadir mi realidad, no volví más al psicólogo, considero que sólo me ayudó a deprimirme más, me amarré el corazón y enfrenté el mundo. También empecé mi proceso de reconciliación con Dios y con el paso del tiempo me di cuenta de que aquella fe que busqué afuera, con tanta desesperación, aquel Jesús que necesitaba para enfrentar mi dolor, estuvo siempre dentro de mí, en mi corazón.

La herida que ocasiona la muerte de un hijo es incurable, no se sana jamás, no se deja de sufrir nunca, no se deja de llorar, no se olvida, duele igual el primer día, a los dos meses que diez, quince o veinte años después. Entonces, ¿hay esperanzas?

Creo que sí, el tiempo ayuda a enfrentar el sufrimiento, el dolor que seguirá ahí, por siempre, se transforma, se hace más llevadero, y uno encuentra consuelo más fácilmente en la fe y en la relación con otras personas a quienes les ha pasado lo mismo. Escuchar la experiencia de otros padres es una de las mejores medicinas, sólo el que ha pasado por esto está capacitado para entender los altibajos del proceso y sabe encontrar la palabras correctas para dar consuelo.

Dios me prestó un ángel maravilloso, lo arrullé en mis brazos por un tiempo, su belleza y esplendor me tenían hechizada, por eso no acepté su partida, al pasar del tiempo he encontrado paz, fue un camino largo y muy tormentoso, todavía lloro amargamente, no puedo evitar que se me salga el corazón en lágrimas mientras escribo esto, pero tengo el firme convencimiento de que Fernando está sentado a la mesa del Señor, que es uno de los ángeles más luminosos que canta su gloria, agradezco infinitamente que me lo haya prestado y, más aún, las pruebas innumerables de que es el guardián de mi familia, y tengo la certeza de que el día en que me muera volveré a ver su carita, a sentir sus brazos rodear mi cuello, su mejilla muy apretada a la mía, y volveré a escucharlo al decirme: "Mamá, ¡te quiero!".

MENSAJE DE FORTALEZA Y ESPERANZA
El amor es eterno y, si tienes fe en Dios, Él te da la fuerza que necesitas para conllevar la pérdida de un ser amado.

NO ESTÁS SOLA SI DIOS TE ACOMPAÑA
Joaquina
81 años

La mayor pérdida que he sufrido es la muerte de mi esposo, la cual sucedió hace cuatro años. Nosotros vivíamos en New Jersey y él empezó a padecer de la enfermedad de Alzheimer. Antes de ser diagnosticado, Nico, mi esposo, se dio cuenta de que estaba actuando raro. El doctor lo atendía con mucho cariño y le prescribía medicinas, pero no le comunicaba que padecía de esa enfermedad. Cuando íbamos a Miami a mi esposo le daba angustia por las noches. Él se sentía muy inquieto. Me decía: "No puedo dormir". Entonces fuimos a un farmacéutico y le llevamos las medicinas que el doctor le había prescrito. El farmacéutico le dijo que sufría de la enfermedad de Alzheimer, ya que ésas eran las pastillas para tratar esa enfermedad. Nico quería medicinas para los nervios pero se las negaron bajo el argumento de que creaban hábito. Finalmente otro doctor lo trató y le mandó medicinas para la ansiedad. Después de eso lo diagnosticaron oficialmente con la enfermedad de Alzheimer y como Nico estaba padeciendo de anemia le mandaron a hacer una colonoscopia.

Se le hizo el examen y salió que no tenía cáncer pero que tenía altas probabilidades de leucemia. Como resultado del purgante que le dieron para la colonoscopia, se le trastornó el balance de potasio y otros minerales en el cuerpo. Esto a su vez causó problemas al corazón. El doctor mandó a mi esposo a otro hospital para que le dieran un shock eléctrico al corazón para aliviar los problemas cardíacos. No se lo llegaron a llevar pues en el hospital le dio otro problema en el corazón. Le hicieron un cateterismo y más pruebas. Nico no se encontraba totalmente consciente. Le hicieron transfusiones ya que se le iba la sangre cada semana. Le hicieron la prueba de la cadera y el resultado fue que la leucemia estaba posesionada. Él se quejaba, pero si le decías "Nico, te voy a mover la almohada", se quedaba tranquilo. Finalmente le administraron morfina para aliviar el dolor.

En el momento de su muerte mis hijos estaban presentes. Recuerdo que la última vez que hablé con él, antes de yo partir para la casa, me dijo: "¡Mi belleza!".

Justo antes de morir recibió la comunión y logró tomar la hostia. Después, pasándoles el brazo a mis dos hijos falleció.

Reinaldo, mi hijo, me fue a buscar a la casa para darme la noticia. Yo tranquilita, sin llorar ni nada, me fui con él. Cuando llegué donde estaba mi esposo le besé la frente y los pies y luego me fui a la casa. Cuando él murió yo no quería asistir a la funeraria, entonces Reinaldo me dijo: "Se hace lo que tú quieras". Pero, por otro lado, lo quería ver y me llevaron a verlo. Todas las personas que llegaban a mi casa decían lo especial que había sido mi esposo pero fueron momentos muy difíciles. Creo que la fe en Dios me ayudó mucho para conllevar ese dolor. Mi esposo me adoraba y yo a él. Estuvimos de novios por un año y luego gozamos de sesenta años de amor, paz y cariño. Por ser Nico miembro de la masonería, estuvimos sin casarnos por la iglesia durante diez años. En mi corazón guardo muy lindos recuerdos ya que él fue muy bueno conmigo y fuimos extremadamente felices. Mis padres lo quisieron como a un hijo.

Durante mi vida yo sufrí de dos grandes depresiones de las cuales me recobré por milagros, ya que la gente rezaba para que yo me curara. Las depresiones me daban muy fuertes hasta el punto de no desear ni responder el teléfono. Recuerdo que después de la muerte de Nico no caí en ninguna depresión. Reinaldo me ayudó en todo pues la gente me volvía loca diciendo: "Vende la casa". Todo el mundo opinaba sobre lo que debía de hacer. Yo me sentía confundida y una noche le pedí a Dios que me iluminara. Que si vendía la casa o no y entonces decidí quedarme en mi casa y comprendí que no estaba sola, ¡Dios estaba conmigo!

MENSAJE DE ESPERANZA Y FORTALEZA

Agárrate a Dios con las dos manos. Si tienes a Dios y lo sientes como lo siento yo, nada te faltará.

LA MARIPOSA ROJA*
Karyl, madre de Arlyn
59 años

Poco después del mediodía me dirigí al dormitorio de Arlyn para tomar ciertas cosas conmigo. Me disponía a manejar tres millas aproximadamente, hacia el campo, rumbo a Woodhaven Road. De pie, en medio de su cuarto, miré a mi alrededor por unos minutos. Estaba lleno de Arlyn, pero parecía tan vacío. Levanté una carpeta con algunos de los poemas que ella había escrito. Sus palabras. Sus pensamientos. Sus sentimientos. La aseguré bajo mi brazo mientras buscaba algo más: una muñeca Cabbage Patch Doll, el vestido con el cual se había bautizado, y una cinta azul que había ganado por hornear un bizcocho de esponja cuando contaba con diez años de edad. Todas estas cosas significaron algo para mi hija, pero las dejé ahí mismo.

Al mover mis manos sobre el tocador, tiré un marco pequeño de fotografía. Se volteó hacia arriba, tenía una foto de Arlyn con un pelo rojo brillante y un gesto de felicidad. Tenía tres años cuando le hice el disfraz de Raggedy Ann usando un lampazo como peluca. Durante muchos días ella practicó el caminar de Raggedy Ann. Sonreí al recordarlo y tomé la foto para llevarla conmigo. Eso era todo lo que necesitaba. Me subí al carro, asegurándome de guardar la silla de jardín en el maletero. Lentamente manejé las tres millas hasta el campo, hasta ese lugar en Woodhaven Road que me atraía con una fuerza terrible, pero a la vez irresistible.

---

* www.virtual-memorials.com/main.php?action=view&mem_id= 1171&page_n

Minutos más tarde, aparqué el carro al lado de un riachuelo. Miré el reloj. Era temprano. El desvencijado puente de madera que cruzaba el riachuelo parecía perderse entre los árboles y la maleza que lo rodeaba. No existía alrededor ninguna otra estructura hecha por el hombre.

Mis ojos trataron de seguir a varias maripositas amarillas que revoloteaban en este retrato que de otra forma sería inmóvil. Situé la silla de jardín al lado del estrecho camino de tierra, a pocos pies de las dos cruces de madera que le anunciaban al mundo que éste era un sitio donde una muerte había ocurrido. Me agarré de la carpeta que contenía los escritos y de la pequeña foto mientras me sentaba en la silla. Comprendí, de pronto, que había situado la silla en el lugar preciso donde el cuerpo de mi hija había caído al finalizar su vida. Por un momento me puse tiesa y pensé en moverme del sitio, pero no lo hice. Una necesidad morbosa de conectarme con ella me dejó allí. Abrí la carpeta y tomé una hoja de papel con la letra de Arlyn y leí:

"El olor de la muerte me rodea y me encuentro abrumada por su belleza".

Sacudí mi cabeza. No podía comprender.

Estaba terriblemente caliente, como en el día que Arlyn murió. Me senté en silencio, preguntándome qué habría ella pensado durante esos últimos momentos, me preguntaba si habría tenido miedo. Miré hacia abajo y continué leyendo. Sentía un dolor muy fuerte en mi pecho. Sus manos habían escrito las palabras que estaba leyendo, pero su corazón había sentido esas palabras.

Después de un tiempo, miré hacia arriba y me quedé en blanco viendo las mariposas amarillas. Entonces, miré mi reloj y vi que era casi esa hora. Si el espíritu de

Arlyn iba a venir, sería ahora. Entonces empecé a hablar. Al principio, hablé casualmente:
—¿Cómo estás Arlyn? ¿Cuéntame cómo es allá arriba? ¿Estás con Mammaw, abuelito y Lori?, ¿has tocado la guitarra para ellos?

Esperé, pero Arlyn no respondió.

Sentí que mi ansiedad iba en aumento, por lo tanto empecé a hacer preguntas más fuertes, esperando una respuesta después de cada una de ellas.

—Arlyn, ¿nos extrañas? ¿Cuando halaste el gatillo tenías idea de cómo nos iba a doler tu muerte a tu papá y a mí? ¿Sabías lo mucho que te amamos?

Después, como una posdata, le pregunté si había visto a su primito Adán, a quien habían matado el día anterior, y le pedí que tomara a Adán bajo sus alas.

De nuevo, cerré mis ojos y esperé. Y esperé...

Nada pasó. Me sentí tan triste. Finalmente decidí que tenía que tratar de persuadir a Arlyn una vez más para que me respondiese. Le pedí una señal para dejarme saber que ella estaba allí. Se había ido hacía cuatro años. Ya había esperado suficiente tiempo. Abrí los ojos y miré a mi alrededor. Mientras buscaba una señal, pensé que no sabría qué era una señal si acaso la veía. ¿Cómo lucía una señal? ¿Era acaso una luz parpadeante, el rugido de un trueno, la imagen de un rostro en las nubes? ¿Qué es lo que buscaría?

Entonces vi dos mariposas amarillas en el bosque, detrás de las cruces. En esta época del año este tipo de mariposas es común en el sur de Georgia. Pareciera que sólo se presentan en amarillo. Miré la foto de Raggedy Ann, que me estaba sonriendo. La peluca roja de lampazo se veía casi como alas rodeándole la cara. Me sonreí y hablándole a los árboles en voz alta dije:

—Arlyn, si me escuchas, ¡necesito una señal! ¿Me enviarías una señal para saber que estás bien? Si acaso sabes cuánto te amo y cuánto te extraño, ¿me podrías enviar una mariposa roja? Una mariposa roja, Arlyn, ¡por favor!

Para entonces, ya las lágrimas corrían por mis mejillas, haciendo sus propias y pequeñas corrientes. Cerré mis ojos. Sentí la quietud, hasta que una brisa fresca pasó. Tirité.

Cuando de nuevo abrí los ojos, vi las dos cruces todavía paradas enfrente a mí. La última diferencia fue que en el bosque las mariposas amarillas se habían marchado.

Suspiré. Me sentí tan decepcionada de pasar otra fecha tan importante sin una señal de Arlyn. Sentí que me hundía.

Era una viajera perseverante en este camino. Algunas veces parecía ser muy difícil seguir adelante. Algunas veces quise dejarme vencer y unirme a ella, ¡la extrañaba tanto!

Un momento más tarde, sobre la corriente pude ver un parpadeo rojo en el rincón de mi ojo, a la derecha. Giré y vi una mariposa roja y grande subiendo por debajo del puente. Lentamente voló hacia mí, aleteando arriba y abajo como si estuviera en un mar de suaves y ondulantes aguas.

Al acercarse la mariposa contuve la respiración. Los árboles detrás de ella se desvanecieron, creando un fondo nebuloso, acentuando el brillo de sus alas escarlata. Para mi asombro, aleteó muy cerca de mí. Entonces voló completamente alrededor de las dos cruces que tenían el nombre de Arlyn. No una vez, sino dos. Dos veces la mariposa roja circuló las cruces mientras, dentro de un hechizo, me quedé sentada, tan cerca de ella que la hubiera podido tocar. Se quedó inmóvil por un momento y luego voló en picada dirigiéndose hacia el bosque que se encontraba detrás de las cruces y se perdió de vista.

¿Fue una coincidencia que la mariposa roja pasara volando en el momento en que yo estaba esperando una señal de Arlyn? ¿Fue realmente una señal de ella? Si acaso fue una señal, ¿qué significado tuvo?

No sé si fue una coincidencia o no; yo había visitado ese lugar de Woodhaven Road muchas veces en los últimos cuatro años. Las únicas mariposa que recuerdo haber visto antes eran amarillas.

Una señal es algo que puede sugerir la presencia de alguien que hace falta. Para mí, la mariposa fue una señal de Arlyn, porque de otra manera no existe una explicación lógica para esta aparición. Entonces, ¿qué significa? Creo que fue una señal de que el espíritu vive después de la muerte y de que el alma de mi preciosa Arlyn se encuentra en paz. Creo que la mariposa roja fue la forma mediante la cual Arlyn me dejó saber que ella sabe cuán profundo es mi amor por ella, y conoce el dolor de mi tristeza. También creo que ella me envió esta señal para hacerme saber que ella siempre se encuentra conmigo.

Saber esto no borra el hecho de que la extraño, pero sí me ayuda a moverme hacia el futuro. Siento una calma interna que anteriormente me hacía falta. Creo que tengo una misión que cumplir mientras estoy aquí, y ahora comprendo que el espíritu de mi niña va a proveerme de las alas que necesito para levantarme.

Mensaje de esperanza y fortaleza

El amor es eterno. La mariposa roja me lo comprobó. No se muere cuando el cuerpo muere. Los corazones y las almas que se unen en la tierra están unidos por siempre.

Pelu, mi amigo espiritual
Ligia
47 años

Con el corazón sobrecogido de pena escribo esta historia en honor a mi amigo Pelu. Digo mi amigo pues, aunque fue el mejor amigo de mi esposo Mario desde su niñez, al conocerlo le tomé gran cariño y lo adopté como amigo del alma. Recuerdo el día, un año atrás, en que conocí a Fernando, conocido como Pelu. Como estaba de visitante de Venezuela —su país natal y en donde residía— mi esposo Mario lo trajo a nuestra casa y conversamos un largo rato. Me impresionó su sensibilidad y sencillez. También me cautivó su sentido del humor y su risa contagiante. Al entrar ya en temas más profundos como la vida y la muerte, él compartió con nosotros su historia y la lucha que enfrentaba contra un cáncer linfático. Nos comentó sobre los procedimientos y tratamientos a los que se había sometido y lo que había aprendido de la vida debido a este proceso. Una de las cosas que más me impactó de él fue la transformación que logró de su vida y su padecimiento mediante la espiritualidad. Pelu se refería constantemente a Dios y a su fe.

Pelu era instructor de pilates y amaba a la gente. Él y yo compartíamos una pasión. Al igual que a mí, a él le encantaba trabajar con personas mayores. Sentía una conexión especial con ellos y entre sus clientes se encontraban muchas ancianas. Siendo Pelu tan dulce y cariñoso no me sorprende que las haya cautivado con su entrega.

Al salir de casa nos dirigimos a cenar sushi, ya que era una de sus comidas predilectas y fue una velada inolvidable. La noche se nos hizo corta debido a tantos temas que cubrimos y por lo mucho que compartimos. En tres horas conocí el alma blanca y pura que él tenía...

Pelu regresó a Venezuela con el propósito de viajar de nuevo a Miami en un futuro próximo. Mario y él continuaron comunicándose por teléfono y cibernéticamente hasta un día en el cual, después de mi esposo comentarle sobre este proyecto de historias sobre pérdidas, se puso al teléfono y hablamos por cierto tiempo sobre el libro.

Le conmovió el proyecto y me dijo que en días sucesivos me enviaría su historia. Me dejó saber que no sabía cuán extensa sería, ya que recién había terminado una serie de tratamientos pero que sí me la haría llegar. El 9 de diciembre recibí un correo electrónico con el mensaje que aquí comparto.

Pelu murió el 25 de diciembre en Caracas, Venezuela. Quiero compartir contigo, querido lector, éste, su mensaje póstumo:

> Hola Ligia, me demoré un poco en escribirte porque esta semana no me sentí muy bien de salud, te voy a contar mi experiencia que creo interesante.
>
> Hasta el 9 de mayo del 2006 la idea de perder a un familiar me aterraba, pero justo ese día, cuando acudí a mi chequeo de rutina por control de un melanoma, hicimos una biopsia a un puntito de la cicatriz de la primera operación para retirar el lunar maligno que dio positivo (recidiva). Bueno, vuelvo a operarme y, ¡gracias a Dios!, todo salió bien, pero… en un último examen una resonancia magnética del cráneo dio como resultado la presencia de unas lesiones, como unos quistes pequeños y ese mismo día pasé a hacerme unas sesiones de radioterapia y tratamiento con pastillas.
>
> Lo que siempre me preocupó pasó a ser un escenario totalmente diferente, perdí la tranquilidad de sentirme sano, pero gané la unión conmigo mismo, ¡el crecimiento espiritual!

MENSAJE DE ESPERANZA Y FORTALEZA

Al enfrentar el final de la vida, ya sea el nuestro o el de nuestro ser querido, necesitamos refugiarnos en nuestra espiritualidad para poder crecer y transformar la pérdida. No te olvides nunca de expresar el cariño que sientes por tus seres queridos cuando están en vida. No asumas que habrá un mañana. Comparte con tu familia y tus amistades. Diles continuamente cuánto los quieres y lo importante que son en tu vida. Eso te dará una sensación de paz cuando ellos ya no se encuentren a tu lado.

UN FINAL RECONFORTANTE
Linda
51 años

Hester tenía muchos años de experiencia en hogares de ancianos cuando se le pidió que cuidara en casa a la señora Mercer, quien tenía noventa y dos años. La señora Mercer no tuvo niños y su marido había fallecido ocho años atrás. El propio marido de Hester también había muerto recientemente y la oportunidad de cuidar a la señora Mercer fue una distracción bienvenida. En aquel momento Hester no podía imaginar que en los próximos tres años ella presenciaría la muerte de su último hermano, de su yerno y su recién encontrada amiga, la señora Mercer.

El sobrino de la señora Mercer contrató a Hester y le dijo que la señora Mercer había tenido una relación amorosa de maravilla. Después de jubilarse, ellos se habían mudado a un distrito donde no conocían ni un alma. Allí compraron su casa de jubilación y vivieron una vida de compañerismo privado durante los siguientes veinticinco años. Para la señora Hester la muerte de su esposo había sido una interrupción mayor para su estilo de vida.

Cuando Hester llegó, la señora Mercer todavía era ambulatoria, pero poco después ésta se empezó a caer cuando trataba de movilizarse por sí sola. Se le proporcionó un andador que la ayudó un tiempo. Hester decía: "La señora Mercer, como muchas personas, antes de que su marido falleciera tuvo la idea de que era inmortal. Ella nunca pensó en la muerte". Mientras más limitada e impotente, debido a su inmovilidad, la señora Mercer se sentía más desalentada con respecto al futuro.

Finalmente, la falta de la movilidad requirió que la señora Mercer fuera ubicada en un hogar de ancianos. Hester fielmente la visitó de tres a cinco veces por semana y cuando no podía visitarla la llamaba por teléfono. El sobrino de la señora Mercer le había pedido a Hester que estuviera pendiente de ella, pero en realidad Hester lo hacía por su propia iniciativa y porque le tenía cariño a la señora Mercer. Hester decía: "Nadie comparte tu vida por más de dos años sin que el cariño crezca en tu corazón".

El cuerpo de la señora Mercer continuó debilitándose, pero su mente no. Sufría terriblemente cuando trataba de comer. Los doctores le atribuían el problema a los músculos gastados del esófago. Hester comentaba: "Ella odia la textura de la comida molida, pero odia más aún la idea de ahogarse". En la voz de Hester había cierto desdén al referirse a los argumentos del doctor sobre el porqué no llevar a cabo una cirugía correctiva. "La cirugía —decía Hester— no es una consideración cuando están tan viejos porque los doctores piensan que de todas maneras morirán pronto". El cuerpo continuó deteriorándose pero su mente jamás.

Hester dijo que la mayoría del personal que trabaja en los asilos de ancianos ven el deterioro físico como algo común y hasta esperado. Son muy pocos los que entran a un asilo de ancianos y regresan a su propio hogar. Hester recordaba las palabras animadas de la señora Mercer: "Durante mis primeras visitas ella decía que mejoraría y regresaría a su casa". Sin embargo, de acuerdo a Hester, las personas llegan al asilo para morir.

Durante una visita, Hester percibió que la señora Mercer apenas podía hablar, se expresaba por medio de un susurro. Después de sentarse un rato con ella, Hester le dijo que se marcharía pronto. "Yo sabía que ella se estaba muriendo porque su mirada era de 'no te vayas', sus ojos me imploraban que no la dejara. Entonces, le dije que iba al cuarto de baño, al final del vestíbulo, y que regresaría de inmediato. Me dirigí a la estación de las enfermeras y le pedí a una de ellas que chequeara a la señora Mercer, porque sabía que no estaba bien. La enfermera dijo que estaría allí enseguida. Volví al cuarto y yo sabía que la señora Mercer estaba falleciendo, pero no quise salir de nuevo a llamar a la enfermera para no dejarla sola. Por lo tanto, le tomé la mano hasta que falleció y fue entonces que salí a llamar a la enfermera".

La enfermera verificó que la señora Mercer estaba muerta y fue a contactar a su sobrino, quien no estaba localizable en aquel momento. Hester tuvo problemas para ser oída puesto que ella no era un miembro de la familia. Ella tuvo que convencer el personal del hogar de ancianos de que se habían hecho arreglos previos con una funeraria local. Una vez que se convencieron el cuerpo fue movido discretamente al lugar apropiado. Hester escogió las ropas con las cuales la señora Mercer sería enterrada y atendió el funeral. La observación de Hester fue "Tuvo un funeral realmente agradable, pero solamente unas quince personas aparecieron. Cuándo uno está tan viejo uno tiende a sobrevivir a todos".

Le pregunté a Hester si, según su experiencia, consideraba que a la señora Mercer la muerte de sus amigos y familia le habían hecho más fatigada la muerte. Su observación fue: "Parece hacerles saber que su tiempo viene pronto". Hester creía que la señora Mercer se había resignado a morir desde un mes antes de que falleciera. "Ellos se vuelven así. Yo vi a mis hermanos comportarse de esa manera. Parece ser que sólo eso les interesa". Hester comentó sobre uno de sus hermanos que era del tipo de persona que le gustaba cuidar su jardín. Sin embargo, el día antes de que muriera, Hester le pregunto si quería que su nieto cortara su jardín y su respuesta fue que no le importaba. No le importó. Esas cosas llegan a ser muy frecuentes en alguien que ya se ha resignado a morir. Hester continuó: "La muerte te hará tener un concepto verdadero de lo que es la vida y de que ésta terminará. ¿Cual es el sentido de reunir cosas cuando uno sale con las manos vacías?".

Hester contó los problemas del sobrino de la señora Mercer con la herencia: "Cuando uno tiene muchas cosas al morir hay demasiados problemas técnicos y se vuelve un problema". Ella explicó que "una cosa es vivir cómodamente, pero la mayoría de las personas que tienen muchos bienes materiales es porque han sido realmente tacaños en sus vidas. Por el temor de que cualquiera obtenga sus cosas antes de ellos morir no preparan sus propiedades, no hacen las transferencias legales".

Le pregunté si había una diferencia entre la pérdida que ella sentía por la señora Mercer y la de sus hermanos. "Las personas que están en tu vida —me respondió— toman un lugar en tu corazón cuando ellos adquieren tu cariño.

Ese no puede ser llenado por nada ni nadie". Así, aunque la pérdida de sus hermanos fuera una herida y un gran vacío en el corazón, la ausencia de la señora Mercer también dolía y dejaba un vacío. Ella todavía los extrañaba a todos. Yo podía oír el tono de su voz al decir: "He visto más muertes en los últimos tres años que en toda mi vida".

Yo le pregunté si esto la hacía pensar en su propia muerte y me dijo: "Me hizo querer que todo estuviera listo; no sólo las cosas materiales, también mi relación con Dios". Ella dijo que hubo tiempos en que llegó a estar tan ocupada con las obligaciones diarias que se concentraba sólo en el día presente, olvidando el mañana. Otras veces, cuando sus obligaciones eran más ligeras, podía descansar y planificar el futuro. Siempre le pidió a Dios que se la llevara antes de ir a un asilo de ancianos o que le evitara la muerte en la cama de un hospital. Ella miró con esperanza la vida del otro lado y deseaba vivir su vida aquí de una manera que la llevara hacia el otro lado. Hester, de vez en cuando, todavía almuerza con el sobrino de la señora Mercer. Ellos ya no hablan de su tía, sino que comparten recuerdos de sus propias vidas. A través de la muerte de esta mujer de noventa y cinco años creció una amistad entre el pariente lejano y Hester, la persona extraña que consoló a Mercer en la última etapa de su vida. Juntos, ellos continúan dando significando a una vida que ya no existe.

Hester es mi madre. Ella estaba encantada de saber que yo tomaba clases sobre las dimensiones de la muerte y el proceso de morir. Ella estaba muy impresionada de que se impartiera esta enseñanza, ya que la consideraba una necesidad para los asilos de ancianos. Durante la entrevista, ella hizo varios comentarios sobre el sentido que la muerte da al vivir y de la fragilidad de la vida. Su respuesta a la presencia extrema de la muerte en su vida durante los últimos tres años fue que aspiraba vivir lo mejor posible y prepararse para morir de la mejor manera posible. La muerte no la hizo considerar su propia muerte, sino su propia vida. El comentario que ella hizo acerca de las cosas triviales de la vida cuando la persona se resigna a morir me hizo pensar que es imposible aceptar la mortalidad y todavía ser capaz de funcionar en el mundo de los vivos. Tal vez la ilusión de la inmortalidad es requerida para desear seguir viviendo. Esto podría explicar la relevancia de la fe en la vida y el porqué casi todas las religiones proponen la inmortalidad del alma o algún tipo de vida después de la muerte.

Yo acepto que la muerte es parte integral de la vida. Creo que nuestra identidad incluye a quienes amamos, a quienes admiramos y hasta a quienes no nos agradan. La pérdida de cualquier vida dentro de nuestro sentido de identidad es una parte de nuestra vida. El duelo nos permite un tiempo de introspección para ajustar nuestras propias identidades. Hester decía que esos espacios de cariño nunca se llenaban de nuevo, pero yo creo que durante el duelo, si reconstruimos las piezas que quedan sobre una base de fe, el corazón puede permanecer fuerte. A través de los años he observado a mi madre pasar por numerosas situaciones relacionadas con la muerte y el proceso de morir y ella siempre mantuvo fuerte su corazón.

Las entrevistas anteriores las llevé a cabo con mi madre mientras completaba mi primer año de posgrado, en 2000. No podía saber que ese año mi madre sería diagnosticada con cáncer de seno y rechazaría el tratamiento. Eso no nos lo comunicó a nosotros, sus cinco hijos, hasta dos años después. Ella murió en 2004, luego de "poner todas sus cosas en orden, la tierra de la familia fue preparada y pasada a cada uno de nosotros un año antes que ella muriera. Ella escogió su propio ataúd e hizo sus propios arreglos funerales con suficiente tiempo de antelación. Ella no malgastó un segundo de sus últimos cuatro años en una oficina de doctor o en un cuarto de hospital. Ella no sufrió tratamientos intrusos que la dejaran débil y fatigada. Ella viajó y predicó en una iglesia hermana dos meses antes de morir. Ella vivió su vida lo mejor que pudo, así como lo había planeado.

Durante esos cuatro años vio a sus nietos crecer y a sus hijos triunfar. Hasta logró leer la tesis de mi maestría. Viajó conmigo a Wisconsin para ver a su nieto graduarse e hizo su último viaje con mi hermana para dar lo que sería su sermón de despedida en una iglesia que ella visitaba muy a menudo. Ella pasó momentos de calidad con cada uno de nosotros. Al acercarse el final, su salud se fue rápidamente. En un período de dos meses pasó de usar bastón a un andador, y de una silla de ruedas a estar pegada a la cama. En el último mes su nieta, una enfermera, se mudó con ella para cuidarla. Cuando el cáncer se le pasó al hígado y el dolor se hizo muy severo, el servicio de *Hospice* vino para brindarle cuidado paliativo. Por lo tanto, sus oraciones fueron escuchadas. Murió en su cama mientras dormía en vez de estar esperando la muerte en un asilo de ancianos o en el cuarto de un hospital. Ella dejó, a la vez, un gran vacío y una fundación de fortaleza en los corazones de sus hijos.

Mensaje de esperanza y fortaleza

Mi madre tenía un corazón muy fuerte y nos dejó a todos ese legado de fortaleza. Mi esperanza es que yo pueda pasar ese legado a otros. Al enseñar en mi clase de Ética comparto la historia de mi madre cuando discutimos bioética y el derecho de rechazar o escoger tratamiento. Yo espero hacer ver a mis estudiantes que, a veces, no se trata de escoger morir, sino de cómo uno va a vivir hasta que muera.

TUS OJOS YA NO VERÁN EL SOL
Lua Zial
48 años

La mayor pérdida que he sufrido es la muerte de mi madre, que murió el 16 de noviembre 2006. Me avisaron por teléfono y al saber la noticia mis ojos se llenaron de lágrimas difíciles de parar. Luego sentí un gran vacío, pero pensé que Dios se la llevó para que no sufriera más. Su muerte está muy reciente y hay momentos en los que me es muy difícil creer la dura realidad, pero me ayuda el pensar que no está sola y que sus seres queridos la acompañan.

Con la pérdida de mi madre aprendí a ser más tolerante y a amar más a mis semejantes. Es importante comprender que una madre es lo más hermoso que Dios nos ha regalado. Ella nos dio la vida y nos dedicó sus mejores años.

Mi madre se fue apagando lentamente, pero ha dejado en todos los que la queríamos un gran vacío. Pero sé que no está sola y es un gran consuelo saber que todos sus padecimientos ya han terminado. Yo estoy segura de que ella está muy feliz donde está. Nosotros somos lo que debemos pedir que alcancemos esa paz que ella ya tiene.

Mamá, siempre estarás en cada cosa que haga, en todo lo que tú has hecho por mí. Te lo agradeceré eternamente. ¡Te quiero, mamá!

MENSAJE DE ESPERANZA Y FORTALEZA

Sé que es muy difícil decir ciertas cosas, porque como popularmente se dice: "Es muy fácil decirlo, pero no es tan fácil hacerlo". Pero hay que pensar que no somos nosotros los únicos que hemos sufrido una pérdida. En un mundo tan grande y con millones de almas, cada vez que damos un suspiro un ser vuela hacia la casa del Creador.

Lloramos y el dolor es tan intenso que creemos que jamás lo superaremos. Pero sí. Lo mismo que Él nos dio la vida, también nos da la muerte y fuerzas para poder sobrellevarla.

Deseo que la pérdida de un ser querido no sea dolorosa, que lo recuerdes con alegría y no olvides los momentos de dicha que os dio. Pensar que su paso por la tierra fue feliz y más, si os dio todo lo que le pediste.

CON AMOR, EL RECUERDO
Luz
56 años

Mi madre murió de un infarto fulminante mientras conversábamos, hace dieciséis años. Fue horrible, yo estaba desesperada. Al lado mío se encontraban mi hermana menor y dos sobrinitos. Tuve que llevarla al hospital y dar las vueltas para el entierro. Le pedí mucho a Dios que me diera fuerzas, ya que mi papá había fallecido y me quedaba sola.

Me sentí muy mal porque fue un impacto muy fuerte, pero me refugié en Dios, quien ha sido mi apoyo y fuerza para salir adelante en mi vida.

A pesar de que el tiempo es un factor muy importante y el diario vivir hace que a uno se le disipen las penas, cuando recuerdo a mi madre me da mucha tristeza, pero a pesar de todo el dolor aprendí a enfrentarme sola en la vida.

MENSAJE DE ESPERANZA Y FORTALEZA

La vida tiene que continuar y sólo quedan los recuerdos de nuestros seres queridos. Miremos estos recuerdos con amor para no seguir alimentando la tristeza que se siente por la pérdida de un ser querido.

Descansando en Dios
Maigualida
48 años

A los quince años sufrí la mayor pérdida... la de mi padre. Él tuvo un accidente en su trabajo. Era mecánico de aviones y sucedió durante el mantenimiento a una aeronave, no tuvo ninguna lesión física pero se desmayó, perdió el conocimiento por mucho rato (nunca supe cuánto tiempo), volvió en sí (lo tenían en la enfermería de la empresa, no recibió atención médica ni fue trasladado a algún hospital). Cuando se recuperó se fue a la casa, como todos los días. Fue desmejorando cada día más, el cerebro fue afectado, perdió la capacidad motora, perdía peso dramáticamente cada día y hubo que hospitalizarlo. En menos de un mes y sin salir del hospital, murió.

Cuando esto sucedió, alguien fue a la casa y avisó a la familia, porque en el momento en que murió no estábamos en el hospital. Pero ya habíamos sido prevenidas porque él había estado en terapia intensiva y en coma unos días antes de su muerte.

Lloré mucho. Me preocupé por mi mamá. No me acuerdo quiénes estaban presentes, pero probablemente mi madre y mis hermanas (éramos cuatro hermanas de quince, trece y seis años, y una de un mes de nacida). Lloré mucho. Me acostumbré a aceptar palabras de condolencia y vi más de un desmayo o crisis de algún familiar cercano, pero no me involucré personalmente, ni fui protagonista de ello, parecía como si estuviera observando desde lejos.

Después que pasó el entierro y tuvimos que volver a la vida normal, me sentía profundamente vacía, pero hubo algo muy fuerte que me hacía pensar y analizar en lo que iba a pasar de ahí en adelante. Yo no me decidía a pensar en el futuro, parecía que ya estaba dentro de mí la preocupación y la determinación de que tenían que ocurrir cambios. Al mes siguiente ya había decidido mudarme con la familia materna a otra ciudad para estudiar una carrera corta que me permitiera trabajar y ganar un sueldo decente para ayudar a mi familia. Mi mamá nunca trabajó y no tenía ninguna profesión, se quedó con cuatro hijas de diferentes edades y hacía solamente un mes que había parido a su última hija. Todas hembras. Me sentí vacía, incompleta, me hacía muchas preguntas pero no se las expresaba a nadie. Me acostumbré a sentir la lástima en la mirada de la gente. Nos convertimos en el hogar de una viuda y cuatro hijas huérfanas. Recuerdo que para el primer aniversario de la muerte de mi padre escribí un poema bello, resaltando el vacío de nuestro hogar, sus últimos momentos con nosotras (esposa e hijas) y terminando con un diálogo entre él y yo, en el que, por cierto, no me contestó. Mi madre me ayudó mucho a conllevar la pérdida de mi padre. Por ser una cristiana completa y ejemplar y por la educación moral que mis padres me enseñaron, creí que mi papá se había ido al Cielo y que mi mamá iba a ser muy feliz porque ellos dos se iban a encontrar allá algún día. No solo lo creí, sino que estaba segura. Mi mamá era protestante y le habló del Evangelio de Jesucristo y de la promesa de vida eterna en el Cielo a mi papá (si se convertía a su religión) y él se convirtió. Por eso yo supe que mi mamá iba a ser feliz.

Con esos valores y los recuerdos y admiración hacia mi padre, pude empezar a recorrer el camino sin él. Inicié una nueva etapa en mi vida lejos del hogar (esto lo hice por obligación, no por elección), alejada de los recuerdos y la tristeza en la que se quedó el resto de mi familia. Creo que sin esta pérdida mucho de lo que soy, he sido y he realizado no sería como es. Primero, mi padre era un padre de esos muy protectores y machista. Yo no aprendí a manejar bicicleta porque el tenía temor de que nos cayéramos y nos hiciéramos daño. En nuestra primera infancia (mi hermana y yo, siendo las mayores) nunca caminamos descalzas por temor a que nos enfermáramos. Él, por ejemplo, nunca aceptó que mi mamá trabajara porque debía permanecer en la casa, cuidando a las hijas y, además, era un buen proveedor. ¿Para qué trabajar?

Así que pensar en que me iba a ir del seno familiar a tan temprana edad para tratar de obtener una formación profesional, no lo hubiera aceptado. Claro, estando con él lo económico no hubiera sido un problema. Con el tiempo ya todo está sanado. Recuerdo a mi padre con muchísimo amor y me siento muy orgullosa de ser yo (de las cuatro hijas) la que más se parece a él en carácter, fortaleza y determinación. Mi padre era mi ídolo, mi modelo.

Mensaje de esperanza y fortaleza

Debemos vivir intensamente la vida en común con los seres queridos, debemos expresar hoy lo que sentimos hoy y debemos prepararnos para ser independientes, también debemos amarnos y tolerarnos como somos. Además debemos intentar siempre aportar algo positivo en la vida de los que tenemos alrededor. Y sobre todo confiar en Dios. No hay nada más poderoso que Él. El valor, la confianza, la resignación y todo lo que involucra una pérdida se hace más tolerable si lo descansamos en Dios. La muerte es inevitable, pienso que debemos prepararnos y planteárnosla como algo que seguro va a suceder y preparar a los nuestros para cuando pase. Muy importante es que tratemos de ser útiles y de brindarles algo positivo a los que tenemos alrededor y a la familia. Creo que es una manera muy bonita de trascender.

SIEMPRE HABRÁ LUZ
Margarita
60 años

Lo que marcó mi vida, definitivamente, fue el suicidio de mi madre, ocurrido en Cuba, el 22 de abril de 1984. Estaba preparándome para ir con mis hijos a la iglesia. Era Domingo de Resurrección. En aquel tiempo, mi esposo y yo vivíamos con mi mamá y con mis dos hijos más pequeños. El mayor, que entonces tenía diecisiete años, no estaba con nosotros. Había nacido con una lesión en el lóbulo temporal izquierdo que, aunque no afectaba su inteligencia, lo hacía proclive a la influencia de individuos indeseables. A los catorce años abandonó nuestro hogar con un grupo de "elementos antisociales". Mi madre adoraba a este hijo mío; los quería a todos, pero este primer nieto vino a sustituir en su corazón el amor que sentía por mi papá. Cuando mis padres se divorciaron (curiosamente, también tenía yo catorce), ella sufrió un impacto irreversible. Nunca volvió a ser una persona "normal". Sencillamente, al marcharse mi hijo de su lado, no pudo aceptar la fuga de su amor por segunda vez.

Ese día, ya mi madre había tomado su terrible decisión. Como de costumbre, se fue a buscar los víveres al mercadito. Compró alcohol y gasolina, y ocultó las botellas en una habitación que prácticamente no se usaba en la casa. A media mañana, llegaron unas personas para decirme que ella se había lanzado delante de su auto. Habían logrado frenar a tiempo, pero estaban seguros de que lo había hecho premeditadamente. Le dije a mi madre: "No quiero pensar que hayas hecho esto a propósito. Vamos a ir al médico para que te ponga un buen tratamiento, y verás que pronto te sentirás mejor". En ese momento, me pareció que lo más adecuado sería hospitalizarla, pues temía dejarla sola en aquellas condiciones. Mi madre guardaba silencio y se mostraba casi catatónica. En los últimos meses había experimentado numerosos altibajos, tanto físicos como emocionales. Sospechaba que ella no encontraba motivo para seguir viviendo, a pesar de que me ayudaba en todos los sentidos para que yo pudiera estudiar y trabajar. Pero, como en su historia familiar ya había habido cinco casos de suicidio, decidí no correr el riesgo.

Mi esposo había llevado a los chicos al zoológico, por lo que, gracias a Dios, no presenciaron nada de la tragedia. Me pareció que mi madre se sentía más calmada y le pedí que se fuera vistiendo, mientras yo me bañaba para irnos al médico en cuanto llegaran los demás. Ella esperó a que yo entrara en la bañera y entonces lo hizo.

De repente, escuché unos gritos desgarradores, que por unos segundos atribuí a algún horrendo programa radial de los vecinos, pero al darme cuenta de que los alaridos se prolongaban, bajé las escaleras a toda prisa hasta llegar al sótano, y rompí de un fuerte empujón la puerta del cuarto, que ella había cerrado con pestillo. Lo que vi me heló la sangre en las venas. Las llamas recién se estaban apagando en su cuerpo. Mi voz se negaba a salir de mi garganta para pedir auxilio. A duras penas la llevé hasta la ducha y extinguí los restos de fuego. En un instante se me escabulló de las manos, subió corriendo al segundo piso y sacó un cuchillo de cocina que intentó clavarse en el abdomen. En mi desesperación, interpuse mi mano entre ella y el cuchillo y mi dedo pulgar recibió el primer impacto. Todo en la casa empezó a llenarse de sangre: el piso, los muebles, las paredes. Ya mis gritos de socorro habían sido escuchados por la vecina, quien llamó a la policía y a otras personas de la cuadra. La llevamos envuelta en una frazada a la unidad de quemados del hospital más cercano y ya no volví a verla. Sus lesiones abarcaban más del 60% del cuerpo. En la sala donde la ingresaron no permitían visitas por razones de asepsia. Sobrevivió una semana exacta; bastante, si se considera que era cardiópata. Fueron los peores siete días de mi vida.

Una pareja de psiquiatras vinieron a entrevistarme en el transcurso de la semana. Me contaron que mi madre había recobrado su lucidez y que me mandaba a decir que no sabía qué se había apoderado de su mente para reaccionar de forma tan drástica; pero que no nos preocupáramos, pues ella se restablecería y regresaría a casa. Este mensaje me conmovió y me dio cierta paz. Días antes, yo le había enviado, con un empleado del hospital, una notita en la que le decía lo mucho que la queríamos y le prometía lograr que mi hijo mayor volviera pronto con nosotros. Fue un intento vano por forzar un milagro, y ni siquiera sé si se la entregaron, pero hice lo que mi amor me dictaba. Desde muy joven padezco de intensas crisis de depresión. Las consecuencias de un acto suicida acompañan para siempre a los que quedan detrás. Sin embargo, yo decidí romper esa maldita cadena que arrastran muchos de generación en generación, valiéndome de distintos métodos. El primero es la fe.

Para aquel Domingo de Pascua yo había organizado parte de la fiesta que se celebraría en la iglesia después de la misa: el coro de niños y jóvenes, además de una pequeña obra de teatro. Las religiosas de esta comunidad, que también son enfermeras, me brindaron todo su apoyo espiritual. El domingo siguiente, precisamente a la hora en que orábamos por mi madre, ella falleció. El hecho de que yo trabajara en un hospital psiquiátrico fue igualmente de gran ayuda para mi proceso de recuperación. No tomé antidepresivos; cada vez que me sentía demasiado angustiada, iba a conversar un rato con alguno de mis compañeros psicólogos. Aunque nunca he podido librarme del todo de tales imágenes dantescas, he comprendido que esta acción suicida no fue culpa mía, como solía pensar al principio. Nunca nos imaginamos que un ser querido pueda estar "tan mal", sino que más bien dice y hace cosas descabelladas para llamar la atención. No precisamente, es un posible aviso.

Mi hijo ausente ya no lo está. Se ha rehabilitado y lleva una vida provechosa. En cuanto a mí, he hecho las paces como mi conciencia y con mi madre. Reconozco que me equivoqué, y le he pedido perdón. He escrito innumerables poemas, pero a ella, uno solamente, que espero me redima de cualquier posible sombra. Se titula "Carta a Margot".

Mensaje de esperanza y fortaleza

A quienes han tenido el valor y la paciencia de leer esta historia, sólo les digo que vale la pena vivir en este "Mundo de milagros: La oruga que se vuelve mariposa; la blonda yema transformada en ave; la espora leve que se torna nave y vuela hasta el encaje de la rosa; el paso inmemorial de la babosa; el aire caprichoso, rudo y suave; el cielo que, a la vez, es puerta y llave; el agua que me baña y que reposa; la tierra, diosa y madre, mesa y lecho; el fuego abrasador que arde en mi pecho, altar donde al Amor mi amor consagro... ¿Qué duda cabe ya? Todo está claro. Postrada ante el Misterio al fin declaro: La vida, pues, no es más que un gran milagro".

Como si fuera el último día
María M.
49 años

Las dos grandes pérdidas que he sufrido ocurrieron al fallecer mis dos hermanos queridos. Mi hermana mayor, Ana, falleció hace siete años en un accidente automovilístico; y mi hermano menor falleció hace cinco años, cuando lo asaltaron en la noche de Año Nuevo.

Cuando supe que Ana había fallecido se me paralizó todo el cuerpo y sentí un gran vacío. Tuve casi la misma reacción cuando supe de la muerte de Rolando. Pero con Ana yo me sentí culpable porque esa noche ella había venido a visitarme, y entonces me preguntaba por qué había tenido que venir a verme. ¿Por qué yo? ¿Por qué a mí?

Con las pérdidas de mis hermanos me sentí muy deprimida y padecí de dolores musculares y de cabeza. Me impactó tanto el haberlos perdido que cuando recibo una llamada de larga distancia me asusto mucho, pues temo que sea una mala noticia.

Lo que me ha ayudado a conllevar estas pérdidas es la oración. Oro mucho y he aprendido lo importante que es dar todo de uno.

Mensaje de esperanza y fortaleza

No te preocupes mucho por cosas insignificantes si tienen solución, y da todo de ti, vive cada día como si fuera el último. Quiérete a ti para que aprendas a querer al prójimo y, ante todo, da gracias a Dios por un nuevo día.

VAMOS A OTRA DIMENSIÓN
Marily
58 años

Durante un período de tres meses estuve sufriendo las mayores pérdidas de mi vida: la muerte de mis padres. Mi madre murió el 16 de mayo de 2006 y mi padre el primero de agosto. Mi madre murió mientras dormía y cuando falleció parecía seguir dormidita. Yo quería que despertara, abriera sus ojitos y me mirara. Mi padre murió mientras lo trasladábamos al hospital.

Estoy agradecida de saber que ambos tuvieron calidad de vida y le doy gracias a Dios por dármelos por tantos años, los extraño extraordinariamente. Mami tenía noventa y siete añitos y los últimos meses ya no caminaba, pero siempre supo quienes éramos y a menos de seis años atrás estábamos mis padres, mi esposo y yo paseando por islas Canarias. De papi podríamos decir que "murió de amor", no quiso vivir más sin mi mamá, sin estar enfermo ni nada se nos fue dos meses después, pienso que se fue porque quiso irse con ella.

A ambos los vi el domingo en la tarde y fallecieron un martes en la mañana, ambos sufrieron un paro cardíaco. Igual le di gracias a Dios por escucharme, ya que en ambos casos había estado de viaje; cuando mami se enfermó estaba por España e Islas Canarias, y cuando papi, estaba por México y le pedía siempre a Dios que no me los llevara estando yo lejos y me lo concedió. Tanto es así que mi padre le preguntó a mi hijo Alexis que cuándo yo regresaba porque ya él estaba a punto de morir pero iba a esperar que yo regresara.

Cuando mis padres murieron yo me sentí internamente destruida, aunque bastante controlada, ya que no creo en griterías, pero las lágrimas son algo que no se puede controlar.

Siempre me dan unos deseos inmensos de ir a verlos, besarlos, abrazarlos, mimarlos, estar con ellos y qué tristeza me da admitir que no están.

Lo que me ha ayudado mucho para conllevar la pérdida de mis padres ha sido, además de pedirle ayuda a Dios, honrarlos al compartir su legado. Recientemente llevé a cabo en la Universidad Internacional de la Florida un show musical con las canciones que ellos preferían y bailaban juntos. También incluí dos poemas de mami y traje mariachis, como le llevé a ella durante su último cumpleaños. Producir este espectáculo me ayudó a endurecer el alma con la repetición de las cosas y los recuerdos. También he escrito poemas para ellos y tengo otro proyecto de escribir algo más en su honor.

MENSAJE DE ESPERANZA Y FORTALEZA

Con estas pérdidas he aprendido que sin duda existe otra dimensión hacia donde vamos, que todo no termina aquí, ya que siento que mis padres me han venido a visitar, tanto en sueños como de otras formas y es un sentimiento maravilloso y sentimos que nos dan el amor que ellos mismos por ser humanos no nos podían expresar, pero que ahora en forma de espíritu lo transmiten de una forma que las palabras no pueden explicar. Esto sólo se puede experimentar y yo lo he sentido... No hay duda del espíritu y de la existencia de un Dios, y estoy segura de que existe otra dimensión y que todo no termina aquí...

El futuro es hoy
Miriam
60 años

Mi mayor pérdida la sufrí hace veinte años, cuando mi tío más joven, de treinta y ocho, murió de repente. Él iba manejando para el trabajo cuando sufrió un primer ataque cardíaco. Pudo aparcar, pero cuando el rescate lo estaba atendiendo sufrió el segundo ataque del corazón, que fue masivo y le causó la muerte. Yo no sabía que había muerto pero lo supe cuando llamé al hospital para preguntar sobre su estado y me comunicaron la noticia. Al saberlo reaccioné muy violentamente, tiré el teléfono al suelo y perdí la noción del tiempo. Una vecina al escuchar los gritos vino a verme pero no lo recuerdo. Me enojé mucho con Dios y lo ofendí, pues le reproché la muerte de mi tío.

Esta pérdida fue muy grande para mí ya que era mi tío preferido y me llevaba sólo ocho años de edad, era como un hermano. Me deprimí mucho con su muerte. Me era difícil dejar de llorar y soñaba mucho con él. Me duele muchísimo no haberme podido despedir de él, escuchar sus últimas palabras y conocer sus últimos deseos.

Lo que me ayudó a sobrepasar esta pérdida fue mi fe en otra vida y soñar con él, ya que sentía que podíamos dialogar como si estuviera vivo y esto conllevó a una despedida entre los dos, hasta el último sueño que tuve donde me dijo claramente que ya no iba a soñar más con él pues ya yo le había dicho todo lo que tenía por dentro y él sabía que ya yo podía vivir sin él, que nos veríamos el día en que yo muriera y que él me estaría esperando, que ya él se iba hacia la luz. Siento que esta oportunidad de soñar con él fue para mí como la confirmación de que él sabía cómo me sentía y quiso darme la oportunidad de la despedida.

Aunque ha pasado mucho tiempo todavía existe un gran vacío, pero me consuela saber que nos volveremos a ver. Al pasar por esta pérdida comprendí lo importante que es hacer el bien, ayudarnos unos a otros y vivir la vida sin hacer daño a nadie, ya que la vida es muy corta. He aprendido a ver la vida de otra manera. A no tomar las cosas tan a pecho y trato de vivir y disfrutar el presente.

Mensaje de esperanza y fortaleza

Es vital tener en cuenta que el pasado ya se fue y que el futuro es el hoy, el momento que se vive y se disfruta, ya que nunca se sabe cuándo será nuestro último segundo. Pienso que siempre debemos tratar de ser buenos, de creer en Dios por sobre todas las cosas, amarnos mucho y vivir siempre el "hoy".

Convivir con la pérdida
Pilar
43 años

El 26 de julio del 2001 sufrí la mayor de las pérdidas: la muerte de mi madre. Yo me encontraba de visita en Nicaragua, ya que vivía en París, y había salido a comer con mi hermana Ana y mi esposo. Mi sobrino nos llamó y al llegar a casa ella había tenido un aneurisma en el cerebro. Dos días después falleció en el hospital.

Inmediatamente después de su accidente empecé a vomitar. Normalmente esas cosas no me suceden. Al ella fallecer todos mis hermanos estaban presentes pero a mí me empezó a faltar el aire y estaba por hiperventilarme.

Mi reacción espiritual desde el momento en que ella se enfermó fue pedirle a Dios que si ella no iba a estar bien, era mejor que falleciera. Después de esto me acerqué como siempre a Dios. Ni más ni menos.

Después de su fallecimiento, durante muchos días no tuve hambre y bajé como diez libras de peso. Mi forma de reaccionar emocionalmente fue ponerme a hacer cosas, a arreglar las cosas de su casa, a repartir las cosas de ella entre los hermanos. Después, al regresar a mi rutina en París, las cosas no tuvieron sentido, los que me hacían levantarme todos los días eran mis hijos, llevarlos a la escuela y demás. Desde entonces, aunque he tenido muchos momentos de alegría siempre tengo una pequeña sensación de vacío. En algunas circunstancias me hace falta hablar con ella y lo hago en mi mente.

Desde la muerte de mi madre siento que aún hay espacios que no logra llenar nada, ni libros, ni viajes, ni experiencias... Simplemente es un vacío que está ahí.

El amor de mi familia me ha ayudado mucho a conllevar la pérdida. Creo que mis hijos, mi familia y mi hermana Ana son una fuente grande de alegría. Tiendo a ser positiva por lo que trato de encontrar las cosas buenas de la vida todos los días y un día a la vez. Creo que la mejor manera de enfrentar una pérdida es aceptar que funciona o no para uno. Para algunas personas es más fácil si ponen su duelo en el congelador, otras personas se meten de lleno en el duelo, lo viven y sufren.

Pero sí estoy segura de que a las personas que queremos les tenemos que decir todos los días lo mucho que las queremos; siento que es una experiencia que te hace darle el valor verdadero a las cosas.

También traté de transformar mi vida cuando, alrededor de dos años después, tuve la oportunidad y regresé al trabajo, porque sentía un vacío en mi vida o una falta de sentido. Temía que al faltar mi madre y cuando mis hijos se fueran a la Universidad (actualmente tienen diez y catorce años) mi vida se iba a quedar sin sentido.

Mensaje de esperanza y fortaleza

Hay que ser honesto con uno mismo y encontrar qué es lo que le funciona a uno. En lo personal lo que mejor me ha funcionado es tener un plan de trabajo para cada día, algo que me haga levantar y hasta cierto punto ocuparme. Y al pasar del tiempo uno aprende a vivir con la pérdida y sabe que la pérdida no se va a cubrir, simplemente aprendemos a vivir con ella cada día.

Con amor y sin nostalgia
Regina María
43 años

Mi padre falleció el 17 de febrero de 1982. Él era un hombre muy fuerte y con salud. Nunca fumó ni bebió. A finales de 1981 empezó a sentir dolores en el estómago. Mi madre lo llevó al médico y fue diagnosticado con cáncer. Fue sometido a cirugía pero el doctor le dijo a mi madre que ya el cáncer estaba muy adelantado y no pudieron hacer nada. Fueron dos meses de sufrimiento para toda la familia y en especial para mi madre, quien pasaba la mayor parte del tiempo en la capilla del hospital. El sacerdote nos pidió que tuviéramos mucha fe. El diagnóstico fue tardío, el cáncer había hecho metástasis. Mi padre murió de cuarenta y dos años y nadie dijo que él tenía cáncer, sin embargo él, que sí se dio cuenta, sabía que se estaba muriendo. El 17 de febrero de 1982 percibí que sería el final. A las doce del día mi papá empezó a expeler parte de sus órganos internos y a las dos y treinta de la tarde cerró sus ojos para siempre.

En ese tiempo yo tenía diecinueve años de edad y estaba rodeada de amigos, esperando alguna mejoría en el cuadro de mi padre, que era crítico. Al amanecer del 17 tuve muchas ganas de entrar a la habitación, pero tuve miedo, mi alejé de mis amigos y me senté en el patio de mi casa, yo quería estar sola con los lindos recuerdos de mi padre. A las 2:20 p. m. me llamaron a la habitación de mi padre, mi hermano estaba allí con mi madre, me senté a la cama de mi papá y toqué sus pies ya helados, yo trataba de pasar el calor de mis manos a él, pero todo fue inútil, a los diez minutos mi papá murió dejando un enorme vacío.

A mi edad yo no entendía el verdadero sentido de la pérdida pero sentí un vacío muy grande. Lloré y abracé mucho a mi madre cuando me dijo que habíamos perdido a mi padre. Nosotras dos estábamos solas. Yo, por mi parte, sentía miedo de hacer frente al velorio, al entierro y a la misa del día séptimo. Se quedaron los recuerdos y esa carencia que hasta el día de hoy es parte de mi vida.

Me arrepiento de que nunca le dije a mi padre que lo amaba. Él sabía que yo lo amaba mucho, pero nunca se lo demostré con un beso. Todavía lo extraño muchísimo. Con la muerte de mi padre he aprendido que la vida es muy corta. Perdemos muchas horas con cosas insignificantes y mal solucionadas. La forma como somos educados también ejerce gran influencia en nuestras actitudes y en la manifestación de nuestras sensaciones.

Mensaje de esperanza y fortaleza

Nunca tengas miedo de demostrar tus sentimientos a tus padres. Si tú los amas de verdad, bríndales el afecto que ellos merecen, independiente de cualquier cosa. No esperes que hagan algo por ti. Si lo hacen, ¡excelente!, eso sería lo ideal. No permitas que te dé nostalgia después por no tenerlos ya contigo. Cuando cierro mis ojos en la oración conjuntiva, me imagino a mi padre en un sitio muy bonito y yo lo abrazo mucho. Si tú lo tienes a tu lado, hazlo ahora mismo, es lindo no tener vergüenza de expresar un sentimiento tan bello como el amor.

Disfruta tu vida
Sandra
47 años

Hace veinte años tuve el gran dolor de perder a mi hermana gemela. Cuando me dieron la noticia sentí como si me hubieran cortado parte de mi cuerpo. Ella murió en un accidente aéreo. En ese entonces yo vivía en el Ecuador y tenía una vida difícil, ya que mi esposo abusaba de mí. Mi mamá fue quien me dio la noticia de que Andrina había muerto junto con su novio. Mi hermana y yo fuimos muy unidas y antes de su muerte yo tuve una premonición. Seis semanas antes de su muerte me vino a visitar. Yo estaba viviendo en Guayaquil y ella vino a conocer a mi bebé de ocho meses. Yo tengo miedo de tener una muerte larga y mi hermana de pronto me preguntó: "¿Tú evitarías, si pudieras, que te mate un cáncer largo?". Y agregó: "¡Quién está pensando en morir!". Nos abrazamos, reímos y lloramos. Algo en mi corazón me dijo que tal vez no la volvería a ver.

MENSAJE DE ESPERANZA Y FORTALEZA

Disfruta tu vida y no esperes que las cosas vengan por sí solas. Haz las cosas que desees y no dejes para mañana lo que deseas hacer hoy. Esmérate en tener calidad de vida y gozar de tiempos de calidad.

DONDE DIANA VIVIRÁ
Silvia*
51 años

Diana fue, hasta los diez años, una niña normal y cautivante. Risueña, despierta, incansable. Gozaba de todos los frutos que podía brindarle el amor familiar.

Diana conoció la amistad, el júbilo, los juegos. La alegría y el asombro de descubrirse hermosa. Todo en ella fue armoniosa realidad y promesa de futuro hasta el día en que estalló lo inconcebible. Un tumor cerebral, maligno, el derrumbe de la vida.

Ella es la protagonista del libro que escribí, luego de su muerte, que cuenta la historia de su relación con la enfermedad, con la vida en la enfermedad y con la muerte.

Escribí el libro para sobrevivir, para no morir de soledad. Lo escribí para perpetuar lo que mi memoria no quiere ni puede olvidar. El dolor hizo posible encontrar el verdadero lugar de Diana. Vivir sin Diana es tenerla ahí, en esas páginas, viva para siempre, a pesar de su ausencia. Es un homenaje merecido por la entereza y la fortaleza con la que enfrentó su enfermedad, su capacidad de sobreponerse

---

* sappel@arnet.com.ar

a las penosas circunstancias que le tocó atravesar; en definitiva, es un verdadero ejemplo de vida. La vida de Diana hizo posible la realización del libro; su muerte, fuera de tiempo, lo hizo necesario. No encontré consuelo al escribir el libro, es tan sólo un eco de mi propia intimidad, un espejo donde mirarme, tal vez otros padres que han perdido a un hijo, puedan encontrarse en mi relato.

Uno de los propósitos de compartir mi testimonio fue mostrar un camino, una manera singular de atravesar el dolor y de seguir viviendo. Volcar mis sentimientos y mis vivencias me trajo, paradójicamente, muchas satisfacciones, muchas caricias al alma, y el agradecimiento de muchas personas, quienes reconocieron que mi experiencia y mi testimonio los han ayudado. Desde hace unos años transito el camino de aprender a vivir con la ausencia definitiva de mi hija y con el dolor y el vacío que dejó su ausencia.

Intento ser mejor persona, ayudar, contener, lograr empatía, ponerme en el lugar del otro. Me considero una persona herida por la vida e intento cada día ayudar a otras personas, también heridas por la vida. A ese mundo al que ingresé con Diana, desde que se enfermó, a ese mundo ya pertenezco para siempre.

Trato de transformar el dolor en creatividad, no intento enmascarar mi herida, trato solamente de rodearla de sentido, de crear un espacio que, más allá de la muerte, hable del sentido de la vida, de su misterio.

Elegí el camino de acompañar en el sufrimiento, con toda mi dignidad, con toda mi sensibilidad, con una sabiduría que es resultado de mi experiencia vivida y de mi bagaje profesional. Aprendí así, a través del tiempo, a convivir con lo que no se puede cambiar, con un dolor latente, con un recuerdo eterno.

Trato de encontrar a lado de las lágrimas un lugar para la risa; al lado de la tristeza, alguna felicidad, esa felicidad que nunca volverá a ser plena, será como un sol que no encandilará, pero dará suficiente luz para encontrar un camino, una manera propia y especial de seguir viviendo con el recuerdo por siempre de mi amada hija.

Pasar por esta triste experiencia y convivir con este dolor inmenso afinó mi verdadera personalidad, dejando traslucir una gran necesidad de dar, generosamente, sin esperar algo a cambio, sólo sensaciones de bienestar y de paz interior.

Es una vida difícil; por momentos, insoportable, y a la vez más espiritual, pensativa, reflexiva, solidaria, con tiempo para ayudar y tiempo para recordar.

Es mi tiempo, mi vida, mis recuerdos, el amor auténtico e incondicional de madre.

En palabras de Denis Vasse: "El amor es, en definitiva, el que nos lleva a vivir, nos hace nacer y morir verdaderamente".

MENSAJE DE ESPERANZA Y FORTALEZA

Las personas que pasamos por la dolorosa experiencia de haber perdido un hijo desarrollamos un sentimiento solidario y de sensibilidad que nos hace ser mejores personas. Aprendemos a vivir con aquello que no se puede cambiar, buscando intimidad y un crecimiento espiritual profundo, intentando encontrar, con el paso del tiempo, un sentido a la vida.

ABRIR LOS SENTIMIENTOS
Thomas
46 años

He tenido tres grandes pérdidas en mi vida; la primera fue la de mi hermana, de veinticuatro años, durante un accidente de aviación. Yo tenía veintitrés y ella vivía en Caracas, salió de vacaciones en una avioneta con varios amigos, ésta carecía de la potencia requerida y cayó un minuto después de haber despegado. Ésa fue, en realidad, la primera pérdida que me impactó. En el momento que sucedió yo me encontraba jugando golf con un amigo.

Mis padres llamaron al club de golf y me vinieron a buscar. No me dijeron nada. Cuando llegué a la casa llamé a mi mamá y pregunté qué había pasado, yo pensaba que algo le había pasado a mi padre, nunca me imaginé que había sido a mi hermana, entonces llamé y mi mamá me dijo que algo muy malo le había pasado a mi hermana; eso había ocurrido temprano en la mañana y ya eran las primeras horas de la tarde, habían pasado algunas horas y en Venezuela hay un periódico que sale en las tardes, estábamos en el tráfico y ya estaban vendiendo el periódico con las fotos del accidente, bueno, yo ya tenía el presentimiento, no lo creía, un amigo venía manejando y yo al lado y por supuesto no sabía qué decirme y yo no quería hablar, no lo creía. Cuando llegamos a su casa yo agarré mi carro y me fui para mi casa. Al llegar a mi casa ya habían unos amigos de mis padres y al hablar con mi mamá ella me dijo lo que había pasado. Mis padres estaban en un club cuando vino un amigo de mi hermana a darles la noticia. Y estaban llamando al dentista de nosotros para que fuera a reconocer a Andreína y estar absolutamente seguros. Entonces estaban en ese trauma, había mucha tensión en la casa. Yo de hecho no había tenido mucha comunicación con mis padres. Mi madre es alemana, mi padre inglés, entonces, tú sabes, era una muy buena familia, muy unida, pero nunca hablábamos de problemas en la casa. Yo no me abría ni ellos se habrían. Mi mamá me dio la noticia, todos estábamos en shock, no hubo ese abrazo, esa lloradera, todos estábamos un poco aguantados. Yo subí, me bañe y, claro, ahí lloré, yo no sabía qué hacer en realidad, bajé y me quedé solo sentado en la oficina de mi papá en la casa, tratando de asimilar lo que había pasado. Oyendo un poquito las conversaciones telefónicas, viendo llegar a la gente, llegaban amigos de mi hermana, llegaban amigos de mis papás y más bien la reacción de ellos es lo que a uno lo conmovía, pues en realidad creo que me cerré y lo tomé como algo malo pero no tenía plena conciencia de que había perdido a mi hermana.

Fuimos al velorio en una funeraria y quizá por la gente que vino y la repetición de lo que había pasado empecé a abrirme un poquito más y ahí, con amigos, sí lloré un poco pero todavía yo siento que en ese momento yo no terminé de abrirme... Era mi primera vez en un velorio de alguien mío, era como en sueños, como que no estaba pasando, y pienso que es parte de mi forma de ser, yo tiendo a aislar los problemas y no enfrentarlos, sino a mi manera, no me gusta la confrontación, no me gusta el conflicto, prefiero que las cosas se vayan calmando y desaparezcan solas en vez de enfrentarlas. Yo no quería enfrentar la muerte de mi hermana, quería verlo como algo que pasó y dejar que con el tiempo se curara. Cuando fuimos al cementerio, fue un poco más fuerte, vimos la urna, cómo la enterraron, uno asume que está el cuerpo y el alma de la persona, la enterraron y mis padres sufrieron mucho en esos momentos. Yo siento que mi papá se echó la culpa: nunca se perdonó por haberla autorizado. Después del cementerio me puse a trabajar enseguida, en mi oficina yo lloraba a solas, luego conocí a Gabi, mi esposa, y a ella le impactó la historia. Y yo sé que he hablado de eso con frialdad. Yo sé que perdí a mi hermana pero sé que no la he llorado lo suficiente. Yo siento que es un evento pendiente todavía, que la llore bien llorada, la puse a un lado como a una persona que perdí.

Mis siguientes pérdidas fueron mis padres, quienes nunca se recuperaron de la muerte de mi hermana. Éramos una familia perfecta, pero en un período de diez años se desplomó por completo. Empezando con la muerte de mi hermana y siguiendo con el divorcio de mi otra hermana, gemela de la que murió.

MENSAJE DE ESPERANZA Y FORTALEZA

Uno tiene que reaccionar a sus sentimientos más profundos y abrirse desde el primer momento. No tratar de negar algo o temerle al sufrimiento que es lo que me pasa a mí, no me gusta que me vean sufrir, no me gusta hacer sufrir a nadie. Si pudiera echar para atrás y reaccionar ante la muerte hubiera querido abrazar a mis padres y llorar y abrirnos todos como familia en ese momento, en vez de cada uno ocultar los sentimientos. La persona no debe tener miedo de abrir sus sentimientos, uno debe expresar lo que siente en ese momento y llorar.

LA NECESIDAD DE CREER
Umilda
80 años

He tenido grandes pérdidas en mi vida. La de mis padres y la de mi esposo hace cuatro años. Yo me dediqué mucho a mis padres, ya que no tuve hijos. Mi padre murió en Cuba en un accidente. Iba transitando a pie y un tren lo atropelló. Después murió mi madre, quien estaba muy delicada de salud. Cuando esto sucedió, unas amistades me llamaron por teléfono y me lo dejaron saber. Fue devastador. Sentí un dolor muy grande. En ese momento me encontraba sola y me sentí desesperada. Luego vinieron mi esposo y poco a poco mis nueve hermanos.

Siendo muy católica, me refugié en la religión para sobrellevar el dolor. Lloraba mucho pero en realidad nunca sufrí de depresión. Por la noche, si padecía de insomnio me ponía a rezar y a leer la *Biblia*.

Al pasar los años y al perder ahora a mi esposo me ha pegado muy fuertemente la soledad y a veces me dan pocos deseos de vivir, pero me refugio en Dios ya que me da confianza y, a la vez, conformidad. Me he dado cuenta de lo necesario que es creer en Dios y tener fe.

MENSAJE DE ESPERANZA Y FORTALEZA

Para ti que estás pasando una pérdida lo único que te puedo aconsejar es que te refugies en Dios y que pongas tu sufrimiento en Sus Manos.

TODO CAMBIA
Vicky
59 años

En 1986 falleció mi padre. Después de pasar cinco días en el hospital murió inesperadamente de cáncer en el colon. Yo me encontraba a su lado y junto a mi madre y hermano cuando esto sucedió. Fue algo horrible al mismo tiempo que increíble.

Yo sentí, en el mismo momento en que falleció, como si su alma ascendiera hacia un portal invisible a los pies de su cama. Inmediatamente sentí que el cuerpo que allí yacía no era mi padre, sino sólo el "cascaron" que había sido. Tuve la certeza de que se había liberado y estaba en un lugar mejor.

Pero aun así el dolor que sentí fue palpable. Tuve dolor en el pecho por muchos días. Emocionalmente estuve destruida, pues nadie esperaba que él muriera súbitamente. En realidad, desde el momento en que comenzaron sus síntomas hasta que murió, pasaron menos de dos meses. Cuando entró al hospital, después de hacerle varias pruebas decidieron operarlo. En medio de la operación me llamaron por teléfono desde el quirófano para decirme que no podían hacer nada porque estaba llenito de cáncer. Yo estaba sola con mi mamá y tuve que prepararla con la noticia antes que los doctores salieran. ¡Fue un golpe tremendo!

Lo más difícil fue que mi madre ya empezaba a demostrar síntomas de demencia y mi padre era el que siempre la cuidaba. Después de la operación, mi padre vivió tres días y como estaba consciente, pude preguntarle que prefería que hiciéramos con mamá.

Emocionalmente la pérdida de mi padre me obligó a enfrentarme a mucha responsabilidad y me forzó a ser más fuerte y decidida. En ese momento comprendí que cuando se pierde a un ser querido y sentimos esa pena, ese dolor, no estamos llorando por ellos, sino por nosotros mismos. Mi madre murió en el 2000, después de sufrir de Alzheimer por quince años. Yo me divorcié en el mismo año, después de treinta y cuatro años de casada. Compré mi propia casa y he tenido tres trabajos y dos desempleos en ese transcurso. Fueron años difíciles.

Hace tres años que estoy en una gran compañía y ganando buen dinero. Me he independizado y tengo una relación romántica con un hombre bueno. A pesar de eso y de tantos años transcurridos, cada vez que pienso en mis padres me da mucha tristeza no tenerlos aquí. Hay veces en que quisiera volver a ser aquella niñita tan protegida y amada por mis padres y no tener tanta responsabilidad yo sola.

Pero aun así, en este momento y gracias a Dios, estoy tranquila. Decididamente mi espiritualidad aumentó muchísimo con la muerte de mi padre y la enfermedad de mi madre. Me siento tranquila y trato de ayudar a otros que pasan por pérdidas similares.

Actualmente trabajo como directora de un centro de personas mayores y puedo ayudar a muchas durante el día. Es un trabajo que requiere todo mi tiempo y mi energía, pero que tiene muchas recompensas espirituales.

Mensaje de esperanza y fortaleza

Nada es estable en la vida, todo cambia diariamente y tenemos que estar preparados y mantenernos positivos para poder sobrellevar estas situaciones. Hay que tener presente que la vida en este mundo no es eterna y que debemos aprovechar todos los momentos bellos que nos ofrece. No se debe perder tiempo en peleas y discusiones, tenemos que disfrutar de todo lo que nos rodea, especialmente de nuestra familia y nuestros amigos.

FE Y PAZ ANTE LA ADVERSIDAD
William
61 años

La pérdida más grande que he tenido en la vida fue la muerte de nuestra hija, María Alejandra. Esto sucedió hace seis años; el 25 de abril de 2000, a las 12:30 a. m.

María Alejandra falleció en un accidente cuando el vehículo en el que viajaba como pasajera fue embestido por otro que no respetó una señal visible de tránsito. Mi esposa y yo fuimos notificados en nuestra casa por dos miembros de la Policía de Coral Gables, aproximadamente a las 4:30 a. m. Al saber la noticia me desplomé en un sofá con mucho dolor. Mi esposa Olga estaba presente; creo que traté de asistirla a ella.

Inicialmente cuestioné el porqué Dios permitió la muerte de Alejandra, pero con la ayuda de mi esposa me enfoqué en nuestra fe y acepté Su Voluntad, al igual que ella ya lo había hecho. Tuve una reacción de cuestionamiento pero a la vez de resignación.

Durante los primeros días perdí el apetito y me sentí desorientado. Perdí interés en todo lo que sucedía a mi alrededor. Con el pasar de los años, aunque todavía siento dolor, he llegado a aceptar que Dios permitió la muerte prematura de Alejandra por una razón que aunque no comprenda completamente, tengo plena confianza en que es parte de Su Plan en nuestras vidas.

Siento que lo que nos ayudó a conllevar esta gran pérdida fue nuestra fe en Dios y la convicción de que nuestra vida terrenal es sólo transitoria. También nos ayudó el apoyo de nuestros familiares y amigos, en particular de los miembros de nuestro grupo de oración.

Por el contrario, no me ayudó la rabia que sentía en contra del causante del accidente. Ni tampoco el hecho de que, por razones de trabajo, estaba en ese entonces separado físicamente de mi familia gran parte del tiempo.

Hasta el día de hoy pido constantemente a Dios por el descanso del alma de Alejandra. Le llevo flores a su nicho semanalmente, porque a ella le encantaban las flores. Revivo muchos de los recuerdos felices de los veinticinco años de Alejandra con nosotros y eso permite que siga viviendo en mi corazón y en mi mente.

He aprendido que la vida es frágil y debemos aprovechar los momentos que podamos para disfrutar del amor y la compañía de nuestros seres queridos, mientras podamos.

Mi prioridad ya no es el éxito o el dinero, sino el bien que podamos hacer mientras estemos en este mundo y nuestra preparación para la vida eterna.

Mensaje de esperanza y fortaleza

Lo único que nos puede sostener y ayudar a salir adelante ante lo que pueda parecer la pérdida más grande e inexplicable es nuestra fe en Dios y la certeza de Su Promesa de una vida mejor, después de nuestro paso temporal por este mundo.

Siempre en mi corazón
Yenny
48 años

Hace catorce años tuve la mayor de las pérdidas: la muerte de mi padre. Él estaba recluido en una casa de reposo cuando nos avisaron que había tenido un paro respiratorio y había fallecido.

Sentí un dolor muy fuerte y sobre todo me sentí culpable de no haber podido estar con él en el momento de su muerte. Cuando me avisaron me encontraba en compañía de mis hermanos y de mi pareja. Sentí una gran decepción al saber que mi padre se había ido y le pedí a Dios por su descanso eterno.

Me sentí muy desgastada por dentro, sentí como si una parte de mí se hubiera ido y tuve una depresión muy grande. Nunca me he perdonado el hecho de que el día anterior a su muerte, por cuestiones de trabajo, no pude visitarlo. Aunque he superado la pérdida de mi padre, jamás lo podré olvidar. Él siempre estará en mi corazón.

Mensaje de esperanza y fortaleza

Brinda amor a las personas cuando están en vida. Y recuerda el sabio dicho que dice: "Nadie sabe lo que tiene hasta que lo pierde".

Hoy aplico todos los consejos que me daba mi padre y que no supe valorar cuando era joven.

PAPÁ, EN TU MEMORIA
Ligia
47 años

En mi vida he sentido momentos de inmensa alegría porque creo que he servido de guía más por el aprecio de personas amigas que por yo proponérmelo. Pero, si mis consejos les sirven a mis amigos, cuánto más quisiera que les sirvieran a mis adoradas hijas. Sí, y recuerden que ustedes son el tesoro más grande en mi vida, al lado de esa gran dama que es vuestra adorada madre.

JULIO C. MARTÍNEZ A.

El 11 de noviembre de 1971 el sol brillaba con todo su esplendor y era un perfecto día de invierno en mi país natal, Nicaragua. Pero... ese día se convirtió en el más triste de toda mi vida. A la edad de doce años me di cuenta de que mi padre había fallecido. Todavía recuerdo el temor que experimenté treinta y seis años atrás cuando, sentada en mi aula de clase, pude ver, a través de la ventana, a dos de mis familiares, caminando por uno de los pasillos de mi colegio. Mi corazón se aceleró rápidamente, pues supe que algo terrible le había sucedido a mi papá, quien se encontraba en un hospital en Miami, Florida, recuperándose de una enfermedad. "¿Qué le habrá pasado?", me pregunté. Una de las hermanas religiosas con todo cuidado me llevó a la capilla del colegio a rezar por mi papá, aunque yo todavía no había interiorizado que mi papá había fallecido de un aneurisma en la aorta. La portadora de esta terrible noticia fue la madre superiora, quien en un esfuerzo por consolarme me dijo que Dios se había llevado a mi padre. Yo sufrí un inmenso dolor pues sentí que Dios no había respondido a mis rezos. No lograba entenderlo. Dios había sido mi refugio cada noche cuando de rodillas le rezaba por la recuperación de mi padre y ahora me enfrentaba a la realidad de su fallecimiento. Sentí gran tristeza y confusión y en medio del llanto me marché con la madre superiora a mi hogar, para participar, como miembro de la familia, en los rituales propios de mi cultura hispana.

De acuerdo a la costumbre, tuve que cambiar mis ropas de colores brillantes por vestuario de luto y prepararme a pasar la noche más larga de mi vida. Al acercarme a mi casa las calles estaban llenas de carros. Mi casa se encontraba totalmente llena de personas amigas y familiares que ya se habían enterado de la muerte de mi padre y venían a darnos el pésame y a acompañarnos en el dolor. Recuerdo que mi hermana mayor salió a recibirme y al entrar a mi casa, abrazada de ella, pude escuchar un comentario que nunca he logrado olvidar:

—Pobrecita, ¡quedó tan chiquita!

Esas palabras fueron como lanzas en mi corazón de niña y sólo lograron acentuar más aún mi dolor. Esa noche se llevó a cabo en mi casa el velorio sin el cuerpo presente, ya que mi papá todavía se encontraba en el exterior. Mis amistades más cercanas me acompañaron y con especial cariño recuerdo a dos maestras que no se separaron de mí durante toda la noche, brindándome el apoyo y cariño que tanto necesitaba. Recuerdo que no podía dejar de llorar, pero también me daban incontenibles ataques de risa. Posiblemente una mezcla de histeria y nostalgia. Así pasó la noche, hasta que el sueño me dominó y caí rendida en los brazos de mi tía Anita, una de las hermanas de mi padre, a quien yo quería muchísimo.

A la mañana siguiente, al despertarme, comprendí que no había sido una pesadilla, que mi papá había muerto y que mi casa —ahora vestida de lazos negros, representando nuestro duelo— había perdido la alegría que tanto la caracterizaba. Mi casa, en vez de ser un hogar lleno de luz, se tornó en un lugar sombrío y desolador.

Fue una mañana llena de prisa puesto que teníamos que ir al aeropuerto a recibir el cuerpo de mi padre, ya sin vida. De igual manera mi madre, mi hermana y hermano venían acompañando a mi padre a su última morada. Recuerdo que cuando llegué al aeropuerto vestida de negro vi bajar a mi mamá del avión. En ese tiempo todavía se utilizaban las escalinatas y al verle el rostro marcado por el dolor comprendí que mi madre era una viuda y que yo era una niña huérfana de padre.

Mi madre al verme me tomó en sus brazos y lloramos por largo tiempo, compartiendo el mismo sentimiento de dolor y asombro ante dicho infortunio. El aeropuerto estaba completamente lleno, pues mi padre era una personalidad pública, de grandes virtudes y querido por muchos. El mismo hecho de que hubiese tanta gente y que continuamente vinieran a darnos el pésame y a manifestar su desconsuelo era conmovedor. Yo sólo tenía deseos de salir corriendo y esconderme, de no enfrentar mi nueva realidad. Cuando mis ojos se volvieron a la pista de aterrizaje y pude ver el féretro que contenía el cuerpo de mi padre, sentí que mi mundo se acababa. Sólo recordaba que mi papá, al iniciar el viaje hacia Miami, un par de semanas atrás, me había prometido volver. Y ahora volvía, sí, pero sin vida. "¿Qué ha pasado?", me preguntaba en mi mente de niña. ¿Habré hecho algo malo? ¿Me habré portado mal? ¿Habrá sido por mi culpa? Con todas estas incógnitas, mezcla de culpabilidad y temor, me refugié en mi madre, quien me brindó el sosiego que en esos momentos necesitaba. Con sólo abrazarme a ella me sentí reconfortada y querida.

Nos dirigimos a la casa donde se llevó a cabo el velorio, ya con el cuerpo presente, y yo recuerdo que no me separé de la cabecera de mi padre. Podía sentir con mis manos su rostro frío y rígido y aunque mis lágrimas bañaban su cara, no lograba calentarlo. Así estuve por largo tiempo. En un estado de aturdimiento total miré a mi alrededor y en medio de todas las flores que rodeaban el féretro una sobresalió por su originalidad, pues representaba un campo de golf con una pelotita blanca en el centro. El arreglo floral tenía una banda que la cruzaba de arriba abajo con las siguientes palabras: "El Grupo de los Miércoles". Como mi padre era golfista, cada miércoles se reunía con un grupo de amigos para jugar golf. Este mismo grupo estaba presente en su funeral, acompañándolo con camaradería y cariño.

Después del velorio nos dirigimos a la misa del entierro, en donde el sacerdote nos brindó palabras de consuelo y esperanza, pero no por ello mi corazón de niña entendía lo que estaba sucediendo. Deseaba desesperadamente despertar de esa pesadilla... pero el dolor se incrementó más aún al partir hacia el cementerio. Fueron momentos interminables durante los cuales creí que perdería el sentido o que me volvería loca de tanto dolor y desconsuelo. Pero no fue así. Logré sobrevivir el primer mes sin mi padre, sintiendo que vivía como en otra dimensión. Me parecía verlo en cada esquina de la casa o escuchar su silbido cuando con cariño me llamaba al llegar a casa. Pensé que en el mundo no había algo capaz de devolverme la ilusión. Pero no fue así... Poco a poco fui recuperando mis ansias de vivir y mi deseo de salir adelante en el colegio.

Aprendí a vivir sin la presencia física de mi papá, pero con su recuerdo siempre presente en mi vida. Es este recuerdo el que me ha motivado e impulsado a edificar mi vida de forma que pueda ayudar a otros a encontrar sentido y significado en sus vidas. Mi padre fue un gran motivador. Él tenía gran fe en el ser humano y pensaba que todos tenemos la oportunidad de crecer a pesar de infortunios, y es precisamente este mensaje el que yo deseo transmitirte, pues siento que es mi misión en esta vida. La muerte de mi padre ha sido el dolor más grande que he experimentado, pero, a la vez, ha sido esa fuente de inspiración para llevar a cabo mi propósito en esta vida. Su amor y sus consejos siempre estarán conmigo.

Mensaje de esperanza y fortaleza

La mayor pérdida que todo ser humano puede enfrentar es la muerte de un ser querido, y si tú la has experimentado, no te sientas solo. Temprano en mi vida me di cuenta de que nuestros seres queridos no eran inmortales. Que aunque uno piense o espere que los padres sean eternos, la realidad es muy diferente. Nuestros seres queridos no son invulnerables a la muerte y mientras más conscientes estemos de ello, más los apreciaremos y apreciaremos la vida con ellos. Es por esa razón que decidí compartir mi historia contigo, para dejarte saber que yo pasé por allí y que esa experiencia me marcó el alma de por vida. Por momentos pensé que no podría vivir más, que no quería seguir viviendo. Pero luego me di cuenta de que, a pesar de que nos consideramos débiles ante el dolor, verdaderamente poseemos una gran fuerza interior que se manifiesta cuando menos lo esperamos y que nos ayuda a salir adelante y a transformar nuestra pérdida en una fuente de inspiración y de crecimiento espiritual.

Pérdida
de la salud

¡Abre esa puerta de la esperanza!
Alba
43 años

Sucedió hace unos cuatro años. En ese tiempo yo me encontraba muy ocupada haciendo un sinfín de cosas. Trabajaba mucho en la comunidad participando en programas para personas de bajos recursos. Deseaba trabajar con los niños desamparados, pero de una manera proactiva, no con lástima, sino dándoles capacitación, ya que uno tiene que hacer algo por algo más grande. Estaba en esta organización con varias personas y muchas mujeres colaboraban con este programa. Era bastante el trabajo y creo que me excedí. Pienso que en la vida hay que tener tiempo para todo. Para hacer y para dar. Hacía mucho en ese tiempo y la actividad fue muy grande, encima de todos esos compromisos también me hacía cargo de las cosas cotidianas de mi vida. Además, siento que en esa organización estaba sola. Las personas que trabajaban conmigo necesitaban levantar fondos pero era sólo yo, realmente, quien estaba dedicada a esto. Cuando uno se está levantando y no tiene salario, uno tiene que aplicar los mecanismos para levantar los fondos. Lo que pasó en ese tiempo fue que no era el grupo o el tiempo indicado.

En medio de todo ese ir y venir, recuerdo una noche en la cual estaba sentada en mi casa con mi marido, viendo televisión. Me sentía tranquila y de pronto me desconecté de todo. Como que pensé que estaba relajada cuando de pronto dejé de ver la televisión y me fui, como con un mareo, y cuando me desperté estaba en el hospital y un doctor preguntándome: "Señora, señora, ¿está bien? ¿Está bien?". Yo sentía como si las palabras vinieran de lejos. Que me hablaban y que yo no podía hablar. Yo escuchaba que me decían: "¡Despierte, despierte!". Entonces el doctor me dice que yo había tenido un comienzo de derrame cerebral. Yo nunca había padecido de nada, ni de catarro. Estando ahí sentí que todo me caía encima. No podía hablar, no podía moverme. Me preguntaban: "¿Usted siente su brazo izquierdo...? ¿No...? ¿Su pierna...? ¿No...?". Yo entendía, pero como no podía hablar contestaba en mi mente.

Entonces, en ese momento recuerdo que al ver a mis hijos pensé: "¿Vale la pena lo que estoy haciendo?, ¿lo que me estoy cansando?, ¿en dónde me estoy enfocando? ¿Vale la pena?". Y viendo también a mi madre y a mi esposo y al escuchar que me decían "Usted va a perder la coordinación" me dije a mí misma: "¡Yo me levanto de la cama!". Comprendí en ese momento lo importante que es la fe. Independiente de lo que puedas creer, pero tener fe. Y pensé que tenía la fortaleza para seguir adelante.

Me daban unos medicamentos que me tumbaban por completo. Recuerdo una mañana que mi marido se llevó a los niños, regresó a las tres de la tarde y me encontró dormida. Y comunicándome por medio de gestos con él le dije que no podía seguir así, que no continuaría tomando los medicamentos. Y los dejé, siempre pensando que yo me recuperaría, pues el verme tirada en la cama, sin moverme, viendo que te lo hacen todo, que te peinan, que te bañan, te hace sentir mal. Ya cuando la gente te empieza a ver con lástima es terrible y yo me dije que no, ¡que yo no quiero lástima ni ser carga para nadie, pues no era fácil! Entonces una mañana en la cual me quedé sola se realizó el milagro.

Mi esposo se había ido al trabajo, mi mamá también y mis hijos al colegio. Le dije a Dios: "Yo sé que vas a hacer un milagro en mi vida". El tener fe es muy poderoso. Yo siempre he estado encima de todos los diagnósticos terrenales. Me sentí con mucha fortaleza y dije: "¡Yo me voy a levantar pues le encuentro mucho sentido a la vida!".

¡La actitud ante la vida es tan importante...! Te pueden decir que todo te caerá encima, pero si uno tiene la fuerza interior y la convicción de que saldrás adelante, ¡lograrás hacerlo! Entonces, de pronto, estando acostada me incorporé de un salto y sin titubear me puse de pie y pude caminar. ¡Fue un sentimiento increíble! Sentí que me quería bañar y me tomé una ducha. Hablé en voz alta y me di cuenta de que podía hablar. Después de bañarme y sin haber llamado a nadie me fui a una institución que enseñaba inglés, pues me dije: "Ahora sí voy a aprender a hablar inglés", y me fui a la escuela así mismo y adelanté impresionantemente en los niveles del idioma. Mi maestra no lo podía creer. Ese día, al levantarme y llegar a la escuela, le dije: "Acabo de levantarme después de tres meses sin poder hablar y vengo a aprender inglés". La gente se quedaba viéndome de una forma muy rara. Y yo les decía: "Pasé tres meses sin poder hablar, sin poder caminar y ahora miren: ¡muevo la mano, el pie, la cintura y la cadera!". Y lo que pensé al verme curada fue: "Yo sé que esto es por algo, pues yo creo que todos en la vida tenemos misiones, a veces nos pasan cosas a destiempo pues uno no tiene la bolita mágica, pero sí creo que las cosas pasan por algo y cuando uno se pone en conexión con ese ser supremo y uno lo permite... ¡los milagros suceden!".

Mi esposo al regresar a casa y verme de pie me abrazó feliz, igual que mis hijos y mi madre. Siempre me brindaron tanto cariño y amor...

En la vida siempre hay que dejar una puerta bien grande a la esperanza y otra bien grande a la fe, y esas dos puertas el único que las cierra con un gran milagro es Dios. Después de haber pasado por esta experiencia creo definitivamente que mi vida ha cambiado para bien. Yo he visto personas que han pasado problemas similares a los que yo pasé y les he dicho: "¿Sabes qué? ¡Tú te puedes levantar!", pues pienso que uno tiene un poder muy grande con la mente y no lo utilizamos casi... pero si lo hiciéramos estaríamos caminando un poquito hacia la perfección.

Me di cuenta de lo necesario que era enfocarme en mi vida para llevar a cabo mi misión, a la vez que repartir bien mi tiempo y mis prioridades. Seguir ayudando a quien yo pueda y a quien Dios me permita. Pienso, sobre todo, en el hoy. No en el tiempo que me queda de vida, sino cómo vivo el hoy a plenitud y con significado. ¿Qué me regalo y qué le doy al mundo? No me enfoco en qué me va a dar el mundo. Tengo muchísimo que dar por medio del amor, la compasión y el deseo de servir. Démonos cuenta de que con cada paso que demos en nuestra vida, vamos sembrando.

MENSAJE DE ESPERANZA Y FORTALEZA

No olvidemos que la vida se nos puede ir en un cerrar y abrir de ojos. No tenemos el control. Así que hay que vivirla a plenitud y uno tiene el poder en sí de levantarse. A veces, no físicamente pero sí espiritualmente, ya que no existe nada en el mundo que te detenga una vez que sientes la fuerza interior en ti. Así que abre esa puerta de la esperanza y permite que ese ser supremo, sea Buda, Allah, Dios, o como quieras llamarle, guíe tu vida.

DIOS NO NOS ABANDONA
Álvaro
62 años

Nací en Nicaragua, y actualmente soy ciudadano costarricense. Descendiente de un matrimonio en que las diferencias de edad y caracteres fueron abismales y antagónicas: más de veinte años; uno lleno de dulzura y el otro, todo braveza. Por consiguiente, no existieron entre mis padres ni relaciones comprensivas ni amorosas. Este "bagaje cultural adverso" incidió negativamente en mi desarrollo personal. Hasta tal punto, que llegué a ser un joven cohibido, ensimismado, medroso y acomplejado. Con nadie socializaba.

Por disgustos con mi padre me trasladé a Costa Rica. En mis primeros meses de permanencia en suelo tico pasé hambre y sed. Posteriormente, al comenzar estudios universitarios y vivir en un apartamento, además de lo académico, el alcohol y la diversión también pasaron a ser parte descollante en mi vida.

La primera vez que probé licor, un trago bastó para marearme, y dos para vomitar. Luego, llegué al punto de poderme tomar hasta dieciséis cervezas. Pero, la mayor "hazaña" fue cuando me tomé dos litros de guaro y unas cervezas en una noche.

El tiempo fue pasando. Al principio, los tragos solamente se realizaban durante los viernes (después del trabajo). Más tarde, se sumaron algunos días, durante la semana. Pero, en mi caso, comencé "a seguirla" en mi casa. Y se me fue haciendo un círculo vicioso: los fines de semana me compraba, al menos dos *six pack* y dos botellas de vodka, y eran las doce de la noche del domingo y seguía tomando. Por supuesto que el día lunes amanecía con una gran goma. Para disminuirla me iba a correr alrededor de unos treinta minutos, pero, antes de hacerlo, me "metía" doble trago de "tacón alto" y después, cuando regresaba, repetía la dosis con bastante limón, el cual "mataba" un poco el olor a licor. También descubrí unos chicles que lo neutralizaban bastante. Así me pasaba todo el día en el trabajo, masticando como un rumiante.

Los lunes no iba a almorzar con mis compañeros de trabajo. Me escapaba a un bar-restaurante, en donde, la cocinera, que ya me conocía, me preparaba un buen bistec encebollado, con papas a la francesa y una buena ensalada verde. En el ínterin, me tomaba dos tragos dobles y durante el almuerzo repetía la dosis. Y sólo esperaba la salida del trabajo para ir a refugiarme en la casa y continuar libando como un sediento de agua en un desierto. Y así, me "montaba en la carreta" todos los días, de martes a jueves, de una manera "suave", de tal manera que, no existieran interferencias con mi trabajo.

Llegó el momento en que todo este "proceso" se fue agudizando. Hasta el punto que ya no tuve fuerzas para parar. Entonces, sucedió lo inexplicable, una noche que estaba en mi casa, con el trago en la mano, sentí que todo se derrumbaba y sentado en una esquina de mi cama empecé a llorar desconsoladamente; clamé, como criatura desamparada ante mi Creador, que sólo Él, con su infinita misericordia, me podría ayudar a salir de esta ordalía. Lo hice con fe tan profunda que, como por arte de magia, dejé de tomar al instante. ¿Milagro? Llevo más de diez años sin consumir alcohol, ya no necesito del licor para esconder mis debilidades y sé enfrentarlas con mis fuerzas y con las que recibo del Creador.

Tengo unos pensamientos retroactivos que son interrogantes, que me hacen pensar que Dios nunca nos abandona, que nos quiere siempre y nos insinúa de alguna u otra manera un cambio en nuestro proceder. Entre varios, expondré los siguientes: ¿Cómo es posible que en mi trabajo de economista, laborando en una institución tan seria como un banco central, nadie se enterara de mi alcoholismo? El olor a licor, y más el que conlleva una resaca, se exuda a través del cuerpo y se siente a la legua por todos.

En segundo lugar, es significativo que aunque tuve muchos accidentes de tránsito nunca fueron graves. El peor fue cuando choqué contra un árbol: heridas en el rostro, dos costillas quebradas y una pierna bien golpeada.

De la abstinencia, entre otros, obtuve varios beneficios, ante todo, la alegría de mi madre y del resto de la familia, quienes me felicitaron por dicha acción. Ya no los molestaría más con mis actitudes displicentes de borracho. También fue positiva la reacción de mis compañeros y compañeras de trabajo.

Logré también la normalidad en mi cuerpo y mi alma. Pude despertarme sin resaca, saborear y oler la comida y apreciar la belleza de la vida. En una palabra: ser yo y ver las cosas como realmente son.

Además logré eliminar los "famosos amigos de trago" y encontré a los que realmente me aprecian.

De acuerdo con mi experiencia y respetando otras opiniones, hay que tener en cuenta que para resolver el problema mencionado, y otros que se presenten en nuestras vidas, se deben aplicar, salvo excepciones, las siguientes reglas:

1. Debemos formar y fomentar hogares donde prevalezca el amor, los principios éticos y la "socialización" entre padres e hijos. La práctica de estos valores fortalecerá al grupo para vencer cualquier problema que se presente y evitará que algún miembro de la familia caiga en un vicio.

En consecuencia, obtendremos un efecto multiplicativo positivo sobre las siguientes generaciones y, por ende, ayudaremos a construir una sociedad cada vez mejor.

2. Cuando estemos en un problema, como el que expuse, por ejemplo, y queramos salir de él, debemos aplicar el aforismo, "A Dios rogando y con el mazo dando". Es decir, debemos implorar la ayuda de Dios con fe y, al mismo tiempo, hacer acopio de la fuerza interior que tenemos, y que casi nunca la utilizamos, para resolver nuestro óbice. En la mayoría de los casos, necesitaremos también la ayuda de personas especializadas. Asimismo, habituarnos a comunicarnos diariamente con nuestro Creador.

3. Una vez tomada nuestra decisión de "levantarnos", no cedamos ni un ápice en los momentos de flaqueza. Digámonos: "Me quiero, Dios me da salud y yo no la debo destruir. Estoy bien así". Autocriticarnos y "ver" que la resolución tomada nos está dando beneficios y que si realizamos lo contrario nos hundiríamos de nuevo en el problema que estamos tratando de solucionar.

4. Cambiemos nuestras actitudes ante la vida. Seamos mejores personas en todo sentido. Asimismo, tratemos de "hacer" la felicidad mediante la práctica diaria de la erradicación de los pensamientos negativos (odio, envidia, etc.), y el nutrirse de los positivos (filantropía, solidaridad, etc.). Así, no obstante los tropiezos que enfrentemos, trataremos de seguir siendo felices.

5. Debemos "chinearnos" o querernos: alimentarnos bien y realizar ejercicios que conlleven a la salud tanto corporal, como mental y espiritual.

6. Finalmente, debemos practicar cotidianamente un autocontrol de nuestros actos. Estos deben moderarse siempre, de tal manera que nunca se conviertan en nuestros vicios futuros.

Mensaje de fortaleza y esperanza

Deseo de todo corazón que mi historia sea una esperanza, un apoyo y una guía para aquel que quiera salir de un vicio (cleptomanía, nicotina, alcohol, juego, drogas y otros); de problemas del alma (mal carácter, pesimismo, cohibición, etc.); o de cualquier óbice que lo afecte. Si quieren comunicarse conmigo pueden escribirme a la dirección de correo que se consigna en Información de contacto (página 322). Ayudarles me hará muy feliz.

Recordando a mi madre
Gema
46 años

Una de las mayores pérdidas que he confrontado ha sido la pérdida de mi madre, debido a la enfermedad de Alzheimer. Me di cuenta que sufría de esta enfermedad hace aproximadamente dos años, pero en realidad sucedió gradualmente. Empecé a notar que repetía la misma historia una y otra vez y se mantenía hablando continuamente sobre su niñez. Gradualmente fue perdiendo su memoria a corto plazo. Por lo tanto, en una de las visitas al médico le mencioné los síntomas de mi madre pero el doctor simplemente los ignoró. Hasta que, finalmente, fue diagnosticada cuando decidí cambiar de médico.

Cuando me di cuenta del diagnóstico guardé la calma, ya que interiormente lo sabía de antemano. Mi padre se encontraba conmigo cuando nos dieron la noticia.

Aunque verificar que mi madre sufría de la enfermedad de Alzheimer fue difícil, le di gracias a Dios por el tiempo que la había tenido conmigo y comprendí que el tiempo que me quedaba con ella era precioso. Me propuse que la cuidaría y estaría a su lado en todo momento. No niego que me sentí muy triste al advertir que mi madre, aunque estaba conmigo físicamente, poco a poco se iría deteriorando mentalmente.

Me he dado cuenta de que me ha ayudado mucho el ser paciente con ella. Ella aún puede comunicarse conmigo, pero he notado que esta capacidad ha disminuido en los últimos meses. Manteniendo la paciencia con ella logro saber qué es lo que desea y al final se siente mucho mejor al lograr comunicarnos.

He aprendido a aceptar que estas situaciones son parte de la vida y que lo que tenemos que hacer es ver qué podemos sacar de bueno de una mala situación. Me complace mucho el tener la oportunidad de ofrecerle el mismo cuidado que ella me brindó a mí. Aunque estoy segura de que nunca podré igualar mi cuidado con el que ella me brindó.

Generalmente me siento tranquila, pero existen días en los cuales me siento muy cansada puesto que ella necesita constantemente de mi atención. Pero esta experiencia me ha servido para apreciar los buenos momentos de nuestra vida y poder vivir sin remordimientos. He comprendido cuán frágil es la vida y debido a eso soy más cuidadosa ahora. Continuamente escucho a mi voz interior para que me sirva de guía.

MENSAJE DE ESPERANZA Y FORTALEZA

Recuerda que, aunque a veces la vida parece ser muy difícil, esos momentos pasan. Depende mucho de nosotros si tomamos esta situación como una manera de crecer espiritual y emocionalmente. Esta actitud nos ayudará a superar cualquier obstáculo que se nos pueda presentar.

El amor traspasa todas las barreras
Liliana
60 años

La mayor pérdida que he sufrido han sido las consecuencias en vida por la enfermedad psiquiátrica bipolar que sufre mi esposo; comenzó cuando teníamos doce años de casados. Tomé la decisión de seguir adelante junto a mi esposo pero, a partir de ese momento, nuestra vida matrimonial no volvió a ser igual, ya nunca más se pareció ni remotamente al hombre con quien yo me casé, hubo cambios muy grandes y destructivos provocados por las medicaciones; pese a eso, nuestro amor es tan profundo que nos une más allá de todo.

No es fácil estar casada con un hombre que, en lugar de caminar juntos en nuestro matrimonio, no me puede acompañar dadas sus limitaciones y, además, se aísla, dejándome a veces aislada también en la parte social.

Me pide que yo siga con mis actividades, apoyándome incondicionalmente en mi camino, y dada la situación, a veces me siento condicionada para hacer las cosas. Fue aprender a vivir de otra manera, para poder ayudarlo y protegerlo y al mismo tiempo protegerme a mí misma.

Me costó mucho mantener mi salud mental, he tenido algunas depresiones, dadas las condiciones en nuestro hogar, a veces veo otros matrimonios que van juntos a todos lados y me maravillo porque ellos lo pueden hacer, quizás pasan por otros problemas, como todos, pero juntos, supongo debe ser más fácil.

Sólo quien ha convivido con un enfermo psiquiátrico puede entender sus depresiones y sus cambios de humor. El comienzo de la enfermedad sucedió, simplemente, en un minuto y, desgraciadamente, a los treinta años de ser un hombre activo, en lo mejor de su vida, pasó a ser una persona sin cordura, enfermo para toda la vida. Una discusión con un familiar muy cercano, seguido del suicidio de ese familiar lo destruyó psíquicamente. Y así, en un minuto, cambió todo y perdimos nuestra vida normal.

Nunca había sabido lo que era una depresión, ni un suicidio, para culpar al otro.

Leí mucho, entre lágrimas, busqué material en libros especializados y pude ver así que los suicidas dejan mensajes para destruir la vida de los que quedamos vivos.

Ciertos familiares y amigos intuían lo que iba a pasar, me dijeron: "¡Cuidado con tu esposo!".

Y yo, ignorante, ni imaginaba los terribles hechos y decisiones que tendría que tomar de ahí en adelante ni las pruebas tan duras que tendría que afrontar.

Por más que uno piensa en Dios, al final la fe con los años se va carcomiendo, se empieza a pensar en curas milagrosas, en pastillas extraordinarias que a otros, quizás, le hicieron bien, en hechizos a los que quizás habíamos sido sometidos, queriéndonos aferrar a tablas de salvación que en ninguna religión se puede encontrar. Sólo deseábamos poder conseguir un poco de paz interior y equilibrio.

Al principio, insertos en esa terrible vorágine no sabía qué hacer; después me di cuenta de que la desesperación y angustia eran factores que actuaban en contra, ya que creaban más sinsabores en mi esposo, quien pensaba que era él quien estaba destruyendo mi vida, y quería que yo me alejara de él, y que continuara con mi estudio y mi trabajo, como si nada hubiese sucedido.

Años después, ante tanta anarquía espiritual, mi cuerpo gritó con un cáncer de mama y tuvimos que afrontarlo con muchos familiares y amigos que me ayudaron.

Así mi esposo entendió que él ya no era el único enfermo en la casa, que éramos dos en un arrastre de enfermedades. Me desesperé ante lo evidente: médicos, medicaciones, internamientos, enfermería, sumas de dinero que casi no teníamos y había que seguir trabajando sin ánimo, con agobio para poder sostener el trabajo y realidades en el hogar.

Ahora, después de diez años, mi esposo está mucho mejor, aunque no del todo bien, ya que la enfermedad es recurrente y yo sigo sola para muchas cosas que él no puede compartir.

Entre las cosas positivas de su personalidad, puedo decir que él jamás ha sido egoísta, al contrario, me pedía que saliera a "airearme", que él podía quedarse solo y dormía mientras por la medicación.

Algunos de nuestros amigos fueron desapareciendo ante tanta amargura e incertidumbre, cada uno siguió con su vida ya que es muy fácil entender una enfermedad física, como una pierna quebrada o una gripe, pero, en general, las personas le tienen miedo y no se acercan a alguien que tiene alguna enfermedad mental, ya que no saben cómo afrontarlo. Mi decisión fue quedarme a su lado, no abandonarlo y eso es lo que hago y siempre haré con amor, constancia y lealtad, aunque a veces, es muy difícil de soportar.

Para tolerar esta situación, mucho me ayudó mi entereza y mi forma de ser, y lo que no fue una ayuda en aquellos momentos es que, quienes estaban cerca de mí veían que yo iba sola a una reunión, casamiento o a un cumpleaños o a veces no iba y lo que yo recibía como mensaje silencioso era que me tenían lástima y muchas veces la gente cruel pregunta: "¿Tu esposo no va a venir?", o "¿Por qué no salimos los cuatro?". Preguntas simples y normales pero que dolían, ya que yo no podía ir con mi esposo y me atrevía a ir sola. Perdimos muchas parejas amigas y gané muchas amigas de alma, que comprendieron la situación y que hay enfermedades —en especial las psiquiátricas— que son para toda la vida.

Para poder sostener toda esta situación, me adapto y trato de ser positiva, pero mi angustia es inmensa ante mi incapacidad de no poder cambiar la realidad y deseo aceptar lo que me tocó vivir y así seguir adelante.

Yo elegí este camino, yo elegí quedarme a su lado, quizás hubiera sido más fácil una separación, un paso al costado e irme, pero ahora, después de muchos años, podemos disfrutar más la felicidad que nos toca de a ratos, se viven esos momentos maravillosos con muchísima más intensidad, a lo largo de estos años fue todo un gran aprendizaje.

Con esta pérdida he aprendido que el amor puede traspasar todas las barreras y me he encontrado con muchas amigas que me han apoyado, pero aun así no es fácil.

Todo fue muy fuerte ya que, de ser niña mimada pasé a enfrentarme con algo para mí hasta entonces desconocido.

Fue y es muy dura la pérdida de mis mejores años en la vida, hice muchas cosas a nivel profesional, pero pocas participando como pareja, en general las hago sola o con alguna amiga y a veces es dificultoso, ya que mi esposo queda en casa, esperándome.

Creo que, a pesar de todo, si tuviese que volver a aquellas épocas y pasar por las mismas circunstancias, tomaría la misma decisión.

Mensaje de esperanza y fortaleza

Aceptar y luchar cada día por una mejor calidad de vida junto a nuestros seres queridos es una tarea diaria y ardua que sólo el amor y el diario vivir pueden forjar.

CON DIOS Y CON EL PRÓJIMO
Rey
59 años

El 21 de septiembre de 1993 tenía una reunión de la Hispa (asociación de latinos que trabajaban para AT&T) y el 23 de septiembre iba a participar en otra reunión, ambas en Nueva Jersey. Decidí tomar tres días de vacaciones, del 21 al 23 de septiembre para atender los asuntos de Hispa y el 22 pasarlo con mis padres y hermana que viven en Nueva Jersey.

Me venía sintiendo deprimido hacía varias semanas por una combinación de factores personales y laborales. El 3 de septiembre había pedido ayuda al psiquiatra que me atendía en Ohio, quien, anteriormente me había asistido en dos episodios de depresión, desencadenados por mi divorcio y varias presiones laborales.

Él me prescribió un antidepresivo que previamente me dio mejoría en diez o doce días. Sin embargo, para el 20 de septiembre estaba bastante mal por la depresión y la combinación de efectos secundarios de la medicina; insomnio y ansiedad, los cuales siempre desaparecían una vez que los beneficios de la medicina comenzaban a sentirse. Al final del 21 de septiembre estaba peor y en la mañana del 22 no podía ni siquiera leer un verso de la *Biblia* como yo acostumbraba hacer siempre. Con la ayuda de mi familia (ya que la depresión afecta la habilidad de tomar decisiones) comprendimos que sería imposible asistir a la reunión representando a Hispa el 23. Había acordado recoger a dos miembros de Hispa en el aeropuerto de Newark para después ir al hotel y preparar la presentación del día siguiente. Por el contrario, mi hermana me llevó al aeropuerto donde yo le expliqué la situación al primero de los dos colegas, Danny Simonsohn, en medio de un fuerte ataque de depresión y ansiedad. Inmediatamente

Danny se hizo cargo de la situación, alquiló un automóvil, le di mis notas y él prometió recoger a los otros colegas y tomar mi puesto en la reunión. También me puse en contacto con Gina Guerra, miembro de la directiva de Hispa, le expliqué la situación y le pedí que hiciese lo correcto con Hispa y que coordinase las actividades de la organización en mi ausencia, ya que la presidenta estaba en el extranjero y yo era el primer vicepresidente y presidente electo. Gina inmediatamente tomó la dirección y desempeñó una tarea magnífica, congregando los esfuerzos de las personas apropiadas y ofreciéndome asistencia, ayuda, comprensión, oraciones y amistad incondicional. ¡Gracias, Gina!, ¡nunca olvidaré tu bondad!

Mientras, yo llamé a mi doctor en Ohio y estuvimos de acuerdo en que viese a un doctor en Nueva Jersey. Contacté con el eminente psiquiatra Sergio Estrada, del Hospital Psiquiátrico de Fair Oaks, en Summit, Nueva Jersey. Él me recomendó una reclusión en el hospital y fui admitido el 26 de septiembre. Me hicieron un reconocimiento minucioso y examinaron cuidadosamente toda la evidencia de mis previos ataques de depresión, la historia familiar y muchos otros aspectos. Entonces modificaron la receta de las medicinas y para el martes 28 comencé a mejorar. Mejoré continuamente gracias al cuidado del personal del hospital y de las oraciones de amigos y hasta de personas que yo no conocía. Me dieron el alta el 7 de octubre y me quedé con mis padres hasta el 16, cuando regresé a Ohio. Cada día me sentía mejor y puedo verdaderamente decir que a las pocas semanas sentí de nuevo gozo y pude admirar la belleza del otoño y sentirme dichoso de vivir. Estos son sentimientos que me faltaban hacía tiempo. En mis mejores momentos de los últimos meses, antes de la hospitalización, simplemente me sentía más o menos bien.

Aunque pueda parecer extraño, considero los eventos que sucedieron como una bendición. En los previos episodios de depresión me recuperaba mientras trabajaba y ponía, simplemente, todas mis energías en sobrevivir. Esta vez tuve la oportunidad de reflexionar y de aprender sobre mi enfermedad. Aprendí que la forma de depresión que sufro es análoga a la diabetes o la presión alta. Es un fenómeno fisiológico, la "propensidad" se hereda, puede ser desencadenada por causas emocionales y puede ser tratada con medicinas y mantenida en remisión. Una diferencia es que en muchos casos (y no saben todavía cómo diferenciarlos desde el principio) la depresión se cura después de aproximadamente dieciocho meses de tratamiento con medicinas, mientras que la diabetes y la presión alta no se curan, sólo se mantienen a raya con medicinas.

También está claro para mí que Dios guio los eventos para sacar el mejor provecho de este episodio de mi enfermedad. Hubo demasiadas "coincidencias" para atribuírselo a cualquier otra cosa. A todos aquellos que oraron por mí, ¡gracias! Y para todos aquellos que estén experimentando los síntomas de depresión que yo detallo más adelante en este documento, o que conocen a alguien que los tiene, busquen ayuda profesional y ¡manténganse en el tratamiento! Las estadísticas aseguran que, en determinado momento, el 15% de la población de los Estados Unidos sufre de depresión. Solamente un puñado busca ayuda profesional debido al estigma desafortunado que algunos todavía le atribuyen. De los que buscan ayuda muchos dejan el tratamiento porque desafortunadamente puede tomar hasta ocho semanas para que la depresión mejore, mientras que los efectos secundarios, algunos de los cuales pueden ser bien desagradables, comienzan el día que uno comienza a tomar las medicinas.

Parcialmente, por el estigma social que algunos todavía atribuyen, decidí compartir mi historia en detalle. Yo tenía el cargo de Jefe de Departamento mientras luché durante varios episodios de depresión. Durante ese tiempo tenía a cuatro supervisores que se reportaban ante mí y cada uno de ellos, quince o veinte ingenieros a su cargo. Todos y cada uno de ellos me ofrecieron gran apoyo. Después de un episodio suficientemente serio como para requerir una hospitalización, todavía mantuve el mismo nivel de gerencia. Mientras decidía a qué trabajo regresar, cuatro vicepresidentes, además de Ernie, mi vicepresidente, me ofrecieron trabajos y, en efecto, obtuve el trabajo que era mi sueño desde hacía cierto tiempo. En los próximos siete años, después de este episodio, fui director de la Gerencia de Mercado para AT&T en toda Latinoamérica y, al dividirse en Lucent Technologies, fui escogido por el gerente ejecutivo general para diseñar e implementar un taller para nuevos gerentes de diversos países.

Este es un testimonio y un tributo a las personas que formaban AT&T/Lucent Technologies y un reconocimiento a los valores de la empresa. Si hubiese tenido un ataque de alta tensión o un coma diabético, no hay dudas de que hubiese conservado mi trabajo. Me regocijo que lo mismo sucede, al menos en AT&T, para un ataque de depresión.

Mensaje de esperanza y fortaleza

Aun en los momentos más oscuros causados por la depresión, Dios siempre estaba conmigo y me lo hizo saber a través de varios milagros inexplicables como coincidencias. También en momentos difíciles se manifestaron la generosidad, el apoyo y amor de familiares, amigos y colegas. Cultiva la relación con Dios y con el prójimo, eso te servirá de mucho cuando más lo necesites.

QUERER ES PODER
Silvia
66 años

En 1964 salí de Cuba, vía España, siguiendo a mi esposo con mis dos hijos varones, de dos y un año de edad, respectivamente. Estuvimos tres meses esperando la residencia y finalmente llegué a Estados Unidos con mis dos niños y un embarazo de cuatro meses. Esos fueron momentos difíciles ya que al salir de mi patria experimenté la pérdida de mis raíces. Residí en Miami durante nueve años y de nuevo, siguiendo a mi esposo, me fui a Panamá en busca de un mejor futuro. De nuevo sentí que mis raíces eran arrancadas, ya que al partir de Miami dejaba a mi madre, mi hermana, mis abuelos y mi vida recién adquirida. Cuando llegué a Panamá me sentí aislada de todo el mundo y muy mal en un país que no conocía. Yo estaba acostumbrada a la vida americana y esto fue un gran cambio, me tuve que acostumbrar a un nuevo estilo de vida. Pero me sacrifiqué para que mi esposo estableciera un negocio y darle a mis hijos la educación que se merecían. Aprendieron cultura latinoamericana y me siento agradecida por este tipo de educación. Pero empecé a sentirme con ansiedad, me preguntaba qué hacía allí. Sólo me quedaba vida social, al principio fue una maravilla. Jugaba cartas con mis amigas, salíamos por la noche, total una vida social sumamente activa y entretenida. Las fiestas...

Cuando llegué a Panamá apenas tomaba una que otra copa de vino. Al entrar en esa vorágine de fiestas, que duraban hasta las cuatro de la madrugada, me di cuenta de que aguantaba si me tomaba cuatro copas de vino. Vivía bailando y riéndome de todo el mundo. Hasta ahí todo estaba perfecto, pero, cuando mis hijos parten para Miami y me quedo sola con mi hija, el cuadro cambió. Ella tenía su noviecito, su vida, y yo me encontré sola. Es cuando me refugié en el alcohol como forma de escape. Se sabe que la bebida es depresora. Al otro día sufría de llanto pues me sentía terriblemente culpable de lo que había hecho, mi hija había llegado y me había encontrado pasada de tragos. Yo tomaba sola y tomaba todo tipo de licor, ya que mi esposo estaba siempre en la calle, en la casa del amigo o de la amiga. Y yo sola en la casa, tomando. A las seis de la tarde me ponía a tomar escuchando música romántica y me ponía melancólica. En la penumbra me acostumbré a escapar de mi vida. No me quería dar cuenta, deseaba escaparme, adormecerme. Estaba como dormida... no quería sentir.

Luego me di cuenta de que mi esposo tenía a su amiga, que fue su secretaria. No quería admitir lo que me estaba pasando. Pues aunque mi esposo siempre estaba en la calle yo nunca creí que él me estaba traicionando y justamente esto fue lo que más me dolió y por esta razón hasta en el día empecé a tomar. En la mañana tomaba pastillas antidepresivas, ya que me hacían dormir todo el día y luego, a las seis de la tarde, me disponía a tomar el licor. Eso es lo que hacía durante todo el día. Pasaba todo el día en mi dormitorio, ahí mismo almorzaba. Estuve así cerca de siete u ocho años. Mi marido trató de ayudarme pero muy poco. No tenía paciencia para ver qué era lo que me pasaba. Yo ya no podía salir a la calle pues empecé a padecer de ataques de pánico. Todo me daba miedo, sufría de fobias, sobre todo de agorafobia. Todos los servicios me los hacían en la casa, incluyendo la peluquería. Yo no sabía qué era lo que me sucedía, hasta que lo estudié pues padecía de ataques de ansiedad y pánico.

En ese tiempo mi hija decidió partir a Miami, pues deseaba ingresar a la universidad. En Miami vivían mis otros hijos en una casa que teníamos y circunstancialmente yo también me regresé. Yo me sentía muy mal cuando estaba sobria, ya que pensaba que había hecho algo indebido, que las cosas no eran así. Traté de ocultarlo, peor cuando llegaba el viernes y yo inventaba algo para poder tomar, con la excusa de celebrar algo en la casa para mis hijos y sus amistades. Los fines de semana la pasábamos bien tomando con las amistades. Al año justo de estar en Miami mi hija se muere de un aneurisma en el cerebro. Yo estaba bajo los efectos de los tranquilizantes. Yo veía a mi alrededor pero no podía sentir, aunque parezca cruel decirlo; si yo no hubiera estado así hubiera podido ver que mi única hija, mi compañera, mi amiga, se deterioraba día por día, porque se puso como un monstruo, ya que el cerebro se le hinchó. También le daban convulsiones. Fue muy doloroso ya que ella tenía apenas veinte años y pasó en el hospital un mes y nueve días. Me acuerdo que dos días antes de que ella muriera yo ya no tenía el valor de verla ni siquiera tomando cuatro o seis pastillas diarias. No podía verla sin sentir un terrible dolor al recordar a aquella niña tan linda de ojos azules y pelo largo, ya que debido a la incisión del cerebro le habían rapado todo el cabello.

Después que fallece mi hija yo paso un año que casi muero por los efectos del medicamento y el alcohol. Estuve recluida en un lugar de rehabilitación, fuera de casa, y aprendí mucho y creo que Dios me preparó para que una vez que yo me recuperara empezara a dar de mí a los demás, fui a dar clases de catecismo, empecé a sentir la satisfacción de ser útil a alguien. Esa primera Navidad que los niños de catecismo llegaron con un chocolate yo llegué a mi casa como si hubiera recibido el diamante más lindo de este mundo, pero era la satisfacción de sentir que esos niños me querían y empecé a sentirme bien, comprendí que mi matrimonio no funcionaba y que era mi vida y que si yo seguía atada a un matrimonio que no funcionaba no seguiría adelante. Y el coraje me lo dio un viaje de un mes que hice a México; allí, cuando me vi sola en la ciudad, me di cuenta de que yo sola podía funcionar. Esto me sucedió después de haber salido de una familia protectora para caer en un matrimonio protector. En ese momento fue que me sentí capaz de enfrentar la vida por mí misma. Pienso que más que querer a mi marido me convertí en una codependiente. Ese viaje me dio fuerza y cuando regresé de México me enfrenté a él y le dije que era necesario separarnos. Para poder mantenerte limpia tú tienes que ser egoísta y decir yo primero, yo segundo y yo tercero. Cuando una persona tiene una adicción de alcohol como de droga, recae muy fácilmente. Cuando tiene un problema, se cae con facilidad por unas horas. Pero desgraciadamente el problema esta ahí. Cuando pasan los efectos es peor. Con el divorcio sufrí una segunda pérdida. La sobrevivencia es aprender a vivir con la pérdida, sin la persona, aunque uno jamás la olvide. Yo me aferré muchísimo a Dios para salir adelante, pero no necesariamente de los dogmas de la Iglesia, sino que me aferré al Dios de amor, no al Dios castigador. En Alcohólicos Anónimos aprendí a conocer al Dios de amor.

Con referencia a mi hija, he tenido manifestaciones. Recuerdo que después que pasó el huracán Andrew que azotó Miami, Florida, estando en mi cuarto rezando el rosario, pedía a mi hija que me viniera a buscar y me empecé a sentir como que ya en este mundo no servía para nada, lloraba a mi hija y vi de repente que el crucifijo que había estado sobre su ataúd, y que colgaba de la pared, se empezó a mover y entonces me tiré de rodillas y pedí perdón a

Dios y entendí que me estaba contestando, que tenía un significado, que por algo me estaba pasando aquello. De ahí en adelante mi vida comenzó a tener un nuevo significado. Al poco tiempo conocí a César, mi esposo desde hace diez años. Las manifestaciones me han pasado inesperadamente, en fiestas o aniversarios. Recuerdo un Día de las Madres que estaba en misa y me encontré un rosario rosado y entendí que era como un regalito por el Día de las Madres. Otro día, saliendo del cementerio, día del cumpleaños de mi hija, vi que algo brillaba en el piso. Era una pulsera de plata con unos zapatitos de las muñecas Barbie. Mi hija siempre jugaba con ellas y eso lo tomé como un mensaje de que ella estaba bien. Y esta convicción me ayudó a sentir que mi hija estaba bien, no en el plano físico pero sí en el espiritual. Ya que la conexión entre madre e hija nunca termina y va más allá de este plano físico.

MENSAJE DE FORTALEZA Y ESPERANZA

Es muy importante ser positivo y estar seguro de que uno va a rehacer su vida. Yo me decía: "Sé que voy a rehacer mi vida, que voy a rehacer mi vida". Y así lo hice pero a la vez aprendí a comunicar mis sentimientos y, sobre todo, a darme tiempo. El tiempo de Dios no es el tiempo nuestro, sobre todo cuando uno está sufriendo por el inmenso dolor que es perder a un ser amado y te dicen que eso va a pasar; no lo crees, no lo puedes asimilar, no lo puedes entender. Pero el tiempo, la fe en Dios, la oración y la creencia de que nuestros seres queridos están con nosotros es lo que ayuda a salir adelante. Pero hay que darse tiempo. Las heridas del corazón toman tiempo en sanar. Pero llega la sanación en su debido momento.

NOVENA CARTA*
Xiomara
58 AÑOS

*A Sandra,
mi hija enferma*

Querida Sandrita:
Escucho en la radio y la televisión y leo en el diario sobre el caso de un niñito de tres años que fue maltratado por su madre hasta dejarlo tirado muerto en la calle. Hace sólo dos días que una bebita muere sin cerebro ni cráneo y sus padres que quieren donar sus órganos a otros niños lloran porque la ley no se lo permitió. La prensa les nombra "Baby Lollypop" al primero, y "Baby Theresa" a la bebita.
Estos casos me han hecho pensar en ti. Cuando naciste te trajeron a mí cubierta en pañales y frazaditas y yo, como la gran mayoría de las madres, te conté todos tus deditos, vi que eras completita, y me sentí feliz de que fueras "normal".
A los dos meses balbuceabas y reías maravillosamente. En una grabadora capté tus sonidos de bebita alegre y me deleitaba haciéndote cosquillas y conversando contigo. A los nueve meses te reías y decías adiós con tu manita. Al año, decías dos o tres monosílabos. Te desarrollabas normalmente, sin que nosotros sospecháramos que algo no estaba bien y venía caminando desde tu nacimiento. Al año y tres meses, estuviste una semana en el hospital de niños. Después de muchas pruebas y exámenes médicos, aún no sabíamos qué te pasaba. Al cabo de cinco años, mi tan esperada bebita, no caminaba, ni hablaba. Era un bebé que te-

---

* Del libro *Mi cruz llena de rosas*, de Xiomara Pagés. Miami, Ediciones Universal, 1996. También puede ver: www.xiomarapages.com.

nía retraso mental profundo y mil incapacidades físicas para el resto de su vida. Estabas perdiendo, poco a poco, las pocas habilidades que tenías, te hacías más rígida. Los médicos no sabían qué decir y yo estaba aterrorizada. Hubo quien me dijo que todo estaba bien, que tuviera paciencia; luego no podía creer que todo estuvo mal desde el principio. Sandra, fuiste diagnosticada por tu padre y luego por los médicos, con síndrome de RETT. Esta rara enfermedad ocurre solamente en niñas. Es un desorden del cerebro y aunque al principio se desarrollen normalmente, entre los seis y dieciocho meses comienzan a retrasarse en su desarrollo, lo cual les lleva a una condición de profundo retraso mental e incapacidad física completa. No hay causa conocida, tratamiento, ni cura. Hasta el momento se conocen unos tres o cuatro mil casos en el mundo entero.

Hoy, con casi doce años, mi linda bebita, no puedes hablar ni alimentarte solita. Usas pañales. No puedes caminar ni correr. Tomas medicamentos para controlar convulsiones epilépticas constantes y tu columna vertebral, tan encorvada, apenas si te permite respirar bien o sentarte derecha. Estás más susceptible a contraer infecciones urinarias y neumonías, causas por las cuales, muchas niñas con RETT han muerto ya. No sabemos cuánto tiempo vivirás entre nosotros, cómo vas a morir. Cada llamada telefónica que recibo de tus abuelas o de la nana que te cuida o, inclusive, de los terapistas o médicos para una simple pregunta, me hacen saltar el corazón, pensando que algo te ha pasado.

En algún estudio que leí sobre tu enfermedad, decía: "Es una definición médica complicada", pero no se trata de palabras médicas, se trata de niñas. Es de niñas... niñitas cuyas vidas están afectadas por esta severa enfermedad de RETT. Niñas que tienen que usar ruedas en vez de piernas, que sienten caer las gotas de lluvia, pero no comprenden la lluvia, que les gusta comer, pero no pueden hacerlo solas, que desean dar un abrazo, pero sus bracitos no pueden extenderse, que escuchan música y les gusta, pero no pueden cantar... Niñas, cuyos padres buscan renovar las esperanzas cada día. Mentes atrapadas dentro de un cuerpo que nunca les permitirá comunicarse o entender lo que el resto de nosotros tiene y no sabe apreciar. ¿Qué habría en la mente de Baby Lollypop?

¿Qué piensa o siente la mamá de Baby Lollypop...? ¿No apreciará nunca lo que Dios le dio...? ¿Qué siente la mamá y el papá de Baby Theresa? Dolor de haber perdido a su bebita y agradecimiento a Dios por habérsela llevado y por dejarles una misión que deben cumplir, ¡con solo días de su vida! Las leyes tienen que estudiar situaciones como éstas. Y yo, Sandra, yo que le doy gracias a Dios aún por tu vida, por la gran misión que traes contigo, pero que a veces desearía que te llevara con Él. El dolor que siento a veces es mucho y profundo. Hay quien cree que he hecho mucho por ti. No puedo hacer nada, solo aceptarte y quererte. Hay quienes piensan que ya me acostumbré a tu enfermedad. Una madre, una verdadera madre, jamás se acostumbrarará a ver a un hijo enfermarse y morir. Pero aun así, doy gracias a Dios por ti. La rosa es bella, ¡aunque nos pinchen las espinas!

Una vez más hablé contigo, te quiero siempre,
Tu mami.

MENSAJE DE FORTALEZA Y ESPERANZA

Una madre, aunque nunca se acostumbre al padecimiento de un hijo, sólo puede aceptarlo y quererlo y darle gracias a Dios. Las rosas son bellas aunque tengan espinas.

PÉRDIDA POR DIVORCIO

MÁS ALLÁ DE CÁLCULOS Y ARMADURAS
Ana
47 años

Aunque ahora es que me siento a escribirlo, le he dado vueltas a este tema en mi cabeza desde hace varios meses, cuando mi amiga Ligia me sugirió que compartiera mis sentimientos sobre el duelo. Su solicitud me ha servido como un ejercicio para discernir y reflexionar sobre dimensiones que no había visualizado antes.

Ligia me pidió que hablara del duelo, en un principio pensé escribir sobre el duelo causado por la muerte de mi padre (hace veinticinco años) y el de mi madre (hace cinco años). Fueron muertes súbitas, "golpes bajos de la vida" que me dejaron sin norte. Tengo cuarenta y ocho años y aunque se supone que los padres se mueren primero que uno, me encontré que a los cuarenta y tres ya no tenía papá ni mamá y eso me parecía muy injusto.

Luego Ligia me pidió que escribiera sobre otro tipo de duelo y me puse a la tarea de escribir sobre mi divorcio. Lo sorprendente que encontré es que, aunque de naturaleza distinta, ambos procesos tenían algunas similitudes que, al final de estas líneas, trataré de señalar.

EL DIVORCIO

No me casé muy joven, me casé de veintisiete años, aunque sin mucha experiencia. Estuve casada diez años y tuve dos hijos que en el momento del divorcio tenían cinco y diez años y hoy tienen dieciséis y veintiuno. Después del divorcio (que fue sólo el fin de una mala relación llena de infidelidades e irresponsabilidades por parte de mi pareja) mis hijos y yo no tenemos ninguna relación con quien fue mi pareja y para ellos es sólo el padre biológico. La historia ha sido una historia con un final feliz, porque mis hijos son excelentes hijos y, yo diría, muy buenas personas. El divorcio y la ausencia absoluta del padre les habrá dejado, sin dudas, algunas secuelas, pero creo que entre los tres hemos salido adelante.

Mi divorcio me vino de pronto, de pronto porque Mario —el padre de mis hijos— se fue de pronto, pero era sólo la crónica de una muerte anunciada, él había sido un infiel recurrente y simplemente se terminó de ir con otra señora, lo cual hizo la separación muy pública y vergonzosa para mí en ese momento. Además, en el proceso de divorcio hubo muchos pleitos legales, que incluyeron pleitos por la propiedad de la casa —que es mía y afortunadamente no perdí— y un endeudamiento económico que Mario me heredó de sus malos manejos y que yo tuve que asumir.

Digo que era la crónica de una muerte anunciada porque, además de sus recurrentes infidelidades, ausencias e irresponsabilidades hacia la familia, Mario y yo nos casamos sin conocernos mucho y viniendo de mundos sociales y económicos muy distintos.

El sentimiento más relevante de esta experiencia es la vergüenza, la sensación de repudio público que él me hizo, porque, aunque yo sabía que tenía un mal matrimonio, me aferré a seguir casada por la vergüenza que para mí representaba un divorcio.

Entonces, ahora pienso que ese duelo, más que un duelo por la pérdida del matrimonio, era un duelo por mí, era un duelo por el fracaso.

Creo que en este tipo de pérdida (distinta a la pérdida por muerte de un ser querido) uno se enfrenta a su propia derrota, hay, pues, cierta arrogancia en no aceptar que uno se equivocó.

Cuando uno pierde a un ser querido, la sensación de dolor debe pasar a la aceptación de esa realidad: el ser querido ya no está físicamente. En este caso debes dejar a un lado la arrogancia y aceptar tu condición de humanidad, que no sos infalible y que te has equivocado.

En el caso de la muerte de un ser querido la relación o el amor al ser querido continua de otra manera, decimos que estos seres amados siguen con nosotros.

En el caso de un divorcio, como yo lo viví, no se rescata nada de la relación con una persona que dejó una estela de daños y traiciones, entonces el cuestionamiento es hacia uno mismo por haber confiado en una persona de esa calaña, y es un cuestionamiento muy duro. Yo, por ejemplo, tenía mucha vergüenza con mis hijos por el padre que les había dado. Mucho dolor de haberme equivocado en la empresa más personal de la vida, el matrimonio y tener hijos.

Otros elemento que puedo distinguir es el miedo: miedo a que él me hiciera daño legal o económico o me ofendiera y, ante todo, vergüenza.

Hoy, a más de diez años, no queda nada. Es como un episodio de mi vida que ocurrió para que nacieran mis hijos de los que me siento padre y madre, y a los que me siento íntimamente ligada y queda una sensación de haber ido a una guerra en la que aprendí mucho, ante todo, la humildad de que me puedo equivocar y levantarme y seguir adelante.

Yo diría, pues, que hay en el duelo, distintas sensaciones y etapas que son: negación-rabia; vergüenza; aceptación; crecimiento y paz interior.

Mensaje de fortaleza y esperanza

En las pérdidas, crecemos, nos hacemos más humildes, nos vemos en nuestra condición de humanidad —no somos infalibles— y esa sensación creo que te acerca a Dios, a un ser supremo que va más allá de nosotros y de todos los cálculos y armaduras que nos imponemos.

El dolor siempre pasa
Francisco
25 años

Hace poco más de un año perdí a mi mujer y a mi niño adoptivo, ya que ella, simplemente, dejó de quererme. Yo me di cuenta de esto por su cambio de actitud. Al percibir la situación dejé de ser fuerte pero caí en una intensa depresión. Para mí fue muy importante la ayuda de mi familia, ya que dejé de comer y dormir. No deseaba ni bañarme ni rasurarme. Empecé a tomar y a fumar en demasía. Deseaba morir y dejé de creer que Dios nos ama como todos dicen.

Aunque fueron tiempos muy duros ya lidié totalmente con esta pérdida y me siento totalmente sanado, ya que mi familia me ayudó tremendamente y conocí a un ángel que me sacó del hoyo. Aprendí mucho con esta pérdida ya que soy mucho mejor hombre que antes.

Mensaje de fortaleza y esperanza

No hay mal que dure cien años. Resiste el dolor ya que éste pasa con el transcurso del tiempo; algunas veces tarda mucho... pero siempre pasa.

MIENTRAS VOY CRECIENDO
María
48 años

En junio de 2006 fui a la linda fiestecita de quince años de mi sobrina Analucía, lo que trajo a mi mente el recuerdo de su nacimiento; justo en ese momento moría, después de casi diez años, mi matrimonio.

Para entonces, el mundo se desplomaba, eso no podía estar pasando en mi vida, uno se casaba para siempre y el divorcio era algo que se oía que pasaba, pero nunca hubiera imaginado que lo estaba viviendo en carne propia.

La psicóloga decía que esta separación iba a afectar a los niños, pues en ese momento —ocho años de Josefina y siete de Alejandro— al menor le correspondía ligarse al padre para aprender a jugar su rol de género y ellos quedaban conmigo en medio de muchas rebeldías y chantajes.

Otra psicóloga decía que mi autoestima tendía a bajar en tales circunstancias, pero que no debía subestimarme.

Las razones de tal desenlace fueron varias, pero creo que podría resumirlas, filosóficamente hablando, en que el amor, admiración y el respeto alzaron vuelo.

Ese infinito dolor y finalmente su aceptación ahora me permiten ver la vida desde otra óptica.

Recorriendo desde las vidas de Catherine, descritas en el libro *Muchas vidas, muchos maestros*, de Brian Weiss, hasta la leyenda personal de Paulo Coelho en *El alquimista*, y de otras y más elevadas lecciones de vida y amor, puedo concluir que lo que a uno le toca vivir no es sino un efecto, una cosecha del pasado para aprender lecciones y pasar las pruebas de la escuela de la vida.

Este pasaje de vida, que en un momento significó lo peor, me permite ahora haber crecido un poco, la vida es de instantes, el dolor nos puede parecer interminable, pero siempre encuentra su consuelo y remedio en el tiempo, esto quisiera calarlo en lo más profundo del corazón de Alsacia, una compañera de colegio que hoy está viviendo un gran dolor por la pérdida de su hijo.

Los venideros cumpleaños de mi sobrina Analucía traerán siempre a mi memoria esa relación, porque cada año se suma uno más al hecho de estar sola. Pero en la canción *¡Cómo duele!* —un tanto machista pero que encaja bien aquí— el gran cantautor Armando Manzanero dice: "Si alguna vez jugué al amor en esta vida... / si en ese tiempo de mis años inconscientes / quedó alguien lastimado... / si hubo un amor que sin reservas me dio todo / y lo di por ignorado, / ya está saldado, lo estoy pagando".

Sé que en esta vida en tiempos difíciles voy aligerando la maleta. Se dice que de la risa no se aprende nada, en cambio, el dolor empluma nuestras alas.

No puedo más que dar gracias a Dios por mi vida, mis hijos y por todo lo que me rodea.

Mensaje de fortaleza y esperanza

Espero haber transmitido a quien lea estas letras que los dolores pasan, que nos dejan muchas enseñanzas, aunque en el preciso momento que los vivimos no nos parezca así y dudemos de un futuro encaminado hacia mayores conquistas. Observemos el pasado como una oportunidad, no como una pesada carga en nuestros hombros, así lo veo yo, María, desde el corazón de América.

UN EVENTO QUE CAMBIÓ MI VIDA
Gwen
68 años

Después de una semana de arduo trabajo en St. Clair Travel, en O'Fallon, Illinois, regresé a mi casa un viernes en la noche para encontrarla, como era frecuente, vacía. Mi esposo Charlie, un piloto de la Fuerza Aérea, se encontraba nuevamente de vuelo. Me preparé un martini y empecé a trabajar en un programa de viaje a un nuevo centro turístico en Utah, el que facilitaría para el St. Louis Ski Club, cuando el teléfono comenzó a sonar. Escuché cierta angustia en la voz de mi madre e inmediatamente supe que algo terrible había ocurrido. La noticia que estaba por escuchar cambiaría mi vida. Me dijo que tomara asiento. El ejército había llamado en referencia a mi hermano David, quien era sargento, estacionado en Stuttgart, Alemania. David tenía una esposa alemana, Karla, y un hijo de siete años: Ronnie. Temí que algo le hubiera sucedido a mi hermano David.

A mi madre le habían comunicado que Karla y Ronnie viajaban de noche en un carro con unos amigos, planeaban darle una sorpresa a David al asistir a su ceremonia de graduación en la escuela NCO. El carro, que iba a gran velocidad, chocó contra una barricada y otro carro. Siete personas murieron, incluyendo a Karla y al pequeño Ronnie.

Mis padres me pidieron que viajara a Alemania para estar con mi hermano y ayudarlo en el funeral que se llevaría a cabo en Berlín, el lugar de nacimiento de la familia de Karla. Mi esposo me subió en el avión esa misma noche y partí hacia una pesadilla.

Mi hermano David, quien no sabía que Karla y Ronnie estaban viajando, no pudo lidiar con la noticia. Él insistía en ver a Karla y a Ronnie en la morgue. Cuando logró verlas, perdió la cabeza. La mayoría de los eventos que se suscitaron en Alemania todavía hoy están borrosos. Lo que sí recuerdo es que tuvimos que recurrir a sedantes para ayudar a mi hermano a enfrentar el funeral. Después de una corta estada en Berlín, ayudé a mi esposo a salir del apartamento y encontrar un nuevo lugar para vivir. El estrés y el clima, tan frío que te calaba los huesos, me dejó con una gran gripe. El cigarrillo y el alcohol tampoco ayudaban mucho.

Este trauma me dejó sin pensar siquiera la posibilidad de volver con mi esposo a nuestro matrimonio tan disfuncional. Regresé a Wisconsin, a la casa de mis padres, para compartir con ellos el duelo.

Pero no pude ignorar lo inevitable. Finalmente, todavía enferma, regresé a casa, donde mi esposo. La pérdida de los seres queridos me llevó a comprender cuán corta es la vida y a hacer nuevos planes para mi futuro. Finalmente nuestro matrimonio terminó. Por muy largo tiempo no había disfrutado de la vida, no había sido feliz.

Entonces tuve que hacer lo más difícil de mi vida: empezar de nuevo, encontrar un lugar que pudiese llamar mi hogar y una nueva vida. Recuperé mis fuerzas junto a mis padres en Wisconsin, cerca del lago Michigan, pero hubo muchos días en los cuales sentía que no podía más y deseaba solamente manejar hacia el lago. Pero aun así, con gran determinación y el apoyo familiar y de amistades, empecé el viaje hacia mi nueva vida. Aunque no sabía con certeza mi destino, no me arrepentí de iniciar el nuevo viaje.

MENSAJE DE FORTALEZA Y ESPERANZA

La vida es muy corta para quedarse con una relación infeliz y nunca es tarde para iniciar el viaje a una nueva vida.

LO QUE FUE Y NO ES
Xonia
58 años

Uno se casa pensando que es por amor que las personas se unen. También por lo religioso. Yo pensaba con amor sobre lo que es el matrimonio, la familia y el hogar. En la iglesia trabajaba mucho ayudando a los demás, pero en mi matrimonio había muchos problemas desde el comienzo, en realidad, no guardo rencores ya que mi deseo es aprender de la lección. Desde el principio hubo en mí problemas de carácter pero aun así creo que yo amé a mi ex esposo más saludablemente de lo que él me amó a mí. No digo que no me amó, me amó a su modo, pero un amor un poco enfermo, un amor demasiado dominante, un amor que quería acapararlo todo para él. En el momento en el cual yo llego a ser escritora, a publicar libros y a ser oradora, él empezó a sentir celos profesionales por su propia inseguridad. Él era médico, pero cuando yo lo conocí estaba estudiando y yo lo ayudé hasta donde tenía que llegar, pues era el bienestar de la familia, el bienestar del hogar, el bienestar de los hijos o, por lo menos, así lo interpreté yo. Desde el principio traté de acoplarme a un carácter diferente al mío, ya que veníamos de dos hogares diferentes.

Yo pensaba que la mujer tenía que ser buena, decente y que tenía que ir virgen al matrimonio, según esa sociedad en la cual me educaron. A él también lo criaron en esa misma concepción, pero él esperaba una mujer anulada por completo, una mujer que lo apoyara en todo pero que permaneciera invisible, y yo..., ¡yo no puedo pasar por invisible! Tengo carácter y lo primero que él me propuso en el matrimonio es que no podía mantener mis amistades, lo mismo mi suegra, ya que nos aconsejaba que teníamos que mantenernos alejados de amigas y amigos. Pero yo no quería vivir la vida metida en una urna. Con mi suegro, por el contrario, yo me llevaba muy bien, él era callado, no hablaba. La mamá de mi marido era muy protectora, entonces él tenía una mezcla de amor y odio a la mamá y lo proyectaba hacia las mujeres. Yo, por lo contrario, crecí en un ambiente muy saludable de amor y comunicación. Mi esposo no podía comunicarse, se callaba los sentimientos por lo tanto en mi matrimonio no tuve esa apertura a la que yo estaba acostumbrada. Pero en mis equivocaciones pensé que si yo amaba y era buena yo podría lograr cambiar las cosas negativas de esa parte que no funcionaba en la relación. Hice muchos sacrificios personales y, a la vez, me preguntaba por qué fallaba. En medio de todo eso tuvimos tres hijos y me nace una niña enferma. Entonces decido involucrarme en la iglesia. Yo no puedo decir que en mi matrimonio no se trató de que funcionara, ya que hasta fuimos a consejería de matrimonio. Muchas veces él se ausentaba, en aquel momento pensé que era por cuestiones de trabajo, después me di cuenta que no sólo por trabajo estaba ausente. Yo siempre he dado, dado y dado sin recibir, hasta que comprendí que yo también quería recibir, pues en mi vida siempre me encontraba dando, dando y dando. Hija, esposa y madre número uno. Al cumplir veinticinco años de casada quise celebrar las bodas de plata y le propuse a mi marido hacer una reunión en la casa y me dijo que no, incluso me prohibió invitar a mis dos mejores amigas. Y hoy yo me pregunto por qué le permití eso. La verdad es que evitaba a toda costa la discordia.

    Pedimos a los sacerdotes que nos celebraran las bodas de plata pero ninguno quería hacerlo porque consideraban que nuestra relación no lo ameritaba. Yo era la que lo hacía todo, a pesar de que no era tan practicante era yo quien unía a la familia para las cosas de la iglesia. Hasta que me di cuenta de que lo que yo ponía era una fachada. Entonces le dije un día: "Nosotros estamos viviendo una mentira". Es que, aunque ayudábamos a otros, en nuestro hogar mi esposo no hacía nada por ayudar. Él era violento y abusivo verbalmente y yo guardo cicatrices de todo eso. Si yo hubiese bajado la guardia un poco pienso que él me hubiera llegado a golpear. En una ocasión fue tanto lo que me agredió verbalmente que me llevó contra la pared y yo me sentí muy mal, pues a mí me gusta la paz. Mi meta en la vida es tener paz interior, porque la gente habla de la paz del mundo pero si tú no empiezas por tener paz dentro de ti cómo vas a llevar paz a alguna parte. Entonces ese día había una gritería terrible, pues él se violentaba por cualquier cosa, y yo preocupada porque los niños no escucharan, yo no sabía qué hacer, cómo decirle a él que se controlara, que no gritara más, que mis nervios no daban más.

Pasó todo esto y al fin llega el momento del divorcio, porque el día que cumplo los veinticinco años de casada, después de una reunión familiar, me encuentro sola, abriendo los regalitos. Él se encontraba durmiendo y mis hijos habían salido. Y pensé: "Estoy sola en mi veinticinco aniversario, abriendo los regalos para una pareja". Y empecé a llorar sola y nunca se me olvidará que puse en el tocadiscos a José Luis Perales: "Ahora que todos se han ido a dormir veo que no me queda nada". Pero en la canción él dice: "(…) no me queda nada pero me quedas tú". Y yo digo: "Pero a mí no me queda nada, he dado tanto, he hecho tanto que estoy sentada aquí sola". Y es ahí cuando yo me cuestiono, pues yo le había escrito una carta para los veinticinco años de casados donde le decía: "no sé cuánto tú has pagado por estar a mi lado, pero yo sí sé que he pagado un precio muy alto por estar al lado tuyo". Se la di y estoy segura de que ni la tocó.

Al mes siguiente fuimos a Europa con los muchachos a celebrar los veinticinco años. Fue bonito por lo que compartimos con los muchachos, pero estando en París algo dentro de mí me dijo: "Estoy en París, en la ciudad de los enamorados pero con la compañía equivocada. Después de eso me senté a hablar con él y le dije: "¿Sabes que...? Yo ya no te amo". Y yo soy una persona que amo y para decir que dejé de amar es mucho. Le continué diciendo: "Yo te he dado ya todos los avisos y me he sentado contigo y si te digo ya no te amo... no doy marcha atrás". Él me miró y su primera reacción fue decirme: "Pero gorda, ¡no puede ser!". Y yo le dije: "No hablemos de sexo que siempre fue muy defectuoso, pero pasas cuatro y cinco meses sin tocarme el hombro, sin decir ¡Qué bueno que lograste eso! ¡Qué orgulloso estoy de ti! ¡Un beso!".

Con este divorcio aprendí a no eliminarme como ser humano. Cuando yo le dije a mi esposo que había dejado de amarlo, me dice: "Lo que pasa es que tú tienes a otro". Eso fue en julio de 1999. De julio de 1999 a mayo del 2002, cuando al fin planteo el divorcio, entonces fue peor, muy violento, problemático, conflictivo, lo alargó más de lo necesario, no le interesó perder dinero con la venta de la casa con tal de hacerme daño, me amenazó con quitarme la custodia de mi hija enferma, me puso un investigador privado, hizo tantas, tantas cosas y ni siquiera le guardo rencor, yo oro todos los días para que Dios lo ayude: "Señor, dale paz a su alma, que vea los errores que ha cometido, no para que venga a pedirme perdón a mí, a mí ni me interesa".

Pero reconozco que quise, que lo amé verdad, con una dedicación y una entrega tan grande que yo no creo que él la llegue a valorar. Cuando yo le hablé eso duró casi tres años, cuando viene el divorcio y llega el momento de los abogado y los papeles, que yo tengo el papel "Disolución de matrimonio", ya en la corte, cuando salgo de la oficina de mediación, el abogado me pregunta si estaba bien, le digo que sí, pero cuando mi ex se fue en el carro comprendí: estoy divorciada, soy una mujer divorciada algo que yo nunca pensé que sería, pues mis planes habían sido estar sentada en un sillón, dando besos, cogida de la mano del viejito que me iba a acompañar, jugando con los nietos... Tal vez estúpido, pero ése era mi sueño y luché con todo mi corazón para que ese sueño se hiciera realidad, pero nunca lo tendré... ésa fue mi pérdida... no que lo perdiera a él, pues he ganado muchas cosas, no le guardo rencor, pero no olvido. Pero yo tengo que saber lo que he vivido para saber adonde voy, pues esta basura no la quiero de nuevo en mi vida. Pero al ver a mi hermana con su familia en sus actividades pienso que algo así hubiera querido tener y nunca lo tendré... Yo me casé para toda la vida, para no cansarme de darle amor al hombre que yo quería. En el divorcio él me dijo: "¿Sabes que tú eres la mujer que yo siempre amaré?". Y yo pensé: "¿Cómo puedes tú querer a una persona y a la vez hacerle tanto daño?". A mí me ayudó una tía que sufrió un divorcio y me acuerdo que yo tenía catorce años y la oía sollozando, al preguntarle el porqué me dijo: "Porque nos estamos divorciando", dijo, y agregó algo que nunca olvidaré: "Yo di con este hombre, pero todos no son iguales", eso me ayudó a conllevar mi divorcio.

No hay que tenerse lástima, uno debe preguntarse: "¿Por qué yo no?". Tengo amigas que no se han casado y no tendrán el viejito al lado de ellas. Pero también me doy cuenta de todo lo que tengo que agradecer: no tengo un cáncer, tengo recursos y a veces, cuando me siento mal, escribo las cosas por las que tengo que dar gracias por lo que tengo, por mis hijos, por mi inteligencia, mis recursos y por la fe que tengo a pesar de todo. Miro lo bueno que me rodea, por ejemplo veo el clóset y digo: "¡Qué bueno!, ¡lo tengo para mí sola y nadie me va a decir lo que tengo que hacer en mi casa!". Es mi casa... y estas ventajas las veo, me gustaría tener una persona que me acompañara en mi caminar, una pareja con quien compartir y hablar al mismo nivel, sin filtros, maduramente, pero para estar casada con quien estuve casada, prefiero estar sola. Empiezas a ver lo que has ganado. Actualmente no me importa la opinión de los demás. Me cansé de ser la última en la lista y escogí ser la primera. Me di cuenta de que nadie me va a ser feliz, y es uno de los consejos que le doy a las personas que sufren esto: nadie te hace feliz, uno tiene que aprender a ser feliz. Todavía con la niña enferma y ya divorciada, algunas veces hasta apretada de dinero, yo me digo: "¡Soy feliz!", y me levanto en la mañana y a lo mejor lloro porque extraño a mi madre Mima, pero siempre hay alguien a quien pueda llamar y decirle: "Oye, estoy dolida...", y a lo mejor encuentro a la persona que me ayuda y comprende, a lo mejor me dice algo que no quiero oír, pero después me hace pensar en su mensaje.

Recuerdo que cuando estábamos pasando por el divorcio mi esposo me preguntó qué pensaba hacer y yo le puse la canción *Demasiado herida*, de Paloma San Basilio, porque yo tenía que pasar por esa necesaria etapa de duelo. Primero la desesperación; luego, el llanto; después, la negación y el remordimiento cuando me preguntaba: "¿Me quedó algo por hacer?", pero reconozco que no me quedaron remordimientos.

Mensaje de fortaleza y esperanza

Yo le aconsejo a todo el que haya pasado por un divorcio que rehaga su vida y llore; mucha gente dice que no hay que llorar, pero creo que eso es un proceso que tienes que pasar, pero no lo alargues más de la cuenta. Otra cosa que me ayudó muchísimo es saber que cuento con gente que me quiere. Hay que tener siempre presente que al final del túnel... ¡siempre hay una luz!

Mi propio renacimiento
Margarita
45 años

Todo empezó a los dos años de estar casada. Mi esposo Juan se fue de viaje a Republica Dominicana, supuestamente por un asunto de negocios y aunque yo estaba de vacaciones ni siquiera me sugirió que lo acompañase. Mientras Juan se encontraba de viaje salí con mi hermano al cine. Mi hermano me preguntó si no me parecía extraño que mi esposo no me hubiera llevado en el viaje. Yo ni siquiera le contesté y empecé a llorar y me di cuenta que alguien había puesto en palabras lo que yo estaba pensando ya que mi ex esposo y yo teníamos problemas en el matrimonio, sobre todo de comunicación. Cuando él regresó, lo recogí en el aeropuerto y de pronto le pregunte: "¿Cómo está tu novia?". Él se hizo el ofendido y aseguró no tener a nadie. En la noche yo no podía dormir, me encontraba inquieta, me levanté y noté que su billetera estaba encima del mueble de la cocina. La abrí y encontré un recibo de hotel. Llamé por teléfono al hotel fingiendo haber estado ahí y haber perdido algo. En el hotel me confirmaron que sí, que Juan había estado ahí "con la señora", pero que no habían encontrado nada. Mientras yo estaba hablando con la gente del hotel Juan se levanta y me oye hablando por teléfono. En ese momento yo estaba confirmando lo que yo ya sabía y que él me había negado. Al colgar el teléfono lo confronté y tuvimos una gran discusión. Él, sin mucho aceptar, se dio cuenta de que yo lo había descubierto y esa noche fue muy dura, yo no dormí y él se quedó afuera. Me fui a la casa de mis padres, pero aun así, regresaba a casa con deseos de investigar qué pasaba. Me di cuenta de que él mentía. Al final encontré fotos dedicadas a Juan de una señorita y otras cosas más. A la semana y media hablamos de nuevo y él me dijo que eso había sido un error, que nunca más volvería a suceder pues no era lo que él deseaba y volvimos a estar juntos y yo cometí el error de meter el asunto debajo de la cama. No volví a hablar de ello. Quise dejar atrás lo que había pasado y continuar con la vida que llevaba hasta entonces, sin arreglar lo que no estaba bien, sin querer ver lo que sucedía, luchando por mi lugar, pero él seguía haciendo de las suyas ya que yo seguía descubriendo cosas. Lo anterior sucedió en julio. En el siguiente febrero encontré otro recibo delatador, ya que me había enviado flores a mí y, a la vez, también le había enviado flores a otra persona. Llamé a la floristería y me di cuenta de que había enviado esas flores a alguien que se encontraba en un país que recientemente había visitado. Me fui de nuevo de casa y a las dos semanas volvimos a hablar y de nuevo se repitió la historia y volví con él.

Al pensar sobre todo esto, ahora comprendo que yo me casé con esta persona porque creía que era la persona ideal e iba a hacer todo lo posible para que el matrimonio funcionara. Estoy consciente de que él me anulaba un poco, yo era su esposa, pero no me sentía como que era yo. A pesar de todo decidimos que trataríamos una vez más y por un tiempo fuimos a terapia individual y como pareja pero no logramos resolver nada en concreto. Seguimos con la rutina y en ese tiempo empecé a escribir. Me di cuenta de que en medio de mi dolor podía escribir ya que podía expresar lo que sentía y escribí unos cuantos poemas. Al enseñárselos solamente me dijo: "Están bonitos". En silencio los guardé, y comprendí lo cerrado que era y lo decepcionada que me sentía de sus acciones.

Seguí escribiendo cuando había alguna fecha especial y pasó el tiempo. Pasaron tres años. Corrió el tiempo, las cosas no mejoraron como pareja pero estábamos juntos. Nos llevábamos muy bien, nunca nos peleábamos, todo era muy armónico. A los tres años todavía sentía que la relación no era como yo la quería. Muchas veces que compartíamos con mi familia, mi hermano estaba allí y en una de esas ocasiones me vuelve a preguntar mi hermano: "¿Tú no crees que tu esposo esté teniendo una aventura?". Y al decirme esto de nuevo experimenté el mismo sentimiento que había sentido tres años atrás. No le dije nada pero empecé de nuevo con mis investigaciones. En ese momento me sentía muy indignada, mi orgullo de mujer estaba herido. Empecé a observarlo y vi cambios en la manera de vestir, en el constante uso del celular, en el comportamiento en general. Una vez me llama su secretaria, que era mi mejor amiga, y me dice que Juan le pedía el carro prestado en horas de trabajo y se ausentaba por algunas horas. Entonces yo empecé a chequear el teléfono y descubrí que en un solo día había hecho once llamadas al mismo número de teléfono. Y empezaron a pasar cosas de forma muy rápida.

En ese tiempo me fui con mi familia a visitar nuestro país; él debía llegar un par de días después, pero para nuestro asombro, al ir a recogerlo al aeropuerto nos dimos cuenta de que no había efectuado el viaje. Lo llamé al celular para preguntarle qué había pasado y con una voz de enojo me reclamó el porqué lo había llamado al celular. Lo encontré a la defensiva. Continué con mi viaje pero yo me quedé inquieta pues sabía que algo estaba pasando. Cuando regresé a Miami me recogió en el aeropuerto pero de una manera muy fría y hasta su apariencia había cambiado, ya que lucía un collar, tipo adolescente, en el cuello. Esa noche conversamos y yo le pregunté si estaba teniendo una aventura lo cual él negó enfáticamente.

Yo me enfermé del estomago, era el 4 de julio y él se fue a celebrar con amistades sin importarle mi dolencia física. Me sentí terrible pues me sentía traicionada. Lo notaba incómodo y como que se quería alejar. Seguían las cosas muy tensas. El día del cumpleaños de una amiga, al disponerme a escribirle una tarjeta saco mi libro donde estaban todos los poemas y empiezo a leer los poemas que había escrito tres años atrás y empiezo a llorar, pues me dije a mi misma: "Yo me siento hoy igual que me sentí hace tres años y... ¿ha mejorado en algo este matrimonio? ¡Nada!".

Él pasó por la puerta en ese momento y me encontró escribiendo la tarjeta. Venía, supuestamente, de terapia. Al verlo le pregunté: "¿Fuiste a la terapia?". Me respondió: "Ninguna terapia nos va a ayudar". "No —le respondí—, especialmente si andas con alguien", y finalmente lo aceptó y me dijo: "Sí, ando con una persona y me gusta mucho". Entonces le dije: "Si ése es el caso, hoy nos divorciamos". Ese día decidimos divorciarnos. Él quería que yo me desapareciera y empezamos las negociaciones, en las cuales lo que más me dolía, más que perderlo a él, era el miedo de "no voy a poder", el miedo de estar ya oficialmente divorciada y pensar qué podría pasar, tenía mucha incertidumbre y me afectaba muchísimo ser una mujer divorciada. A pesar de que mi matrimonio no funcionaba a mí me gustaba la idea de estar casada. Me gustaba tener un matrimonio aunque no funcionara, pero por fuera se veía muy bonito, perfecto. Me daba miedo todo, veía el futuro negro y me preguntaba "¿Ahora, qué va a pasar?", como si él fuera lo único en mi vida que me tenía viva. Pasé mucho tiempo arreglando cosas legales. Él dormía en la casa pero en otro cuarto, hasta que finalmente se fue. Cuando llegábamos a hablar era una situación muy tensa ya que peleábamos muchísimo. Yo no seguí siendo la sumisa, la que siempre entendía, la que siempre cedía, me convertí en una mujer más agresiva y no le permitía que las cosas se hicieran a su manera. Ya no más. Ahora era a mi manera. Me salió una fuerza interna que nunca pensé que tenía. Reconozco que tuve que pasar por todos los miedos primeramente para llegar a esa posición de seguridad. Me di cuenta de que sí se podía. Y que una vez que pasara todo ese mal rato iba a estar bien. Entonces me empecé a poner más fuerte y si tenía que hablar con alguien lo hacía; me tocó ir adonde los abogados y sentarme frente a él y oírlo decir "No la quiero", y me tocó oír cosas que me molestaban oír, pero pensé "No me importa, en este punto no me va a herir".

Entonces encontré, justo en ese momento, un contador que fue un ángel, él peleó por mí, me dio mucha fuerza, me convenció de que el divorcio era una gestión que se iba a acabar y que yo saldría adelante. Pues yo pensaba que todo eso sería horrible. Y me di cuenta, poco a poco, de que no lo era. Yo, en mi matrimonio, me sentí muy sola, alejada de él, y poco a poco me vi tomando forma como mujer y como mujer divorciada. Una nueva identidad. Otra cosa que me ayudó muchísimo fueron mis amigas, mi familia y gente que iba conociendo, encontrándolas, como al contador. El abogado que encontré, después de buscar muchísimo, también fue un ángel. Y mucha gente que estaba a mi alrededor me fue ayudando. Y, después de meses, empecé a ver todo de colores. Manejaba y veía las calles y me sorprendía de que antes no me percataba de lo lindo que estaba todo, ¡tan verde! "Ahora ya no tengo a nadie —pensaba— y me van a hacer falta los viajes". Pensaba en las cosas materiales que extrañaría y que creía que no iba a tener sin él. Pero al mismo tiempo sentía una libertad y vi el mundo diferente, veía diferente a la gente. Considero que antes no le ponía atención a la gente, estaban ahí, pero como que no las veía. Pues cuando esto pasó, esa gente se creció. Y me dieron mucho más de lo que yo podría recibir en mi matrimonio, entonces tenía todo lo que necesitaba emocionalmente. Tenía a mi familia, gente constantemente llamándome, que dónde estaba, que cómo estaba, casi nunca estaba sola y yo sí creo que siempre he podido estar sola, o sea que no necesito estar constantemente con gente. Pero en ese tiempo cuando estaba con mis amistades, mi familia, me sentía que estaba con ellos, que yo me volvía más real, más que ellos, pues ellos siempre lo habían sido. Recuerdo una vez que al hablar con un amigo, conocido a través de otra persona, le pregunté el porqué antes no me hablaba. Me contestó: "Porque no te veía". Y yo, después de eso, me quedé pensando... ¡Ni yo misma me veía! Yo era la esposa de alguien a quien yo había puesto en un pedestal y ahora me pregunto el porqué. Yo, en realidad, había estado a su lado para hacerle la vida más fácil a él, no a la mía. Y entonces, poco a poco, empecé a salir de la sombra donde estaba y a coger color. Yo pienso que la pérdida de mi matrimonio me dio lo que soy en la actualidad. Porque si no, hubiera continuado siendo una sombra. Ahora siento que soy una persona mucho más presente en otros aspectos de mi vida. En mis relaciones con mis amigas sé que soy más comunicativa. Ahora sé que no es un delito pasar por una pérdida de esa manera, que no es un delito que te dejen porque no te quieran. Apenas me divorcié, comencé a odiar el trabajo, y ahora lo aprecio muchísimo y me gusta mucho más y sé lo que puedo hacer con mi trabajo. Antes solamente iba al trabajo pero no era parte de mí, ahora me doy cuenta de que es parte de lo que yo soy. Me doy cuenta de que me transformé en una persona que tiene control sobre las cosas. No debemos ser pasivas ni tomar la vida como viene, ¡no!, hay que cambiarla, hay que tener la capacidad de hacer la vida como uno quiere. Yo sí quería estar casada, pero no me sentía realizada ni como esposa ni como mujer, y ahora sí, ahora siento que estoy realizada como mujer, como amiga, como parte de una fuerza de trabajo, como parte de una sociedad, no como antes, que me sentía una sombra. En eso cambió mi vida.

Mensaje de fortaleza y esperanza

Es importante sentir el dolor de una pérdida, honrarlo y saber que con el tiempo de ese dolor va a salir un fruto, el renacimiento de una persona que estaba en un lugar donde no tenía que estar o que si tuvo que estar, pasó ese momento. Pero es importante saber que en el futuro vendrán cosas buenas pues uno crece de una experiencia dolorosa. Es necesario mantenerse presente en todas las etapas y utilizar todo este aprendizaje para cualquier experiencia futura.

PÉRDIDA DE TRABAJO

CUANDO SE CIERRA UNA PUERTA DIOS NOS ABRE UNA VENTANA
Maricarmen
62 años

Soy de origen cubano y llegué a Miami muy jovencita, eran quince años los que yo tenía. No hablaba inglés y eso me obstaculizó ir a la escuela. No tuve la suerte de aprender inglés pues yo ya vine casada y me tuve que dedicar a trabajar muy duro para levantar mi hogar, pues en aquellos años era muy difícil salir adelante.

Al venir aquí uno tenía que trabajar muy duro para mantenerse. A los pocos años de estar en Miami empecé a ir por las noches a una escuela a aprender lo elemental del inglés con una profesora cubana. Entonces comencé a trabajar con un norteamericano, pues yo siempre he sido muy atrevida. Nunca le he tenido miedo a nada, entonces así empecé con mis clases de inglés, fui mejorando en los trabajos hasta que en el año 1978 me divorcié del papá de mis niñas y una de mis hijas decidió irse a vivir con él. Yo tuve que tomar una decisión, según me dijo el psicólogo en ese tiempo. Tenía que decidir o ser más madre o ser más mujer. Yo decidí ser más mujer que madre en aquel momento e ingresé en la universidad, pues me dije: "Si yo voy a divorciarme no voy a vivir toda la vida trabajando en una factoría". Yo no quería eso para mi futuro. Yo tenía que avanzar, progresar, y entonces fui a la universidad. Trabajaba tiempo completo y estudiaba tiempo completo. Mi semana empezaba los sábados. Para poder ir a la universidad limpiaba casas en la mañana y entraba a la universidad a la una de la tarde, donde tomaba dos clases. Entonces, entre semana iba cuatro días a la universidad. Terminé mi carrera en cuatro años. Estudié Administración de Empresas y soy contadora. Eso sucedió a los treinta y siete años y con un inglés muy limitado. Pasé mucho trabajo pues una lección que a otra persona le tomaba tres horas a mí me tomaba seis y media. Fue muy fuerte pero yo me enfoqué y cuando terminé de estudiar me gradué *Magna cum laude*.

Dejé el trabajo donde ganaba diez dólares la hora pues deseaba entrar en el engranaje de las oficinas desde abajo, ya que no quería seguir trabajando en la factoría. Al yo terminar mi carrera una amiga me consiguió un trabajo con un médico cubano que me pagaba un salario mínimo. Pero tuve la oportunidad de aprender cómo se lleva una oficina. A los seis meses decidí dejar eso y, a través de una prima mía, se me presentó la oportunidad de trabajar en un banco. Tomé el trabajo y a los tres o cuatro meses traté de ver si podía subir de posición y al cabo de seis meses entré al Departamento de Contabilidad. Luego entré al Departamento de Certificado de Depósitos y fui subiendo y subiendo, fui cajera, gerente y encargada de brindar servicios al público. Trabajé por un tiempo y vi la oportunidad de ser gerente de oficina. Ahí fue donde conocí a mi esposo. Trabajé muchos años en un banco muy reconocido en la Florida. Ganaba $123.000 al año. Eso fue en 1999. Pero compraron el banco y la nueva póliza no aceptaba obreros con nexos matrimoniales y mi ex esposo y yo trabajábamos juntos. Fue entonces que me hicieron una proposición en un banco latino y me fui con ellos. Luego, al cabo de seis meses me despidieron ya que trajeron a una persona que era amiga de los dueños del banco y me dieron un paquete de compensación para que yo no hablara. Mi esposo en ese tiempo trabajaba todavía en la banca. Por esa razón decidí no tomar ninguna acción legal. Firmé un papel donde yo me tenía que callar la boca y me dieron cuatro meses de sueldo. Entonces quedé tan traumatizada con lo que me había pasado que no podía buscar trabajo. Temblaba ante la idea y tuve que buscar ayuda médica. Me encontraba en un hueco y no podía salir. Económicamente eran tiempos muy difíciles pues había muchos problemas en la banca y yo no encontraba trabajo. Empecé a buscar y buscar y nada. Luego mi hija me ofreció un trabajo en una agencia de seguro. Tres años después ella decidió vender ese negocio y entró al negocio de franquicias de restaurantes. Yo les manejaba las tiendas a ellos. Pasé de ser una ejecutiva a atender una tienda de sándwiches. Yo me encargaba desde preparar los sándwiches hasta limpiar los baños. Cuando uno es jefe, uno debe dar el ejemplo. Por lo tanto si yo veía que el baño estaba sucio y las muchachas que hacían sándwiches estaban ocupadas, yo lo hacía y nunca me dio pena. No me dio vergüenza ya que lo hacía con mucho honor.

En ese tiempo me partí los pies y empecé a tener problemas con las piernas. Luego trabajé en una compañía de seguros por tres años. Al poco tiempo me puse a trabajar de contadora con una persona excelente y, aunque ganaba la mitad de lo que ganaba en el banco, me tuve que adaptar a ello. Y me acordé de lo que me dijo la juez cuando me fui a bancarrota: "Tú nunca ganarás lo mismo". Y al verme el pelo con canas me aconsejó que me tiñera el pelo para poder conseguir trabajo. Y hasta hoy, nunca he olvidado sus palabras.

Todo esto que he vivido ha sido un crecimiento ante todo espiritual, Dios no nos abandona, siempre está con nosotros. La gran fe que tengo fue lo que me ayudó en todo momento, pues sin fe uno no puede salir adelante. Es muy duro a veces darse cuenta de que cuando uno está bien... tienes muchas amistades. Después, si te va mal, muy pocas personas están a tu lado. El teléfono deja de sonar. Las personas se olvidan de ti. Eso afecta mucho a uno, ya después pasa pero en ese momento duele mucho. Nunca volví a saber de las amistades que estaban al lado mío. También sucede que cuando las personas ven que alguien está pasando una situación dura a veces se alejan por pena, las dejan, no le hablan de eso y no se dan cuenta del daño que le hacen a esa persona. Es muy importante la presencia. El saber que alguien viene y te dice: "Estoy aquí".

Mensaje de fortaleza y esperanza

Ten presente que, ante todo, hay que mantener la fe pues Dios está con uno. Y nunca olvides buscar personas que te ayuden, ya sea en grupos de apoyo de tipo profesional o integrado por familiares o amigos. Pero no lo enfrentes solo. Todo el amor que tengas hacia los demás, entrégalo y siempre dale gracias a Dios por lo que tienes y lo que no tienes. Aunque no se te haya dado todavía, tienes que darle gracias a Dios. Pues llegará en su momento... no cuando tú lo quieras, sino cuando Él lo quiera. Y recuerda que "siempre ganamos cuando nuestra actitud es positiva, perder nos hace crecer, y crecer incrementa nuestra humildad y sabiduría, lo cual nos da la felicidad de ser siempre un ganador".

Si una puerta se cierra, otra se abre
Cristina
28 años

El día 22 de diciembre, después de la fiesta navideña de la compañía donde trabajaba, me llevé uno de lo golpes más duros de mi vida. Mi cuñado Carlos Alberto, que era también mi jefe, intentó besarme en el elevador del edificio. Llena de asombro lo rechacé bruscamente y le pregunté qué le pasaba, que si se le olvidaba que yo era la hermana de su esposa. Le dije, además, que estaba pasado de tragos y que me dejara tranquila. Él, sin hacer caso de mi reacción, intentó besarme una vez más, diciéndome que por mucho tiempo me había deseado y que ésa era la razón por la cual me había ofrecido trabajo. Sin dar crédito a sus palabras, salí corriendo del edificio jurando que no lo vovería a ver.

Al llegar a mi apartamento me tiré en la cama y lloré desconsoladamente. "¿Cómo iba ahora a enfrentar a mi hermana?", me preguntaba. En dos días celebrábamos la cena navideña en su casa y yo debería compartir con mi familia. Pasé en vela toda la noche, sintiéndome ultrajada y a la vez dolida por mi hermana, por estar casada con un hombre tan bajo.

Además, estaba el problema del trabajo. ¿Qué haría? ¡Yo no deseaba regresar allá! Pero tenía que hacer los pagos correspondientes al préstamo universitario, al apartamento y también los del carro, en fin... ¡los gastos necesarios para vivir!

A la mañana siguiente me levanté muy temprano y decidí que pasara lo que pasara no regresaría a la compañía.

Yo me sentía capacitada para conseguir un nuevo empleo. Tomaría esos días, hasta fin de año, para buscar trabajo. Aprovecharía el tiempo. Pero... no sabía qué hacer con la situación familiar.

Me fui al gimnasio llena de rabia y a la vez de temor pues sentía que algo malo iba a pasar.

Esa mañana mi hermana me llamó y me preguntó si la ayudaría para la cena de Nochebuena. Simulé estar enferma y le dije que no creía poder ayudarla ya que me sentía con fiebre y como con comienzo de gripe. Había planeado no asistir a la reunión familiar. No quería ver a mi cuñado y no sabía cómo podría disimular ante la situación. No quise echar a perder la cena familiar. Bueno... pasó la cena y pasaron las vacaciones. Cuando empezó el año y al ver que no regresaba al trabajo, un martes por la mañana Carlos Alberto me llamó para ver qué sucedía. Le anuncié que nunca regresaría a trabajar para él y que si me volvía a llamar se lo decía todo a mi hermana. Él se puso sumamente molesto y me aseguró que él se encargaría de que yo no pudiese conseguir empleo. No le hice caso pero sus palabras fueron una profecía... Envié más de ochenta resúmenes y llamé a muchísimos lugares de empleo, al principio me daban cita pero luego me la cancelaban. Así pasaron tres meses y yo ya estaba desesperada pues se me estaban acabando mis ahorros. Necesitaba pagar la renta del próximo mes y simplemente no sabía a quien recurrir. Me sentía frustrada, deprimida y sin deseos de levantarme de la cama. Empecé a pasar los días frente al televisor. No quería hablar con mi familia ni con mis amigos. Al cabo de una semana me desperté una madrugada, me miré al espejo y me dije: "Tú tienes que salir de ésta, tú puedes hacerlo". A la mañana siguiente llamé a una amiga que trabajaba con Mary Kay, la compañía de productos de belleza, y aunque no tenía experiencia en ventas, decidí probar. No iba a limitarme. Así empecé una carrera que poco a poco me fue sacando del hueco donde me encontraba. Sentí mucho apoyo entre mis compañeras ya que me acogieron de una forma muy afectiva. Me aprendí todos los nombres de los productos y lo que ofrecían, practicaba día y noche frente al espejo y al cabo de tres semanas hice mi primera venta. Eso era lo que necesitaba. De ahí en adelante me sentí segura de mí y llegué a sobrepasar mis metas. Actualmente me siento competente y a la vez capaz de superar cualquier crisis. Ahora también me siento capacitada para confrontar a mi cuñado y decirle a mi hermana lo que pasó. Sé que será muy difícil pero lo tengo que hacer por mí y por ella. Comprendí que nunca más en la vida me sentiré temerosa ante ningún hombre ni ninguna adversidad. Aprendí que soy capaz de valerme y de luchar por lo que deseo.

Mensaje de fortaleza y esperanza

Nunca permitas que te domine el miedo y cree siempre en ti. A veces se nos cierra una puerta pero se nos abren otras más grandes. El perder un trabajo no tiene que ser el fin del mundo, puede ser el comienzo de un mundo con mayor sentido.

PÉRDIDA DE LA PATRIA

LA VIDA, COMO EL MUNDO, GIRA
Cecilia
64 años

Considero que la pérdida más grande que he tenido fue haber salido de mi país hace cuarenta y cuatro años. En ese tiempo estaba embarazada de tres meses y me fui con mi esposo a Brasil. Contaba con sólo veinte años y dejé a toda mi familia, entre ellos, mis padres, hermanos y abuelos. Fue muy difícil para mí ya que me faltaba mi familia y la soledad era muy grande, ni siquiera tenía amigos ni hablaba el idioma. Parada en el balcón veía llegar al cartero y con gran rapidez corría a recibirlo, ya que me encontraba ávida de recibir noticias de mis padres y otros familiares. Buscaba con quien hablar de mis cosas espirituales y a la vez mi vientre crecía y le hablaba mucho a mi bebé, ya que era como un bálsamo dentro de la gran soledad, pero poco a poco empezamos, mi esposo y yo, a tener amigos.

A pesar de que contaba con veinte años era de carácter fuerte y acepté que vivía en otro país junto a mi marido, que esperábamos un hijo y que había que seguir. Otros lo habían hecho, ¿por qué no yo? Después de mucho tiempo regresé a mi país, pero al cabo de dos años partí nuevamente. Mi esposo con su espíritu maravilloso logró llenar todos los vacíos y cuando llegó mi hija fue emocionante. Viajé a mi país para tenerla y estar con la familia pero luego partí de nuevo y seguí con mi vida. Hoy, siendo abuela, siento con plenitud el pasado ya que es una bella historia.

Actualmente no tengo problemas, pues ya me acostumbré y como todo en la vida da vueltas, ahora me quedé sola con mi esposo, ya que mis hijos y nietos se fueron del país. Con todas estas experiencias aprendí que el día que mis hijos se fueran no sufriría tanto como cuando yo me fui de mi país. Las cosas de la vida son una rueda y todo lo que se va, vuelve.

Al salir de mi patria mi vida se transformó de tal forma que cada vez que vuelvo a mi tierra siento que toco un pedacito de mi alma, pero a la vez ahora tengo mi patria de adopción, que la quiero porque aquí nacieron mis nietos.

MENSAJE DE FORTALEZA Y ESPERANZA

Tengan fuerza y coraje, ya que la vida, como el mundo, gira, y uno tiene que ser fuerte para enfrentar sus idas y vueltas. Si tienes a tu lado quien te apoye y se mantienen juntos tendrás gran fortaleza. El mundo será tuyo a pesar de que tus seres queridos se encuentren lejos.

MEMORIAS DE UN DESTERRADO
Gabriel
66 años

La mayor pérdida que yo he sufrido en mi vida es, posiblemente, el no poder regresar a Cuba, el lugar donde crecí y disfruté de mi juventud, pues yo no puedo regresar. Salí en 1972, pues fue entonces que tuve derecho a salir legalmente, ya que mi salida fue suspendida durante trece años. Traté de salir por primera vez en 1960 y lo logré en enero de 1972, ya que un funcionario de alto rango se enamoró de mi casa e hizo las gestiones necesarias para mi salida. Salí por avión cuando tenía treinta y un años. Salí con mi madre, mi mujer y una tía de mi mujer. Todavía recuerdo vívidamente el momento de la partida. El aeropuerto internacional de La Habana queda como a veinticinco minutos de la ciudad. Mi padre manejaba muy despacio, todo lo contrario a como lo hacía habitualmente, fue la única vez que lo vi manejar a una velocidad inferior a la de todo el mundo. Comprendí en ese momento que él estaba tratando de estirar el momento para que ese viaje fuera lo más largo posible, puesto que era la última vez que íbamos a estar juntos. Yo entendía esa parte, pero de eso no se hablaba. No se decía: "Me voy... ¡No te vuelvo a ver más!", "¡Ésta es la última vez...!", no, nosotros nos desarrollamos en un ambiente emocional muy rígido... Las cosas se experimentaban, pero no se hacía alarde de esas cosas. Mis padres se habían divorciado, y como mi padre se había vuelto a casar se quedó en Cuba con su mujer.

Teníamos que estar en el aeropuerto a las 6:20 a. m. Cuando iba en aquel automóvil, a pesar de todas las ganas que yo tenía de irme, consideré que en ese momento yo no tenía derecho de decirle a mi padre que se apurara, no tenía derecho a decirle que íbamos a llegar tarde. Ése era el único día que no podía decirle eso. Al llegar al aeropuerto nos metieron, como a las siete de la mañana, en "la pecera", un salón rodeado de cristales, donde nos devolvieron el pasaporte y el equipaje que llevábamos, el único que nos permitían llevar: una maletita de once pulgadas de largo por aproximadamente ocho de ancho y ocho de alto, donde llevabas lo que pudiera caber ahí: unas medias, un juego de ropa interior, una camisa y, si cabía, un pantalón.

De esa pecera salimos a las 2:45 p. m. sin tomar ni agua. Nos montamos en el avión y despegamos a las tres de la tarde. Me despedí de mi padre en una puerta de vidrio y recuerdo que estando parado allí, cuando uno no sabe qué va a decir y tiene un nudo en la garganta, los dos estábamos perfectamente conscientes de que lo más probable era que jamás nos volveríamos a ver. Hablar por teléfono, quizás, volvernos a ver... ¡nunca! De eso estábamos conscientes los dos. Él me puso las manos en los hombros y me dijo: "Quiero pedirte un favor". Y yo me pregunté: "¿Qué me dirá el viejo ahora?".

—Lo único que te quiero pedir es que jamás regreses de turista.

—¿De turista?

—¡No! ¡Jamás regreses de turista! —me dijo y yo sabía lo que él me estaba diciendo, yo podía regresar pero no en plan de visitante. Yo podía regresar en otro plan. Yo sé que él no me hubiera recibido en su casa. Recuerdo que despegamos a las tres de la tarde del 9 de enero y llegamos a Madrid al día siguiente, puesto que en ese momento sólo había tres lugares a donde uno podía aspirar a ir: Jamaica, México y España. Yo no sabía para dónde íbamos a ir, yo sé que había comprado los pasajes de ida y vuelta, pues salíamos con visa de turista y al llegar a España solicitabas estatus de refugiado político. Comprendí que había dejado mi país en el momento en que el avión recogió el tren de aterrizaje y se elevó sobre la pista. Yo estuve llorando inconteniblemente hasta que cruzamos por encima de Puerto Rico. No es que yo estuviese histérico, era algo incontrolable de la misma forma que la risa puede ser incontrolable, yo no podía dejar de llorar, pues fue recoger todo lo hecho, pensado y conocido durante treinta y un años, meterlo en un cartucho y tirarlo al mar. Yo sentí que me iba de Cuba con lo que tenía puesto... En esos momentos no pensé si llevaba conocimientos, pues no estás contento porque al fin te vas de allí, pues yo no me quería ir. Pero las cosas estaban enredadas y tenía que aprovechar esa ocasión.

Mi madre, con setenta y un años y una salud muy quebrada, murió al año de haber salido, en España, donde está enterrada. Cuando llegamos a España la hermana de mi mujer nos había reservado dos habitaciones en una pensión. El dolor es tan grande que es como llevar una cicatriz en el rostro.

Me acuerdo, cuando llegué a Madrid, de uno de los días más tristes que yo he pasado. De inmediato solicitamos la permanencia, no como asilados políticos, eso fue una gestión que se hizo luego. Yo me fui de España el 9 de octubre de 1974, a tres meses de cumplir tres años allá, y nos fuimos a New Jersey, ya que entramos a Estados Unidos a través de una prima mía que vivía en esa ciudad, y en ese tiempo te tenías que ir a vivir al lugar donde vivía la persona que te había reclamado. Vivimos allá del 9 de octubre de 1974 al 8 de enero de 1977, cuando vine a Miami. Aquí había muchos cubanos y me trasladé a Miami porque los gastos en el norte eran muy altos.

Vine sólo para verla como plaza laboral y me quedé trabajando inmediatamente. Pero no vine con el afán de estar en Miami, cada vez que tú sales del lugar que has considerado tu ambiente durante tantos años lo mismo te da vivir en Australia, que en Nueva Zelanda, que en la Argentina, que en Miami. Donde quiera que vayas tú eres un extranjero. El único lugar donde yo llegué a pensar que yo era parte de la gente fue Madrid. Yo no me sentía como extranjero, los extranjeros eran los turistas. Yo me vestía igual que ellos, hablaba igual que ellos, pensaba igual que ellos. Pero al llegar aquí a Miami hice algunas amistades y lograba hablar tranquilamente con ellos.

Cuando yo salí de Cuba yo no vine a los Estados Unidos con la intención de lograr una vida nueva. Yo lo que he hecho es sobrevivir llevando la misma vida, pues es diferente ser emigrante que ser exiliado. Pienso que muchas personas que llegan a un país extraño a empezar una nueva vida son emigrantes económicos, una gran mayoría de ellos no deja su país por un concepto político. Es diferente salir por un concepto económico ya que uno trata de lograr algo mejor. Yo no vine a los Estados Unidos buscando una vida mejor. Lo que sí recuerdo es que al llegar a España fui capaz, después de mucho tiempo, de dormir tranquilo en la noche.

Para mí todo fue muy desagradable, pero comprendo que fue una de las temperaturas que se les da al hierro para tratar de forjarlo. Yo no escogí estar donde estoy, he llegado siguiendo un rastro, la vida me ha cogido de la mano y me ha llevado a donde estoy.

Pienso que he salido adelante por la fe religiosa. Creo en un Ser Supremo, hablo con Él a cada rato, le llamo Dios, pero le podría llamar de cualquier manera, sé que hay alguien que está por encima, alguien que a lo mejor me puede resolver las cosas, alguien con quien puedo quejarme y a quien agradecer. Yo me le quejo y le doy las gracias en la misma forma en que los hijos idealmente hablan con los padres, para agradecerles y para quejarse, sobre lo que les pasa en la vida. Ésa es la forma como yo hablo con el Ser Supremo. Esto me ha ayudado para tener a alguien a quien referirme pues no hay algo más desagradable que sentirse solo.

MENSAJE DE FORTALEZA Y ESPERANZA

Si existe algo que deseo comunicar a las personas que se encuentren en situaciones como la mía, es que, aunque se encuentren fuera de la patria, no olviden jamás de dónde vinieron, pues es la única forma de saber hacia donde van.

Una celebración a la vida
Baldo
51 años

Al perder la visión de futuro sobre mi país de origen estoy sufriendo la mayor de las pérdidas. Esta pérdida inicialmente se produjo de forma legal a través de unas elecciones presidenciales. Nunca pensé, como una gran mayoría, que las cosas, en un momento dado, podrían ir peor. Pero comprendí que la vida es un estado de cambio perpetuo, por lo cual las cosas siempre van a cambiar hacia algo mejor o peor, dependiendo del desarrollo de los factores y a consecuencia de decisiones o posiciones tomadas.

Al comprobar la nueva situación sentí mucho malestar, molestia y frustración que compartí con mi familia. Sentía mucha tensión y nerviosismo a la vez.

En el aspecto espiritual y religioso el choque fue fuerte al constatar que valores y principios que considero un derecho sagrado como es el de la libertad, entran en abierta contradicción con los que pregona el nuevo régimen. Esto me ocasionó una profunda tristeza y me hizo sentir una sensación de pérdida y vacío a la vez.

Pero comprendo que, día a día, uno va aprendiendo a convivir con estos estados de ánimo que son solamente capítulos en progreso de un libro sin terminar.

Lo que me ha ayudado a conllevar esta pérdida es mantenerme al día con el desarrollo de los acontecimientos y debatir y hablar sobre alternativas para el futuro.

Me di cuenta de que no me ha ayudado el mantenerme dando vueltas en un sitio, invirtiendo mucho tiempo al tratar de analizar y comprender el porqué de las cosas que suceden cuando uno no tiene control de las mismas.

He aprendido que el tiempo y la manera como uno encara las cosas van a determinar, en mayor o menor instancia, el aprendizaje que se realiza de éstas.

La transformación que he experimentado en mi vida, debido a esta pérdida, es que mi poder de observación se ha incrementado así como la manera de interpretar/analizar posiciones opuestas o divergentes.

Mensaje de fortaleza y esperanza

Todo pasa y se puede ver con distintas tonalidades, dependiendo de factores como el tiempo transcurrido y el espacio desde donde se observa.

La vida es muy corta y hay que celebrarla, por lo cual propongo, independientemente de cualquier pérdida personal, siempre orientarnos para hacer que nuestro paso por el mundo sea una continua celebración a la vida.

PÉRDIDA DE MASCOTA

MI PERRITA PINKY
Myriam,
44 años

Conocí a Pinky en 1988. En ese entonces yo vivía en Coconut Grove, un hermoso barrio en Miami. Eran aproximadamente las cinco de la tarde cuando bajé a la calle con una amiga y la vi. Parecía perdida. Le comenté a mi amiga esta impresión y ella me instó a seguir camino. Me costó. La volví a mirar una vez más y me quedé flechada por sus ojos color miel, al parecer tristes y desesperados.

Esa noche fui a un asado en la casa de un amigo y traje algunos restos de comida para la perrita, si es que la volvía a ver. Dicho y hecho. Al llegar a mi casa, ella estaba dando vueltas por el edificio. La dejé entrar y le di comida. La adopté de inmediato. En ese tiempo yo estaba muy mal. Sufría de una espantosa adicción al alcohol y la droga. Esta perrita, que llamé Pinky (pues en ese momento yo era fanática del grupo de rock Pink Floyd), me despertó fibras del corazón que hacía rato estaban dormidas.

Desde ese momento nos hicimos inseparables. Pinky comenzó a llenar ese agujero tan profundo, reflejo de un horrible vacío emocional que padecía. Nuestra amistad empezó a darle sentido a mi existencia. Toda mi vida me había sentido acosada de una espantosa sensación de soledad. Pinkita se convirtió desde el principio en incondicional amiga y maestra excepcional. Vino a mi vida a enseñarme a querer y a perdonar, a preocuparme más por otros, a reír, a jugar, a tomarme las cosas con más humor. Me forzó a disfrutar del aire libre, a caminar, a entablar conversaciones con vecinos, a oler el pasto recién cortado y sentirme privilegiada de estar viva y poder gozar de tales experiencias. A Pinky le fascinaba nadar en el lago, correr, tirarse en el pasto y darse un masaje en la espalda. Lo gozaba tanto que yo me lanzaba también, ¡y pude entender la razón de tanto goce! Pinky disfrutaba al tratar de atrapar ardillas, bichos y cualquier cosa que se moviera, ya que tenía un instinto recogedor. Amaba a los niños y ellos le reciprocaban el cariño. Y fue clave en ayudarme a superar la adicción.

 Al cabo de unos años, Pinky desarrolló displasia de las caderas, lo que la llevó a caminar con dificultad. La operé de ambos lados y se recuperó. Esto le extendió la calidad de vida, pero a los cinco o seis años volvieron los padecimientos. Llegó a ponerse tan mal que una señora amiga me sugirió "ponerla a dormir". Me enfurecí ante tal proposición pero con el correr de los días y un pronóstico negativo y cada vez peor del veterinario, tuve que analizarme el alma y consultar con mi Dios. Llegué a la conclusión de que podía tomar la decisión antes negada fuertemente. La pobre perdió la movilidad total de las patas traseras, defecaba y orinaba sobre ella misma. Me miraba como avergonzada y verla perder su dignidad me rasgaba el alma.

 Tuve muchísimo conflicto, pero finalmente tomé la decisión que ella no podía. Durante los días previos a la eutanasia, lloré sin remedio por la inevitable despedida.

Comencé el duelo en los últimos días de su vida. Finalmente, llegó el tan temido día. Patricia, mi íntima amiga, me acompañó a la consulta del veterinario y me dio la mano y me abrazó mientras solté a mi Pinkita en ese triste, inolvidable sábado 22 de septiembre de 2002. Me llevó meses superar la profunda tristeza de esta amiga única con quien compartí tantos años. Cada perrito que veía me recordaba a Pinky y, si se parecía a ella, daba rienda suelta a un pilón de lágrimas.

Me sentí conectada con su alma y podía vibrarla a la luz de la luna y en el esplendor de la hierba sobre la que a veces me recostaba y rasgaba mi espalda pensando en ella.

Una amiga muy querida, que es artista especializada en cerámicas, me regaló un recipiente donde colocar sus cenizas. Decidí darle un homenaje y me reuní con unas amistades que la habían conocido muy bien y pasamos una tarde entera recordando historias de "mi niña". Que Dios la tiene en su Gloria para siempre, y cuya memoria hoy me sigue trayendo lágrimas y sonrisas.

Mensaje de fortaleza y esperanza

Si has sufrido la muerte de una mascota que te fue muy querida y aún te sobrecoge el dolor, te sugiero que elabores un ritual en su memoria ya que este acto ayuda muchísimo en el proceso de sanación. No suprimas tus sentimientos, al contrario, compártelos con personas que te quieran y que comprendan tu pérdida.

REFLEXIONES
SOBRE LA VIDA Y LA MUERTE
Belkis
64 años

Nunca mejor que el tiempo de las Navidades, en medio de la alegría de las celebraciones por el nacimiento del Niño Jesús, para reflexionar sobre la vida y la muerte, el destino, la familia y Dios.

A algunos les podrá parecer desproporcionado y absurdo el que esta reflexión de que hablo ahora me la haya inspirado muy en especial la muerte de Pattern, mi querido perrito, un datshun (salchicha) que estuvo nueve años a mi lado, día y noche, compartiendo a veces hasta la silla en que me siento frente a la computadora. Cuando de súbito nos vemos privados de la presencia de algo tan cercano y querido, el corazón responde con una extraña mezcla de dolor, desconsuelo e incredulidad, que con los días va dando paso a otro sentimiento, el de la resignación dolorosa y forzada, pero nunca el olvido. Es el momento en que aquel "polvo eres y en polvo te convertirás" se revela en toda su dimensión bíblica.

¿Pero somos sólo eso, polvo? ¿Y al polvo volvemos para seguir viviendo en la naturaleza misma, para hacernos árbol, río, fruto, viento y nieve; para hacernos nube? Pattern murió en mis brazos, de un ataque al corazón, el jueves 30 de noviembre al mediodía. Afuera había aún hielo en las calles, y la clínica del veterinario quedaba a unas cuadras. No tuve tiempo más que para intentar darle vida con mis gritos desesperados y mi llanto. Murió, como les digo, sin que pudiera hacer nada. Pero lo más terrible fue vivir su muerte, su agonía; sentir su estertor, su corazón que estallaba, su cabecita finalmente cayendo desmadejada sobre mi pecho. Yo no podía creerlo; yo, como nos sucede a todos, no creo en la muerte, no la acepto, y quizás no la aceptaré nunca.

Por eso creo en la resurrección en Cristo, por eso creo en ese Cielo que, esté donde esté, es un sitio de eterna paz en el que viviremos bajo la gloria de Dios. La mayoría de las religiones niegan que los animales tengan alma. Pero mi experiencia personal de tantos años junto a ellos me hace pensar que si existen, si respiran, poseen también alma, palabra que en definitiva viene del vocablo "ánima", que es soplo, energía, vida. "Son ángeles, Belkis", me comentaba un querido amigo, no tanto para darme consuelo, sino por convicción, que yo también comparto. Sí, perros y gatos, y quizás otros como ellos del reino animal, son ángeles que Dios nos envía para compartir nuestra vida y ayudarnos. En mi caso, puedo asegurarles que Pattern oía por mí esos sonidos que me estaban prohibidos desde que en 1968 perdí mucha de mi capacidad auditiva.

Aún con las lágrimas rodando sobre mis mejillas, puse a Pattern sobre mi cama y le tomé varias fotos. Pero todavía no he tenido el valor de verlas. Aunque conservo algunas suyas tomadas a lo largo de todos estos años, quise retener la imagen última de mi querido amigo. Recién llegado a casa, con dos meses, había aparecido junto a mí en Linden Lane Magazine y, extrañamente, también en el número de verano, ilustrando mis poemas (www.lacasazul.org, entrar donde dice *Linden Lane Magazine*).

Como la lluvia y la escarcha, que todo lo habían teñido de súbito, podrían continuar, decidí pedirle ayuda al vecino de enfrente para enterrarlo en mi traspatio, bajando los escalones, donde también yacen mis no menos queridas

Lucky y Jackie, y la gata Chiquitica. No conocía a Glen, era nuevo en el barrio, pero armado de pala y resguardado del frío intenso no tuvo reparos en abrir la tierra que recibiría a Pattern. Para mi sorpresa, Boomer, mi husky, apareció de pronto y se acercó al cuerpo sin vida de Pattern. Vi cómo lo tocaba con su hocico, quizás dándole un beso de despedida.

Glen me preguntó si quería rezarle antes de cerrar la tumba, y me ayudó a bajar los escalones cubiertos de hielo. Fue hermosa y triste a la vez aquella ceremonia de celebración a la vida de Pattern, aquella oración de agradecimiento por haberlo enviado junto a mí y por el amor que me demostró. Di gracias al cielo y temblorosa aún por las lágrimas subí los escalones y entré de nuevo en la casa. Sí, fue un gran momento de tristeza, sólo perturbado por la mirada expectante, de asombro, que descubrí en todos mis gatos, reunidos ahora en un extraño ritual. ¿Sabían acaso lo que estaba pasando? Claro que sí, me lo decían sus ojos. Y el cielo.

Mensaje de fortaleza y esperanza

La mayoría de las religiones niegan que los animales tengan alma, pero yo creo que sí la tienen. Si viven y sienten, si manifiestan alegría o pesar, ¿por qué no han de tener alma? Nuestras mascotas son ángeles que Dios nos envía para compartir nuestra vida y ayudarnos.

Pérdida de la niñez

Una pérdida inolvidable
Jessica
37 años

Al pensar en la mayor pérdida que he sufrido podría comenzar hablando de la muerte, pues es algo que siempre relacionamos con la palabra "pérdida". Podría ser la muerte de mis abuelos, o de mi mejor amiga, hace aproximadamente cuatro años, que realmente me hizo sentir muy mal, pero no es lo que busco expresar con mi historia.

Me gustaría hablar de la niñez, esa creo que sería la mayor pérdida que personalmente he sufrido.

Recuerdo esta etapa como la mejor de mi vida, aunque no cabe duda de que cada etapa tiene su encanto, cuando se es joven, porque estás en la edad de disfrutar; cuando estudias, porque tienes una gran oportunidad; cuando te casas, porque vas a formar una linda familia; cuando tus hijos nacen, porque los disfrutas; cuando tus hijos crecen, porque les enseñas; cuando trabajas, porque te da seguridad; cuando maduras, porque eres un poco más sabio; cuando envejeces, porque es tu etapa tranquila, y cuando mueres, porque es la ley de la vida.

Cuando era niña recuerdo que pasaba el día sonriendo, siempre he sido muy risueña, pero aquella sonrisa sí que la disfrutaba de verdad. Desde que amanecía hasta que anochecía pensaba que la vida era un juego, que reunirme con cada uno de mis amigos, compañeros de todos los días, era lo mejor de lo mejor.

Mi vida con todas sus grandes complicaciones seguía siendo linda.

Gracias a Dios siempre tuve de todo, creo que nunca hubo algo que me faltara, por lo menos eso he creído hasta ahora, puesto que lo que no se tiene no te hace falta, y aunque me sobraran juguetes por todas partes, nunca dejé que esto limitara mi gran imaginación.

Utilizaba todo lo que había a mi alrededor (arena, palitos, botes viejos y hojas de árboles, entre otras cosas del entorno), y no sé cómo, pero siempre conseguía darle el mejor uso, y no era otro que pasarme una tarde llena de alegría con mis amigos.

El mejor mes del año era diciembre, pues venía el niñito Jesús a dejar los regalos. ¡Vaya cantidad de reuniones que hacíamos para hacer recuento de los buenos actos durante el año!, pues estaba claro que aquel que no hubiera sido bueno pocas sorpresas iba a tener esas Navidades.

Creo que fue una niñez tan bonita que puedo darme el lujo de decir que si he vivido algún momento malo, ya ni lo recuerdo, pues me criaron en un ambiente de amor y cariño y eso tapaba cualquier cosa que pudiera oscurecer el mayor tesoro de un ser humano, que no es otro que su inocencia.

Creo que con estas pocas palabras dejo claro que cada persona tiene un camino que recorrer, y que por él irá dejando muchas cosas atrás, y si algún día un genio saliera de una lámpara y me preguntara que si quiero un deseo, yo con seguridad le diría: "Volver a mi niñez", pues como siempre me ha dicho mi padre "niño se es sólo una vez".

Actualmente soy una mujer "hecha y derecha", con un bonito hogar, unos hijos que aunque den los dolores de cabeza típicos de su edad son mi mayor orgullo, y un marido del cual, por suerte, no tengo de qué quejarme.

Puede parecer un cuento de hadas, pues todo es muy bonito, pero la verdad que para llegar aquí he ganado pero también he tenido que perder muchas cosas en mi vida.

La niñez es algo que dejamos todos pues es lo lógico dentro del ciclo de la vida, pero de ella, como es en mi caso, saco lo mejor para aplicarlo en la actualidad.

Cada una de esas interminables travesuras que hice de pequeña, hoy me sirven de ejemplo.

Esa sonrisa que tuve siempre cuando era niña, procuro conservarla, pues en situaciones difíciles me mantiene a flote, y lo mejor es que, indirectamente, contagio a aquel que está a mi lado.

Aquella "no vergüenza" que me invadía cuando patinaba por las tardes, es la que aplico en muchas ocasiones para conseguir lo que quiero.

Ese conjunto de coronas, palitos, arena, hojas y ramas que utilizaba para dar rienda suelta a mi imaginación, son los que me enseñaron a ser una persona trabajadora, a saber luchar por las cosas y tratar de salir adelante en los problemas, buscando siempre su lado positivo, aunque no lo tenga.

Sigo cantando, cuando me ducho, también en un karaoke o con mis amigos; sigo pensando que en Nochebuena viene el niñito Jesús, ¡que más da si es mentira o verdad! ¡El creer en algo te hace feliz!

Mensaje de fortaleza y esperanza

He sabido vencer situaciones muy duras, pero considero que el hecho de estar vivo, de que se nos dé esta gran oportunidad, es suficiente para dar gracias por lo que tenemos, pues partiendo de este hecho, todo lo que forjemos a nuestro alrededor es cosa de uno mismo y, sobre todo, vivir ya es de por sí "un gran regalo".

PÉRDIDA DE LA AMISTAD

SER BUENA AMIGA REQUIERE ESFUERZO
Isabel
20 años

Entre las cualidades más valiosas de una amiga están la honestidad y el apoyo, pero estas cualidades, en realidad, son difíciles de encontrar.

Siempre es temible el hecho de ser la nueva chica de la secundaria. De pronto te encuentras con cientos de caras nuevas que, al conocerlas, te provoca preguntarte si llegarán a ser tus amigas. Aparte de estar conociendo a todas estas personas, estás tratando de encontrar la manera de ajustarte a la nueva escuela, incluyendo los edificios y la cantidad de trabajo.

Entré al noveno grado con una actitud positiva, deseosa de conocer nuevas amistades que me ayudarían a ajustarme a mi nueva vida en la escuela secundaria. Inmediatamente conocí a un grupo de agradables chicas, cuyos nombres me tomó casi dos semanas recordar. ¡No me ayudó que había unas trillizas en mi clase! La chica más amistosa que conocí era también la más alborotada, su nombre es Sarah. El noveno grado se caracterizó por mi gran amistad con ella. Compartíamos las mismas clases, almorzábamos juntas todos los días y nos quedábamos a dormir una en la casa de la otra todos los fines de semana. Es decir, nos convertimos de inmediato en las mejores amigas, intercambiando secretos y chismes y hablando por teléfono durante horas.

Era fantástico tener una amiga como ella; cuando reprobé mi primer examen de Química, ella estuvo a mi lado para decirme que a otra gente le pasaba también y no significaba que yo no estaba apta para la materia. Si yo tenía algún problema serio —que pensaba tenía que resolverlo inmediatamente y me parecía que el mundo se acabaría si no lo resolvía— ella estaba dispuesta a dejar cualquier cosa que estuviera haciendo para hablar conmigo. Similarmente, yo estaba a su lado cada vez que ella peleaba con su familia, trataba de darle valor para que les hablara a los chicos que le gustaban y estuve presente en todas sus actuaciones dramáticas en la escuela, en las cuales le aplaudía con mucho entusiasmo. También yo estuve a su lado cuando luchó contra la imagen de su cuerpo y la baja autoestima.

Ser una buena amiga requiere mucho esfuerzo; tienes que estar dispuesta a sacrificar mucho por esa persona; no tener ni un ápice de egoísmo, apoyar y ser adaptable. No es fácil a veces y todo el mundo comete errores. Es por eso que cuando Sarah comenzó a manifestar hostilidad cuando empecé a salir con mi nuevo novio, lo atribuí a problemas de ajuste, tal vez hasta de celos, y lo dejé pasar. Yo pensé que tal vez ella estaba amargada porque su novio acababa de terminar con ella. El tiempo pasaba, y se me hizo claro que Sarah no solamente tenía problemas conmigo.

Ella inventó rumores y constantemente mentía a mis espaldas. Mis otras amigas le empezaron a creer, lo cual hizo la situación todavía más estresante y yo me empecé a preguntar sobre la validez de nuestra amistad. ¿Valdría la pena tratar de arreglar las cosas entre nosotras? Se me hizo bien claro que las cosas nunca iban a cambiar después de la quinta o sexta vez que la confronté y le pedí que fuera comprensiva. Me había prometido, como siempre, que me iba a apoyar. Pero las mentiras aumentaron y fue entonces cuando al fin comprendí que Sarah no era ya la persona de la cual yo había sido amiga. Eso también fue palpable cuando ella se volcó a otras actividades recreacionales que no me atraían, debido a su naturaleza peligrosa y perjudicial. Yo ya no tenía nada en común con ella. Además, ella empezó a desarrollar una urgencia por llamar la atención, la cual culminaba cada día a la hora del almuerzo cuando les presentaba sus monólogos personales a mitad de la clase. Las cosas que decía no eran cosas que la Sarah de antes hubiera dicho, y todos lo empezaron a notar.

Mientras más nos acercábamos al término del año y a nuestra graduación, más feliz me ponía pues ya pronto no tendría que verla más. El hecho que me sintiera de esa forma por alguien a quien antes consideraba como mi hermana, me ha llenado de mucha tristeza. A veces me pregunto si tal vez escogí a la persona equivocada para que fuera mi amiga en el noveno grado. Creo que si hubiera visto algún indicio de su personalidad tal vez hubiera vislumbrado lo que iba a suceder. Sin embargo, otras veces me remonto al noveno grado y me sorprende lo diferente que era ella, simplemente no puedo percibir esas feas características en la Sarah de entonces. Ella era una persona diferente, pero la gente definitivamente cambia.

Afortunadamente, durante mi primer año universitario en Carolina del Norte, me hice de una amiga maravillosa que me apoyaba en todo, me consolaba cuando yo estaba nostálgica por mi hogar y mi familia, y me demostró su naturaleza totalmente carente de egoísmo. Tenerla como amiga ahora ha borrado cualquier duda sobre mi capacidad para escoger buenas amistades. En lugar de ver la situación de Sarah como una experiencia negativa con respecto a la amistad, ahora lo veo como una oportunidad que se me brindó para que yo fortaleciera mi habilidad para determinar en quién uno puede confiar y en quién no. Yo creo que es extremadamente difícil encontrar una buena amiga en quien puedas confiar y, si la encuentras, haz todo lo que puedas por mantener esa relación fuerte y saludable. Cuando alguien te quiere, estará contigo bajo cualquier circunstancia. Perder a un amigo/a es muy doloroso; han sido dos años y constantemente pienso en la Sarah de antes, cómo me traicionó y cuánto deseo que todo hubiera sido diferente. Todavía me encuentro a veces extrañando nuestras largas pláticas en el teléfono acerca de cualquier tema, nuestros chistes que hacían la secundaria tan divertida y nuestros viernes por la noche, devorando palomitas de maíz y chocolate mientras mirábamos tontitas películas de amor.

Mensaje de fortaleza y esperanza

La pérdida de una amistad nos hace realmente más fuertes y nos enseña a tener más cautela a la hora de escoger a quien dejas entrar en tu vida. Además, esta experiencia me ha enseñado que lo más valioso que yo pueda aportar a una amistad es darle mi apoyo cuando mi amiga lo necesite.

PÉRDIDA
DE SEGURIDAD

UNA HUELLA IMBORRABLE
Danilo
57 años

Poco después de las ocho de la mañana del martes 11 de septiembre de 2001, estaba frente al computador escribiendo un artículo periodístico y a la vez mirando descuidadamente el televisor, con las noticias de actualidad, cuando de repente, un boletín especial: "¡Un avión comercial acaba de chocar contra uno de los edificios de las Torres Gemelas en Nueva York!".

La noticia, de pronto, cobró un significado especial, estaban pasando una imagen de las torres en el bajo Manhattan, de esas muchas que guardan en archivo las agencias de noticias, de inmediato fui al TV y aumenté el volumen para poder concentrarme en la noticia del día, cuando ante mí apareció, en directo, la imagen de la torre A en llamas, como una enorme antorcha cubierta de fuego y humo negro. Sentí un dolor en mi corazón y seguí mirando atentamente esas imágenes. Como un efecto visual vi un avión que se acercaba a alta velocidad y en ese momento se inundó el ambiente de una terrible explosión. Pensé que era increíble la rapidez con que actuaban para apagar el incendio... Enviaron un avión de esos que apagan fuegos en el bosque con una espuma que asfixia las llamas y evita la propagación del incendio... pero ni el mismo presentador de TV daba crédito a sus ojos, sólo atinó a decir: "¿Es otro avión?". Un letrero en la parte baja de la pantalla comenzó a aparecer de derecha a izquierda en movimiento: "¡Un segundo avión choca contra las Torres Gemelas en Nueva York!".

No podía creerlo... ¿Qué estaba pasando? ¿Será una broma de la TV...? ¿Cómo era que en apenas unos minutos de diferencia estuviera pasando esto...? Era entendible que debido al tráfico aéreo de NY un avión comercial hubiese chocado con estos edificios, pues son miles de vuelos que entran y salen de NY diariamente. Segundo a segundo están volando cientos de aeronaves sobre NY. No estaba solo, millones de norteamericanos se hacían la misma pregunta...

Nuevamente las noticias: "¡Hay varios aviones que, aparentemente, han sido secuestrados y están fuera de su ruta en este momento...!".

No podía concentrarme en mi trabajo viendo esas dantescas imágenes de las Torres Gemelas ardiendo, suspendí absolutamente todo a partir de ese momento y me dediqué a hacer llamadas a Nueva York con la intención preguntar por mis amigos y compañeros de trabajo, pero las líneas estaban congestionadas y no había forma posible de comunicarse, eso alteraba más mi ansiedad y me sumí en un estado terrible de tensión y angustia. Es indescriptible la impotencia que se siente al no poder hacer absolutamente nada por esos seres humanos que estaban siendo abrasados por las llamas, ardiendo vivos, otros tirándose por las ventanas hacia el vacío, dando vueltas en el aire y tratando de aferrarse a la vida con manos y pies en una danza macabra hacia una muerte segura.

Pensé en todos los conocidos que trabajan en el bajo Manhattan, incluso amigos personales que trabajaban en las Torres Gemelas, no podía imaginar lo que estaban sufriendo o si ya estaban muertos, pensé en sus familias, en sus hijos y... la verdad que no pude contener una exlamación angustiosa que salió ahogadamente de mi pecho: "¡Dios mío...!". Estaba solo en ese momento, no tenía con quién hablar y, sin notarlo siquiera, mis ojos estaban inundados de lágrimas que no podía contener en medio del dolor y la desesperación.

Todo sucedía como en una pesadilla, de ésas que uno quisiera que fuesen un mal sueño, ¡pero no! Era una realidad, casi como un sonámbulo salí a tomar aire al balcón de mi apartamento que da hacia la Avenida Collins, en Miami Beach, un sitio turístico, que siempre está atestado de turistas de todas partes del mundo, pues bordea la famosa playa de South Beach y... ¡no había nadie en las calles ni en la playa! Todo el mundo había desaparecido como por arte de magia. Bajé al hotel del frente, el Florida Beach, y en el vestíbulo había una pantalla gigante en donde se mostraban en directo las imágenes de Nueva York, miré los rostros de la gente y todos estaban estupefactos, algunos no podían contener el llanto; en otros que habían venido de esa ciudad se escapaban gritos; los niños, sin comprender, preguntaban a sus padres qué estaba pasando y se sentía un ambiente de incertidumbre y miedo.

Para completar el dramatismo, las noticias no podían ser peores, ¡el Pentágono había sido atacado!, y otro avión estaba desaparecido, era como la escena de una película de terror, en que todos se abrazan y quedan a la espera de que algo terrible les suceda...

Ese 11 de septiembre del 2001 cambió para siempre la historia de la humanidad, las cosas no podían seguir siendo iguales.

Después del 11 de septiembre

Me encontraba en un estado de total y absoluta desolación, simplemente me asomaba de vez en cuando al balcón y observaba, desde el piso doce, la soledad total: prácticamente sin vehículos ni gente por la avenida Collins en la playa de Miami Beach, todo el mundo estaba en shock. Yo no me despegaba del televisor para ver las últimas novedades de lo que estaba aconteciendo, pasaban una y mil veces las mismas imágenes, ¡las Torres Gemelas derrumbándose en una inmensa nube de polvo y la gente corriendo despavorida por las calles de Manhattan...! Esas calles que eran tan familiares para mí y que he recorrido palmo a palmo centenares de veces eran algo tan propio, tan mío que podía identificar una a una cada imagen, cada edificio, cada toma de la televisión, ¡mi querida ciudad de Nueva York!, en donde viví mi juventud y aprendí las mejores experiencias de mi vida como estudiante y profesional... No podía ser cierto, no podía creerlo, era la típica negación, pero desafortunadamente hubo miles de personas atrapadas bajo los escombros, en los trenes subterráneos, en los ascensores, en los centros comerciales bajo tierra, en sus oficinas, en los restaurantes, ya que a la hora en que se produjeron los hechos se acostumbra a tomar un café y unas tostadas antes de entrar a la oficina. Todavía no se podía calcular el número de víctimas, simplemente se hacían especulaciones de cifras sin ningún fundamento, solamente por mantener el ritmo noticioso... El despertar de un nuevo día, traía consigo miles de preguntas: ¿Será que vamos a ser víctimas del ántrax y vamos a morir? ¿Qué va a pasar ahora? ¿Quién va a volver a viajar en avión? ¿Cómo se harán los negocios? ¿Se mantendrá el dólar como moneda internacional...? ¿Las multinacionales norteamericanas serán objetivos terroristas alrededor del mundo? Las semanas siguientes fueron pasando lentamente, en un letargo de la economía, un sentir de lamentos y una quiebra de la industria aérea; vivimos un golpe casi mortal en todos los rubros del aparato productivo del país y del mundo, intensificado por la continua amenaza del ántrax, que ya había cobrado varias víctimas mortales.

En mi caso personal me fueron cancelados todos los compromisos internacionales y fui asignado a un equipo de inteligencia y apoyo, manejo de crisis y ayuda en casos severos. Además de estar en primera línea de alerta roja, pues no se sabía a ciencia cierta en dónde sería el próximo atentado.

El mundo ha cambiado radicalmente después del 11 de septiembre, sin embargo, a pesar de estos eventos y restricciones, el mundo sigue y tiene que erradicar esta crisis. Lo más importante es saber qué podemos hacer nosotros como individualidades para contribuir positivamente en el proceso de recuperación.

En primer lugar, estar al día en la información; en segundo lugar, mantenernos actualizados profesionalmente y, en tercero, educarnos en las computadoras e Internet.

Mensaje de fortaleza y esperanza

Aunque estemos tecnificados e industrializados, las emociones y los sentimientos del hombre predominan sobre todo lo que genera, para poder ser líderes en lo que hacemos, nunca debemos olvidar nuestras raíces, ni mucho menos creer que somos infalibles e insustituibles. Somos mucho más frágiles de lo que pensamos, pero a veces faltan las pruebas para que podamos apreciar nuestras verdaderas convicciones, debilidades y fortaleza.

TERCERA PARTE

TRANSFORMACIÓN

AL TRANSFORMAR TU PÉRDIDA
PUEDES CAMBIAR TU VIDA

Usted probablemente no escoge el sufrimiento, pero sí puede escoger la opción de transformar su sufrimiento en una vida con significado.
SAMET M. KUMAR

¿Qué pensarías si te dijera que esa tristeza que llevas dentro puede aminorarse, que puede llegar el día en que te liberes de ese dolor inmenso que sientes en tu alma y que es posible recobrar tu norte? ¿Te gustaría que esto se hiciera realidad? Pues tengo buenas noticias para ti. ¡Puedes lograrlo! Dentro de ti reside un poder ilimitado para cambiar el rumbo de tu vida y lograr lo que tanto deseas... ¡ser feliz!, puesto que realmente todos deseamos ser felices. La doctora Isabel Gómez-Bassol, en su libro *Los 7 pasos para ser más feliz* (2006), nos asevera que la felicidad es precisamente la cualidad más codiciada en el mundo. Es debido a esta necesidad que, a pesar de haber perdido a un ser amado, de enfrentar un divorcio o perder el mejor de los trabajos, deseamos y merecemos ser felices. No nos castiguemos con nuestra propia actitud. Dejemos ir cualquier vestigio de duda y temor y decidamos encontrarle significado a nuestra pérdida y a nuestra vida. Hoy es el día en el cual has decidido transformarla y con todo mi cariño te brindo las siguientes herramientas para que puedas lograrlo. No intento poseer todas las respuestas a tu pérdida. Sólo puedo hablar desde mi realidad y de la realidad de las tantas personas que contribuyeron con sus historias. Cabe decir que estas herramientas también las han empleado personas con las cuales he tratado, ya sea a través de consulta o a través de talleres y seminarios. Estas personas, por medio de los once principios que aquí te presento, han transformado sus pérdidas y han logrado transformar sus vidas y las de los demás.

Mi propósito, al abrirte el corazón y compartir contigo varias de mis múltiples pérdidas, ha sido el dejarte saber que yo también estuve ahí y pensé que no sería posible. Pero... ¡sí es posible! ¡Yo pude y tú también puedes! Recuerda que ¡al transformar tu pérdida puedes cambiar tu vida!

Once principios para transformar tu pérdida

Principio I
Acepta la pérdida

> *Tu visión se volverá clara sólo cuando puedas ver dentro de tu propio corazón. Quien busca afuera, sueña; quien busca por dentro, despierta.*
>
> Carl Jung

Sal de la sombra hacia la luz. Puede ser que inicialmente te ciegue el sol brillante, pero poco a poco te irás acostumbrando a sus destellos e irás viendo la vida con más claridad y mayor luminosidad. Éste es el primer principio y la base de tu proceso de transformación. Dentro de nosotros tenemos el poder de escoger una actitud ante la vida. Aunque es común que la gran mayoría de las personas niegue haber sufrido una pérdida, es necesario llenarnos de valor y confiar en nuestra capacidad de amar y de superar nuestros infortunios.

Te digo amar, pues creo que es donde se origina todo lo bueno y maravilloso que existe en nuestra vida y en el mundo. Si nos amamos a nosotros mismos y a las personas que nos rodean, daremos lo mejor de nosotros, y eso implica que desearemos salir de una situación negativa e iniciar un proceso de crecimiento. Aun así, y aunque tengamos las mejores intenciones, muchas veces es tan grande el dolor que sufrimos ante una pérdida —anto todo la pérdida de un ser querido—, que nos resulta imposible aceptarlo. No intento con este mensaje desvalorizar tu dolor o tratar de alejarlo de ti. Aunque desearía lograr que se esfumara, no sería lo mejor para ti ya que tendrás que pasar por esos momentos de desconsuelo y esas noches en vela. El dolor lo vas a experimentar y tienes que pasar por ese oscuro valle si es que deseas ver la luz cuando llegue el momento.

Como te comenté, es frecuente que la mayoría de las personas se niegue a aceptar una pérdida. Muchas veces es tan grande el dolor que es imposible aceptarlo. La persona piensa que el ser amado todavía está vivo o que el divorcio no ha finalizado. Otra persona puede pensar que algún día recuperará el trabajo del cual acaba de ser despedido. Mucho se ha hablado de las etapas del duelo y, aunque ya las mencionamos, las analizaremos una vez más en este capítulo, pues es primordial recordar estos conceptos universales y tomarlos como punto de partida para entenderlos realmente. El concepto de la negación lo introdujo Elizabeth Kubler-Ross, en su libro *Sobre la muerte y el morir* (*On Death and Dying*, New Cork McMillan, 1969). En dicho libro se identifican las cinco etapas que se viven al enfrentar la muerte. Dichas etapas se han aplicado en diversas situaciones en las cuales el proceso de luto está presente y son las siguientes:

- negación
- depresión
- negociación
- aceptación.
- ira

La doctora Kubler-Ross fue de las pioneras en lo que serían los estudios sobre la muerte, conocidos como tanatología. Gracias a ella se rompió el tabú sobre el tema y se comenzó a hablar de las necesidades de las personas al enfrentar el final de la vida. El problema que se presenta con esta teoría es que muchos consideran que para procesar la pérdida hay que pasar por todas las etapas. Otro problema es que se espera que las etapas se produzcan de forma lineal, cuando en realidad pueden suceder de forma circular. Por ejemplo, uno puede salir de la depresión, volver a la ira y luego regresar a la depresión. Es importante reconocer que no existe un orden predeterminado. Sucede a veces que el doliente espera vivir las etapas en orden como prueba de que está procesando la pérdida y esto puede convertirse en una fuente de presión y, a la vez, de ansiedad. Con el correr del tiempo nuevas teorías han sido introducidas, como, por ejemplo, las de William Worden en sus *Cuatro tareas del luto*, las cuales cubrimos en el capítulo del duelo. Aun así, la etapa de la negación es predominante entre los dolientes, ya que es una reacción humana el no querer aceptar, en primera instancia, que hemos perdido a alguien o algo que nos ha sido muy querido. Es más, cuando nos damos cuenta de que algún amigo o familiar ha sufrido un infortunio, solemos exclamar: "¡No puedo creerlo!". Y cuando a nosotros nos sucede la desgracia es probable que no queramos reconocerlo, ya que al negar la desgracia evitamos incurrir en el sufrimiento. Sucede que muchas veces necesitamos un cierto tiempo para asimilar la pérdida. Si éste ha sido tu caso te sugiero que encares tu nueva realidad y no te quedes en esa etapa de forma indefinida. Una vez que hayas logrado interiorizarlo y aceptarlo estarás tomando el primer paso para tu transformación. Esto me recuerda algo que me dijo un amigo: "Lo más importante para comenzar un largo viaje es dar el primer paso". Por lo tanto, no importa si te lleva tiempo, lo fundamental es empezar el recorrido. El hecho de entrar en un proceso de transformación no implica que este proceso sea rápido, ya que tú eres único y tu proceso es singular. A algunas personas les llevará más tiempo que a otras, pero lo importante es no perder la esperanza y concederte el tiempo que tú necesitas. En su libro *La sabiduría de los tiempos* (*The Wisdom of the Ages*), el doctor Wayne Dyer nos recuerda el valor de la paciencia en nuestro andar por la vida. Muchas veces, por desear correr tropezamos y no logramos realmente pasar por el proceso que necesitamos. Al enfrentar la muerte de un ser querido necesitas, ante todo, enfrentar la situación.

> MOMENTO DE REFLEXIÓN
>
> Tómate una pausa y llevándote la mano al corazón di las siguientes afirmaciones:
>
> - Empiezo una nueva etapa en mi vida sin... (la persona amada, la patria, el trabajo...)
> - Las pérdidas son parte de la vida
> - No temo a la vida
> - Puedo hacer pequeños logros cada día
> - Tengo una gran capacidad para enfrentar esta pérdida
> - Mi mundo se puede levantar
> - La oscuridad no será eterna
> - Acepto el reto de vivir con mi pérdida

MEDITACIÓN

Al enfrentar mi pérdida y admitir que comienza una nueva etapa de mi vida, he logrado reconocer que soy capaz de seguir amando y luchando. Estoy consciente de que dentro de mí existen recuerdos dolorosos y momentos llenos de duda, pero no les temo. Aunque no sean fáciles de enfrentar, los acojo y los hago míos. Son parte del proceso de aceptar esta nueva dimensión en mi vida. He llegado a comprender que siento tanto dolor porque tengo una gran capacidad para amar y sentir.

Principio II
Vive tu duelo

No hay razón para buscar el sufrimiento, pero si éste llega y trata de meterse en tu vida, no temas; míralo a la cara y con la frente bien levantada.

F. Nietzsche

Es muy probable que te encuentres en medio de muchas emociones y que te sientas como arrastrado por las olas del mar. Te traen a la orilla y te arrastran de nuevo al fondo del mar. Posiblemente estés en un mar de confusión tan grande que no sabes realmente lo que estás sintiendo, ya que puedes sentir dolor, frustración, aflicción, miedo, depresión y falta de esperanza, pero desde el momento en el cual tomas este libro en tus manos y deseas conocer cómo otras personas —tan sufridas como tú— lograron sobrepasar sus pérdidas, estás demostrando que deseas salir adelante, estás manifestando que deseas poner todo tu empeño para continuar con ese regalo tan preciado que es tu vida.

Este libro es solamente el vehículo para proporcionarte una esperanza. Eres tú quien debe agarrarse fuertemente a la soga e ir subiendo poco a poco la montaña. Podrás resbalar o perder pie, pero si te agarras fuertemente irás subiendo cada trecho poco a poco hasta llegar a la cima. Con cada paso que logres subir irás llenándote de confianza. Renacerá la futura esperanza y llegará el momento en el cual habrás logrado rebasar la etapa de duelo, habrás logrado transformar tu pérdida. Pero te recuerdo, una vez más, que no esperes que tu proceso de duelo sea igual al de la persona que tienes al lado, incluyendo tu misma familia. Como ya hemos comentado, cada cual expresa el duelo de forma diferente y puede tomarse un tiempo mayor o menor para procesarlo. Unas veces pensamos que ha sido demasiado rápido, otras veces, por el contrario, consideramos que ya es suficiente y que la persona se está demorando demasiado en su propio proceso. Esto me recuerda una metáfora utilizada por el reverendo Dale Young, durante un taller dedicado al luto que llevamos a cabo, recientemente, en la ciudad de Miami[13]. En este taller el reverendo Young destacó la importancia que tiene tomar en cuenta el reloj de cada persona al experimentar el duelo. Me pareció un concepto maravilloso ya que, en efecto, todos tenemos un reloj diferente durante el tiempo de luto. Una persona puede sentirse de nuevo integrada a la sociedad al cabo de tres meses, en contraste con otra que después de pasado un año todavía no se siente estimulada al intercambio público y social. Es por esta razón que te recomiendo que te tengas compasión y te tomes el tiempo necesario. Es probable que, de acuerdo a tu reloj, todavía no puedas imaginar siquiera la posibilidad de transformar tu pérdida. Está bien. Es comprensible. Tal vez estás todavía en la etapa aguda de la aflicción, que puede ser la de realización o transición, y no te sientas listo. Lo único que te sugiero es que vayas pasando por los principios poco a poco, a tu paso, sin prisa. Puedes hacer algunos de los ejercicios que te sugiero en cada Momento de reflexión, los que te pueden ayudar a ir procesando tu duelo. Pero solamente tú sabes si estás preparado para llevarlos a cabo. Si deseas, primero léelos y considera si puedes hacer uno a la vez. Puede que te lleve tiempo terminar el primero, pero pienso que te ayudará mucho para ponerte en contacto directo con tus emociones. Muchas veces creerás que es imposible enfrentar tanta pena y aflicción durante el proceso del duelo y querrás claudicar en algún momento negarte a ello. Querrás correr, escapar de tu realidad y recurrir, tal vez, a medios no tan efectivos y hasta dañinos como la negación permanente, el aislamiento, el abuso del alcohol o las drogas (tendencia que abordaremos más adelante) y que sólo te ayudarán a escapar temporalmente de la realidad, para volver a enfrentarla una vez que haya cesado su efecto. ¿Evitas afrontar a veces las emociones que sientes en tu corazón? Es muy común que al encarar una pérdida evites enfrentar tus sentimientos, ya que pueden llegar a ser demasiado dolorosos y hasta ambivalentes. Puede ser que te incomode tanto lidiar con tus emociones que hasta evites hablar de tu desdicha. Pero es necesario que te adentres en lo más profundo de tu ser para llegar al fondo de tus sentimientos. Deseo enfatizar que el trabajo de duelo no se produce de una forma continua, enfrentarás días más difíciles que otros, pero lo importante es seguir adelante. Con el afán de no sentir dolor muchas personas ignoran la situación que les causa pena y la entierran en su alma y nunca más hablan de ella. Continúan sus vidas como si nada hubiera pasado, pero al cabo de cierto tiempo pueden sufrir de una serie de trastornos, desde emocionales hasta psicosomáticos, y no saben el porqué se sienten enfermos, ya que al pasar por un duelo, como observamos, las sensaciones de dolor no se limitan sólo a emociones, también hay manifestaciones físicas y espirituales que se presentarán eventualmente. Puede ser que la situación que te causó tanto dolor la hayas reprimido de tal forma que sólo haya salido a la luz años después, y ya entonces se ha convertido en lo que llamamos un duelo complicado, el cual se presentó previamente en el capítulo dedicado a este tema.

Así como es necesario saber qué herramientas utilizaremos para poder conllevar nuestra pérdida y transformarla, de igual manera es importante reconocer los métodos que, como ya dijimos, a veces utilizamos para desviarnos de nuestro proceso y hundirnos todavía más en el hueco en el que nos encontramos. A continuación te presento una serie de comportamientos que, en vez de ayudarte, te pueden dañar el espíritu y retrasar tu proceso de crecimiento como ser humano.

Formas no saludables de conllevar las pérdidas

Con el afán de superar el duelo o por negar ese proceso muchas personas se llenan de cosas, viven sumamente ocupadas y se entretienen con actividades que, aunque probablemente no sean tan importantes, las mantienen distraídas. Pero debido a esto puede ser que no le presten atención a lo más importante: ellas mismas. Por lo tanto, una vez que tú comprendas y reconozcas que no existen soluciones inmediatas, que todo conlleva tiempo, podrás brindarte la oportunidad de aminorar la marcha y observar cómo tu vida, poco a poco, se va transformando y vas sacando fuerzas interiores que no tenías conciencia de poseer. Y lo que te parecía imposible se va haciendo realidad.

El problema con las distracciones es que muchas personas o se refugian en sus trabajos o viajan a otros países, se envuelven entonces en constantes salidas nocturnas para no enfrentar la soledad de la noche, o buscan cualquier tipo de escapismo. En realidad lo que desean es regir su nueva realidad y procesar su aflicción. Otra forma de lidiar con una pérdida que no ayuda en el proceso de sanación es abusar del alcohol o las drogas. Muchas personas piensan o esperan que al ahogar la pena en el alcohol se sentirán mejor, pero lo que ocurre es que ese momento puede relajarlos y hasta hacerlos olvidar, pero... ¿qué sucede al día siguiente cuando la realidad se asoma nuevamente por la ventana? ¿Qué ocurre cuando al abrir los ojos se encuentran con un sentimiento de vacío y culpabilidad que les hace sentir aún más deprimidos e insatisfechos? Se corre el peligro de caer en un círculo vicioso, pues la persona puede comenzar de nuevo el ciclo de consumir licor una vez más con el deseo de suprimir el dolor y olvidarse de la situación actual.

Hace algún tiempo, cuando trataba de forma más directa con personas adictas al alcohol, tuve el caso de Sandra, una mujer de treinta y ocho años que había perdido a su pareja. Sandra no lograba salir de su tristeza y no era capaz de compartir con alguien cercano. Se aisló de su familia y amistades y se dedicó al trabajo de forma compulsiva y luego, al llegar la noche, cuando se dirigía a su apartamento, se paraba en el bar de la esquina a tomar un par de tragos para llenarse de valor y enfrentar su soledad. Estuvo así por un espacio de cuatro meses, hasta que un día colapsó en su trabajo y su jefe percibió aliento etílico en ella. Ella ya bebía no sólo por las noches, antes de llegar a su casa, sino que, sin procesar su sufrimiento, se sentía tan desesperada por ahogarlo que recurría al alcohol durante las primeras horas de la mañana. Fue enviada por su jefe a rehabilitación y fue entonces cuando comenzó a compartir en grupo sus sentimientos e inició el trabajo de duelo con su correspondiente proceso de recuperación.

El trabajo de duelo trae a la superficie sentimientos que a veces son difíciles de reconocer o aceptar por dolorosos, pero es necesario pasar por ellos para lograr sanar nuestra herida o, al menos, aminorarla. Por lo tanto, no te refugies ni en la bebida, ni en la comida, enfrenta la situación, enfrenta tu pérdida y trata de llegar a la raíz de lo que te está sucediendo. No trates de ahogar tu dolor con adicciones o compulsiones que no te llevarán a nada y que, al final, te harán sentir más deprimido. No olvides que, a pesar de que carguemos una pena en el alma, la vida continua y nosotros con ella. Al sentir que tu dolor está presente, ¡detente y obsérvalo! Te lo recomiendo. Al reflexionar sobre lo que sientes a nivel físico, y mental, emocional y espiritual, tendrás más conciencia de lo que estás experimentando. Tal vez hasta puedas reconocer qué te indujo ese estado de ánimo, qué pensamientos se encontraban en tu cabeza. Puede ser alguna expresión o algún recuerdo. Pero sea lo que sea, observa, medita, procesa y acógelo.

Momento de reflexión

¿Qué estoy sintiendo en este momento a nivel físico, espiritual o emocional? ¿Qué me indujo a sentirme así? ¿De qué forma trato de adormecer mis sentimientos? ¿Con alcohol o drogas?; ¿con exceso de trabajo o de ejercicio?; ¿ante la computadora o la TV durante horas?; ¿evitando hablar de mi pérdida?
¿Qué siento al enfrentar de nuevo la realidad?

Afirmaciones

- Estoy dispuesto a llegar al fondo de mi dolor
- Estoy consciente de que enfrentaré unos días más difíciles que otros
- Decido no quedarme en el lugar del dolor
- Dedico un tiempo del día a experimentar mi duelo
- No me refugiaré ni en la bebida ni en las drogas
- No me distraeré con excesos
- Me adueño de mi dolor
- Sé que mi dolor no será eterno

Meditación

El proceso de transformación requiere que enfrente mi dolor, no que le huya. En los momentos en que sienta dolor en el fondo de mi alma lo acogeré y lo abrazaré. Es parte mía. Cada día tomaré un momento para escribir lo que siento y el porqué lo siento. Lloraré si lo necesito pero sé que, poco a poco, me iré sintiendo mejor. Mi alma se irá fortaleciendo y mi vida irá recobrando más y más su sentido.

Principio III
Ahonda en tu dimensión espiritual

> *Nuestro tiempo en el bosque o en la oscura cueva puede ser largo y torturante. Puede ser que no encontremos respuestas satisfactorias a todas estas preguntas, pero en algún momento —si vamos a seguir viviendo— tendremos que empujar las piedras y seguir adelante. Saldremos de nuestra cueva con un nuevo sentido de la vida... Esperemos que lo que hayamos perdido en proezas físicas o emocionales lo habremos ganado en sabiduría, determinación, propósito y fuerza espiritual.*
>
> Sydney Wilde

La espiritualidad es esencial para la mayoría de los seres humanos y por esta razón me extenderé en el Principio III, pues considero que es una de las herramientas más poderosas para conllevar y trascender nuestras pérdidas. La fe es muy poderosa cuando enfrentamos la muerte de un ser querido. Esto lo habrás podido constatar al leer algunas de nuestras historias. De igual manera, el reconocido autor y orador Zig Ziglar, en su libro *Confesiones de un cristiano adolorido*[14], relata cómo su fe en Dios lo ayudó a encontrar consuelo al enfrentar la muerte de su hija Suzanne. Dicho libro nace precisamente durante su proceso de duelo; en sus páginas, Ziglar afirma que la oración y la convicción de que su hija Suzanne se encuentra al lado de Dios le dió consuelo y hasta le brindó gozo durante su tránsito por el sendero del luto y el dolor.

Es imposible describir completamente la pena que agobió a mi familia y a mí al producirse la muerte de nuestra amada hija mayor. Nada me había preparado para la intensidad del dolor y la pena que experimenté... No existe ningún dolor vivido que se acerque al que sentí al experimentar la pérdida de nuestra hija. A través de nuestros meses y años de dolor, la fe ha sido la fuerza compensatoria que nos ha permitido soportar el dolor y continuar viviendo en la victoria... Dios utiliza el dolor para curarnos, reforzarnos en nuestra fe y hacer que crezcamos en nuestra relación con Él.

Las anteriores palabras son de un padre que amaba profundamente a su hija y a la vez amaba y confiaba en Dios. Fue precisamente ese amor y su profunda fe lo que ayudó a Zig a transformar su pérdida a través de su mensaje positivo, espiritual y amoroso. En el Principio X encontrarás, de nuevo, el testimonio de Zig, con su mensaje de esperanza que, a la vez, nos abre las puertas de las posibilidades.

Encontrar respuesta en nuestras creencias religiosas o espirituales nos brinda la fuerza necesaria para darle significado a la pérdida, como le sucedió a Carla:

Creo que durante todo mi duelo, desde el primer momento, sentí que si Dios había permitido que eso pasara era por algo... aunque yo no lo entendiese. Al segundo día, después del entierro, mi hermano menor me dijo: "Hermana, no quiero que te enojes con Dios, no quiero que tu relación con Él se dañe".

Yo le contesté: "No, estoy convencida que si Él lo permitió era porque mis hijos y yo lo teníamos que vivir... así como también el alma de Javier, mi esposo".

Si sientes que necesitas orientación espiritual, recurre al sacerdote, pastor o rabino, según sea tu creencia religiosa. Si no profesas ninguna, entonces trata de conversar con personas de grandes valores espirituales. Incorpora la meditación y el silencio. La lectura de libros de inspiración ayuda muchísimo. L. B. Cowman nos recuerda en su libro devocional *Streams in the Desert* que es a través de infortunios que muchas veces encontramos los dones que poseemos y de los cuales no nos hemos percatado. Éstas son sus palabras:

> Tal vez el Señor te ha mandado esta prueba para desarrollar tus dones. Tú tienes algunos dones que nunca habrías descubierto a no ser por determinadas pruebas. ¿No sabes acaso que tu fe nunca es tan grande en el cálido verano como lo es en el frío invierno?[15]

Lee las líneas anteriores una vez más y reflexiona sobre ellas. Puede ser que al profundizar en tus sentimientos descubras dones que puedan darle sentido a tu vida y transformar tu duelo. No temas cavar en tu interior. Aunque llores, recuerda que, según el famoso adagio, "Las lágrimas limpian el alma", y yo creo que es verdad. La catarsis es necesaria para desahogarnos y tomar conciencia de que somos humanos y que no tenemos que reprimir en nuestro interior todo lo que nos sucede.

Si acabas de pasar por un divorcio te recomiendo que te tomes un tiempo prudencial antes de envolverte en una nueva relación. Necesitas tiempo para ti, para aceptar tu nueva situación, trabajar el duelo y reincorporarte en la vida. Después de una pérdida la vida no es la misma. Podremos superarla pero nuestra vida ya ha sido tocada por esa pérdida.

Démosle el valor que tiene y no huyamos de ella, pues tarde o temprano nos encontrará. La fe ayuda mucho a enfrentar una pérdida, como lo puedes apreciar en la mayoría de nuestras historias. Si existe en ti un ápice de fe, acércate a Dios o a tu ser supremo y ora con fervor, ya que el poder de la oración y la fe son grandes.

En días pasados conversaba con mi amigo Jorge, autor de "Una raya entre dos números" (uno de los textos de presentación de este libro) y sobreviviente de un cáncer. Él es un hombre sumamente religioso y espiritual que tuvo una experiencia con la Virgen María. Me cuenta que se encontraba en un grupo de oración rezando el Rosario cuando de pronto percibió un fuerte olor a rosas. Inmediatamente se dirigió a su esposa Naomi y le preguntó si sentía el aroma. Ella negó haberlo sentido, al igual que el resto de los allí presentes. El líder del grupo de oración le comunicó a Jorge que él había sido el único que lo había sentido y que eso sucedía a veces, cuando la Virgen se le manifestaba a las personas. Esa misma noche, al encontrarse en su cama, Jorge volvió a percibir el penetrante olor a rosas y a la vez sintió un calor muy profundo en el área del cuello, en donde tenía localizado el cáncer. Él cuenta que despertó a su esposa y le dijo: "Siento un calor en el cuello, ¡sé que la Virgen me está sanando!". Lo que Jorge sintió esa noche fue la convicción de que su fe lo sanaría.

La mayoría de las personas continuamente estamos sufriendo pérdidas y muchos de nosotros hemos encontrado en la espiritualidad la respuesta a nuestra aflicción, ya que de esta manera hemos podido crecer espiritualmente y transformar nuestras vidas.

Te aseguro que muchas veces uno requiere de recursos espirituales al pasar por una pérdida. Estos pueden ser de naturaleza religiosa, como asistir a la iglesia, al templo o a la mezquita. Puedes leer la *Biblia* o rezar el Rosario. También se pueden integrar conceptos más amplios, como la meditación, la contemplación y visualización y las lecturas espirituales. Escoge aquel con el que te sientas más reconfortado. Pero, ante todo, ten presente que en ti están los dones espirituales del amor, el perdón, la esperanza y el agradecimiento. Ahonda en ti, descubre estos dones, cultívalos y verás que tu vida cambiará. A continuación te recomiendo que explores brevemente estos dones.

Te sugiero —como propone Ira Byock[16]— que con frecuencia repitas exclamaciones como las que siguen, para que lleves una vida más plena:

- ¡Te amo!
- ¡Me perdono!
- ¡Te perdono!
- ¡Gracias!

¿Te imaginas escuchar estas expresiones más a menudo? ¿Por qué esperar a que ocurra una desdicha para exponer nuestro amor a los demás y comprobar el valor compensatorio que pueden tener unas palabras? No olvides que el perdón es parte del amor y eso incluye el perdón hacia nosotros mismos, que a veces llega a ser el más difícil, ante todo cuando enfrentamos sentimientos de culpabilidad, ya que nos olvidamos de que somos humanos y que, como tales, cometemos errores.

Momento de reflexión

Te propongo que te tomes una pausa, te pares frente a un espejo y, mirándote bien a los ojos, repitas las siguientes aseveraciones:

- Me perdono cualquier error cometido en el pasado
- Perdono a (nombre) por haberme hecho daño en el pasado
- Siento mi alma libre de todo sentimiento de rencor
- Al perdonar dejo ir cualquier resentimiento
- Me siento liberado

Otra forma de pedir perdón o perdonar es escribiendo una carta o tomando notas en tu diario. En el Principio v —dedicado a los rituales— te daré ciertas ideas que te ayudarán a encontrar la paz de espíritu que tu alma necesita.

El amor

- ¿Cómo expresas tu amor?
- ¿A quién amas?
- ¿Quién te ama?

El perdón

- ¿A quién tienes que perdonar?
- ¿Quién tiene que perdonarte?
- ¿Te has perdonado por _____?

El agradecimiento
- ¿Qué tienes que agradecer en tu vida?
- ¿A quién tienes que agradecer por su amor o por su amistad?
- ¿Qué sientes al agradecer?

La esperanza
- ¿Qué te hace sentir esperanza?
- ¿A quién le das esperanza?
- ¿En qué áreas de tu vida experimentas la esperanza?

Afirmaciones
- Tengo esperanza en el futuro
- Cada día es una oportunidad para amar, agradecer y perdonar
- Me amo a mí mismo y a los demás
- Tengo fe en que llegará el momento en que pueda caminar por mí mismo con ilusión y confianza

MEDITACIÓN

En mis momentos de desconsuelo sólo necesito cerrar los ojos y adentrarme en mi yo interno. Visito lo más profundo de mi ser para recargarme de los dones espirituales que necesito. Dentro de mí residen sentimientos puros que me proveen de paz y esperanza. Dejo penetrar a Dios en mi vida y le entrego mi pesar. Sé que la fe en Él me ayudará a sostenerme y a avanzar paso a paso en el sendero de mi duelo.

Principio IV
Expresa tus sentimientos

Un concepto que se está utilizando mucho para enseñar a los niños a expresarse adecuadamente es la inteligencia emocional, puesto que los psicólogos se han dado cuenta de lo importante que es expresar de forma apropiada nuestras emociones. Pienso que seríamos una sociedad muy diferente y unos seres humanos más funcionales si desde pequeños exteriorizáramos nuestras emociones, pero de forma adecuada. Canalizarlas en la forma correcta es esencial para nuestro bienestar, pues sucede que a veces demostramos una cosa cuando en realidad estamos sintiendo algo totalmente diferente. ¿Y por qué lo hacemos? ¿Por defendernos? ¿Para no parecer vulnerables? ¿Para evitar posibles heridas? Por ejemplo, con respecto a la ira, es más fácil decir "Estoy enojado" que decir "Estoy deprimido", es más fácil aceptarlo y tal vez lo que tendríamos que hacer es decir y admitir que estamos deprimidos y ahondar en nuestros sentimientos hasta encontrar el motivo que nos deprime y hacer algo al respecto. ¿Te das cuenta de lo importante que es saber la raíz de nuestra emocionalidad? ¡Y no tenemos por qué temerle a nuestras emociones! Somos seres humanos y como tales se supone que debemos expresar lo que sentimos.

A continuación te convido a que tomes papel y lápiz y escribas la diferencia entre la ira y la depresión. Una vez que hayas identificado ambos sentimientos, describe las situaciones en que sientes ira y aquellas en las que te sientes deprimido. Trata de profundizar en cada manifestación.

Recuerda la situación y confirma si es realmente ira o depresión lo que experimentas.

Otro ejercicio maravilloso es dibujar en una hoja de papel la cara que tú presentas al mundo. En otra hoja de papel dibuja la que tú sientes por dentro. Ahora compáralas. ¿Son iguales? ¿En que se diferencian? ¿Que sientes por dentro que no estás demostrando por fuera?

A veces sucede que sentimos un cúmulo de sentimientos encontrados y nos preguntamos: "¿Qué me pasa? ¿Estaré enloqueciendo? ¿Es esto normal? Todo el mundo me dice que ya es hora, pero yo no me siento lista todavía, ¿me estoy comportando de forma normal?".

Existen momentos en que las emociones se mezclan y nos confunden. Como dijo María, una madre que perdió a su hijo: "Es factible que algunas veces sienta deseos de reír y llorar a la vez. Uno de los sentimientos más comunes al enfrentar una pérdida es la culpabilidad, pues nos preguntamos a veces si hubiéramos podido hacer las cosas de forma diferente o si se hubiera podido evitar, por lo menos por algún tiempo más, la pérdida. También es muy común el sentir enojo y/o experimentar temor por el futuro. El enojo es un sentimiento común al experimentar una pérdida, y como dice Les Parrott (2004) "(…) a muchos de nosotros sentir enojo nos asusta y es por eso que no lo admitimos". Pero si tú lo estás experimentando, no te asustes pues recuerda que eres un ser humano y aceptarlo requiere de coraje. Vuelvo al ejemplo de María, ya mencionada en líneas anteriores, una madre que al compartir la historia de la muerte de su hijo en público admitió su enojo inicial ante Dios y cómo luego lo fue erradicando, hasta tal punto que, junto a otra madre que también perdió a su hijo, formó en una iglesia un grupo de apoyo con el fin de ayudar a otros que sufren el proceso del luto.

Toma una pausa y contesta las siguientes preguntas de la mejor manera posible. Este ejercicio te dará la oportunidad de ahondar en tus sentimientos y expresarlos de una manera beneficiosa. Puede que te suceda que al examinar el origen de tu ira encuentres más de un motivo, enuméralos todos. Cuando escribas las respuestas, examínalas y trata de ahondar en ella. De esta manera podrás llegar al motivo de estos sentimientos y podrás lidiar mejor con ellos.

> MOMENTO DE REFLEXIÓN
>
> Si experimentas enojo:
>
> - ¿Cuál es el origen?
> - ¿Contra quién sientes enojo?
> - ¿Cómo expresas tu enojo?
> - ¿Existen momentos en los cuales no te sientes enojado?
> - ¿Cuáles son esos momentos?
>
> Ahora explora el sentimiento de culpabilidad, si es que lo estás experimentando:
>
> - ¿Cuál es su origen?
> - ¿En qué momentos te asaltan los sentimientos de culpa?
> - ¿Qué crees que hubieras podido hacer de una manera diferente?
>
> Si tú sientes que el temor al futuro es un sentimiento que predomina en tu vida, te recomiendo que te hagas las siguientes preguntas:
>
> - ¿A qué le temo?
> - ¿Cuándo siento más temor?

- ¿Por qué me siento así?
- ¿Desde cuándo me siento así?

Afirmaciones
- No le temo al dolor
- Yo soy capaz de enfrentar mis sentimientos y aceptarlos
- Alejo cualquier sentimiento que retrase mi crecimiento espiritual
- Yo me permito experimentar los sentimientos del duelo
- Reconozco que todos los días no serán iguales
- Sé diferenciar entre la ira y la depresión
- Poco a poco el duelo se desvanecerá
- Tengo la capacidad de sanar mi propio duelo
- No tengo temor al futuro

MEDITACIÓN

Al vivir el proceso del duelo he llegado a ahondar en lo más profundo de mi ser y, a la vez, he logrado acoger mis sentimientos, incluyendo la ira, la culpabilidad y el temor. No necesito escapar de ellos ni ocultarlos. Comprendo que al enfrentarlos me acerco un poco más a la etapa de transformación. He comprendido que habrá días más difíciles que otros, pero que todo implica un proceso. Los días que desee llorar lo haré, pero eso no significa que estoy retrocediendo en mi camino hacia la sanación. Seré compasivo conmigo mismo y me daré el tiempo que necesito.

Principio V
Comparte con otros

Asistir a un grupo de apoyo puede ser de gran ayuda para quienes pasan por una pérdida, ya que al participar en el proceso grupal el duelo se puede identificar con la pérdida de otro miembro. Es muy probable que al escuchar otras historias, dolorosas o terribles, puedas sentirte fortalecido al comprobar que no estás solo y eso te puede ayudar a conllevar tu dolor.

Existen diferentes grupos de apoyo. Busca el que más te convenga y con el que te sientas más cómodo. Te sugiero que no te dejes llevar por la primera impresión. Si el primero que visitas no te satisface, asiste a otros hasta encontrar aquel con el que te identifiques mejor.

Es importante compartir de forma activa, no pasiva. Al principio puede ser que sientas timidez o retraimiento pues te encuentras en un lugar extraño con personas que nunca habías visto. Pero a medida que vaya pasando el tiempo te darás cuenta de que existe algo que te une a ellos y lograrás identificarte con la pérdida que todos han sufrido y, a la vez, sentirás que poco a poco vas bajando la guardia y abriendo tu corazón.

Puede ser que con el grupo compartas aspiraciones y logres establecer metas personales específicas. Al compartir nuestras aspiraciones con otros se forma lo que se llama un compromiso, y uno se siente más motivado para llevar a cabo lo que compartió con los demás.

Después de una pérdida podemos sentirnos desconectados del resto del mundo. Tal vez nos encontramos rodeados de gente pero no existe una conexión con ellos. Nos sentimos vacíos y desolados. Es posible que ni con tu propia familia puedas hablar sobre tu pérdida, pues tal vez consideren que ya ha pasado suficiente tiempo y te recomienden que sigas adelante. O tal vez es tan cercana la pérdida que no logran brindarse ayuda mutua.

Los miembros del grupo te pueden acompañar en el camino de la aflicción mientras vives tu pérdida. Aunque cada uno de nosotros tiene su propio compás, puede ocurrir que al saber cómo estas personas salieron adelante y qué herramientas y medios utilizaron, tú también puedes lograrlo. Rodéate de personas que te comprendan y no te juzguen, aquellas que te brinden la mano cuando lo necesites o simplemente guarden silencio. Como dijo el gran poeta inglés John Donne: "Ningún hombre es una isla" y el ser humano necesita el apoyo de otros, de amigos y familiares; necesita saber que cuenta con ellos si requiere una mano, una palabra de aliento, un hombro en que apoyarse o, simplemente, que le den ánimo en esos días en los cuales resulta sumamente difícil levantarse de esa cama. Como parte de tu red de apoyo se encuentran tu familia y amistades. Habla con ellos, comparte con ellos. No pretendas sentirte bien si no lo estás. Lo que vale es que puedas comunicarte y saber que cuentas con personas que te quieren y se preocupan por tu bienestar.

Algo muy importante en el Principio V es el agradecimiento. Dale gracias a las personas que te han ayudado a conllevar tu pérdida. Déjales saber lo importante que han sido en tu vida. Puedes hacerlo por medio de una tarjetita de agradecimiento, de una llamada telefónica o expresándolo personalmente. Pero exprésalo. Te hará sentir bien y la persona se sentirá alguien muy especial. Escribe una lista de las personas que te han brindado su apoyo y cada día tómate el tiempo necesario para agradecer a una de ellas a la vez. Esto no debes percibirlo como una obligación de la cual deseas salir rápidamente. Te sugiero que le dediques tiempo y pensamiento. Recuerda lo que cada una de esas persona ha significado para ti en tus momentos difíciles.

Ayuda a los demás

Ten presente que también es esencial que te salgas un poco de tu dolor y ayudes a los demás. Mantén una actitud de apertura ante la vida. Aprende a dar amor y a perdonar. Aprende a escuchar y a sentir el dolor de otros. Muchas veces es a través de nuestra ayuda hacia los demás y del distanciamiento de nuestro propio sufrimiento que logramos encontrar la luz al final del túnel. Si mantenemos una actitud de autocompasión constante no podemos ser compasivos con los demás. También ayuda mucho ocuparse de algo productivo y aunque habrá días en los cuales no desees hacer nada y pasarlos en soledad, no es bueno llevar tu vida de esa manera. Recuerda que eres un ser social y que el mundo necesita de ti. A lo mejor puedes tocar una vida con sólo un gesto. Esto me recuerda la conversación que mantuve con Cecilia, una chica que empacaba bolsas en un mercado. La encontré triste y me confesó lo mucho que extrañaba su patria, Perú. La dejé hablar y al final la vi tan triste que le di un abrazo. ¡Y qué sorpresa me llevé al saber que éste era el primer abrazo que recibía en dos meses! En ese momento pensé: "¡Qué poco exige dar algo de felicidad a otro!". Imagina que si cada día damos una palabra de aliento o un gesto de cariño, probablemente el mundo sería mejor. Por lo tanto te propongo que no te encierres solo en tu dolor. Sal a la calle y brinda tu amor. Seguramente alguien te necesita sin que tú lo sepas. Te ayudará más de lo que te imaginas ser útil a otros y ocuparte de algo productivo que le dé significado a tu vida. Habrá momentos en los cuales desees disfrutar de tu soledad y esto también es necesario, ya que es importante estar solo con uno mismo, porque te da la oportunidad de reflexionar, planear o simplemente ahondar en tus sentimientos, pero aun así no te aconsejo que sea tu forma de vivir. Recuerda el citado pensamiento de John Donne: "Ningún hombre es una isla". Esta aseveración expresa una gran verdad, ya que vivimos en un mundo interdependiente. Tú necesitas de otros y el mundo necesita de ti. Tu familia, tus amistades, tus compañeros de trabajo necesitan de ti. Y tú necesitas de ti. No te concentres en tu dolor, piensa que muchas personas a tu alrededor pueden también estar pasando una pérdida. A lo mejor puedes tocar una vida con solo un gesto. Una vida que logres tocar es una vida que puedes llegar a cambiar. No te encierres solo en tu dolor. Sal a la calle y brinda tu amor, recuerda que alguien te necesita sin que tú lo sepas. Recuerda que ayudar a los demás es un acto de amor y entrega, tu vida carece de significado si sólo vives para ti.

Afirmaciones

- Encuentro apoyo en otros
- Hablar de mi dolor con mis semejantes me ayuda en mi proceso
- Me doy cuenta de que no estoy solo
- Ayudar a otros evita que me enfoque en mí mismo
- Existe alguien esperando que le dé la mano; se la brindaré con cariño y compasión

MEDITACIÓN

Soy un ser dichoso pues cuento con personas que se preocupan por mí y me han brindado su mano. He aprendido a compartir y a aceptar el amor de otros. Mi familia me ama. Mis amigos me aman. Mis compañeros de grupo me aman. Soy capaz de dar y también de recibir. Agradezco a Dios por las personas que ha puesto en mi camino.

Principio vi
Cuida de tu persona

¿Por qué cuidarse a uno mismo? Porque si vivimos según el precepto de "Ama a tu prójimo como a ti mismo", esto implica que para amar a otros tienes que empezar por ti. ¿Y qué es amarse a sí mismo? Esto significa que para amarte tienes que cuidarte. ¿Pero qué implica el cuidarte? Cuidarte implica prestar atención a tu cuerpo —el cual es tu templo— y a tu mente, ya que cuerpo sano y mente sana cuidan el espíritu. Sobre este tema profundizamos en el Principio iii.

Tu cuerpo

Tu cuerpo es lo que constituye tu dimensión física y es esencial que no descuides tu salud. Si no te sientes vigoroso o sufres de ciertos padecimientos te recomiendo que te hagas un chequeo médico para saber cómo te encuentras y si necesitas algún tipo de tratamiento. Nunca asumas que no es algo físico y que lo que estás sintiendo es provocado por tu dolor emocional. Puede ser que así sea, pero siempre consulta a tu médico.

Es esencial prestar atención a lo que constituye una buena nutrición y trata de llevar una dieta balanceada. Sucede a veces que por andar de prisa o por no tener deseos de cocinar consumimos alimentos que no nos brindan bienestar al cuerpo y por consiguiente nos sentimos cansados, sin energías. Si es necesario busca la asesoría de un buen nutricionista o pídele a tu médico que te ayude a hacer el plan que mejor te convenga. Existen muchos tipos de planes alimenticios pero éste debe de ser de acuerdo a tu condición.

Actividad física

El ejercicio se ha convertido en un componente esencial para una buena salud. Se recomienda para ayudar a combatir enfermedades crónicas como diabetes y cardíacas. Tanto es así que existen programas de ejercicios hasta para ancianos, ya que no existe límite para poder mejorar nuestra salud. El ejercicio periódico también ayuda tremendamente a liberarnos de la ira y la depresión, sobre todo si logras hacerlos en compañía de otras personas. Existe una gran cantidad de actividades, escoge la que más te atraiga y con la que te sientas más a gusto. Puedes registrarte en alguna clase, hacerte miembro de un gimnasio o simplemente puedes salir a caminar.

Johanna es una mujer que poco después de haber perdido a su esposo en un accidente aéreo se incorporó a un gimnasio. Ella atestigua que los ejercicios y el hecho de asistir al gimnasio le ayudaron tremendamente a conllevar el duelo y a obtener la fortaleza necesaria para seguir adelante. Considera que cualquier tipo de actividad física proporciona resultados beneficiosos para tu cuerpo y tu mente y afirma tu capacidad de transformación.

Cuida tu mente

Nuestra mente es más poderosa de lo que nosotros pensamos y es el motor que impulsa o dirige nuestras acciones. Por lo tanto es esencial alimentarla con información positiva y de valor. La lectura es imprescindible para estimular nuestra mente, pero debes hacer una buena selección. En estos momentos te pueden ser de gran ayuda los libros de naturaleza espiritual, de superación personal y de autoayuda. También son estimulantes las biografías de personas que lograron vencer grandes obstáculos y triunfaron en la vida. Escoge el tipo de lectura que más se adapte a tu personalidad y concéntrate en ella. En un cuaderno toma nota de los puntos importantes de la lectura o, simplemente, subraya el libro. Pero adéntrate en la lectura y busca el mensaje profundo del libro y su enseñanza. También es muy productivo mantener la mente ágil mediante pasatiempos como los crucigramas o el juego de dominó. Te servirá de distracción y a la vez te estimulará mentalmente. Es primordial que mantengas la mente ocupada en algo beneficioso para ti y tu evolución personal. Esto será como un paso más en tu proceso de transformación.

CUIDA TU ESPÍRITU

Como ya lo dijimos en el Principio III, esta dimensión es esencial para llevar una vida completa y no necesitas ser religioso para poder desarrollarla. Diariamente trata de dedicar una hora a tu espíritu y te darás cuenta cómo cambia tu vida. Esa hora puede ser dedicada a diferentes tipos de actividades espirituales, como leer un libro de reflexiones, meditar, hacer yoga, escribir en tu diario, ir a la iglesia, templo o centro espiritual, caminar por la playa o el campo, conversar sobre temas profundos o, simplemente, tomar tiempo en el día para recogerte. Si haces una actividad diferente cada día podrás darte cuenta de que no requiere tanto de ti y de que luego se convertirá en un hábito que necesitarás para llevar una vida plena y tranquila. Ante todo, recuerda integrar los dones de amor, perdón y agradecimiento. Tu vida se llenará de luz, paz y esperanza.

Afirmaciones

- Mi cuerpo es mi templo y lo cuido con amor
- Alimento mi cuerpo con comidas sanas y nutritivas
- Participo en actividades físicas que me dan bienestar corporal y mental
- Me siento saludable y con energía
- Estoy dispuesto a crecer espiritualmente

MEDITACIÓN

Cada día que pasa siento mi cuerpo más fuerte y sano. Alimentar mi cuerpo con nutrientes de buena calidad y ejercitarlo de forma sistemática me hacen sentir bien y lleno de vitalidad. Proveo mi mente con información provechosa para mi evolucion en correspondencia con mi singularidad humana. Tengo el poder de decidir el tipo de vida que deseo. Escojo una vida sana y con objetivos elevados.

Principio VII
Elabora rituales

Los rituales nos ayudan a restaurar el sentido de balance de la vida.
ALICE PARSONS ZULLI

Durante nuestra vida llevamos a cabo una serie de rituales, celebramos cumpleaños, aniversarios, graduaciones y Navidades. Asistimos a la iglesia o al templo o nos reunimos los domingos toda la familia para compartir la cena. En realidad, un ritual es una ceremonia con un significado especial para nosotros. Muchos rituales son religiosos; otros, seculares. Pero generalmente tienen un elemento común en cuanto a su significado y propósito. Los llevamos a cabo para sentirnos bien y, en algunos casos, hasta para mantener tradiciones familiares. De hecho, muchas familias tienen diferentes tipos de rituales. Unas llevan a cabo rituales en común, otras de forma más íntima. Un ejemplo de ritual de gran significación para los católicos es el rezo dell Rosario. Por tanto, llevar a cabo un ritual equivale a desarrollar una acción de especial significado para nosotros.

En el caso específico de las pérdidas, los rituales ayudan mucho a procesarlas y a darnos un sentido en ese preciso momento. Pero debemos estar conscientes de que los rituales pueden llegar a convertirse en actos obsesivos si no ponemos atención a nuestro comportamiento y a lo que nos motiva a llevarlos a cabo. Como mencionamos, un ritual es la ejecución de una acción de significación específica, pero si dicha acción se convierte en una acto repetitivo que necesitamos efectuar un determinado número de veces para sentirnos satisfechos, podemos estar incurriendo en un desorden de obsesión compulsiva. Si sospechamos que esta acción nos está manipulando, es importante que lo sepamos reconocer y que busquemos ayuda, puesto que puede llegar a convertirse en algo que interrumpe el flujo lógico de nuestra vida, de nuestro comportamiento. Te aconsejo que si te llega a suceder, busques ayuda, habla con alguien, abre tu corazón y verás que podrás encontrar la ayuda que necesitas.

El propósito de llevar a cabo rituales es, entre otras cosas, ayudar a las personas a resolver sentimientos problemáticos y a encontrarle sentido a sus vidas. Los rituales pueden llegar a ser muy significativos y, en el caso de la pérdida de un ser amado, los funerales y actos conmemorativos ayudan mucho durante el comienzo del proceso de duelo.

RITUALES PARA VARIOS TIPO DE PÉRDIDAS

I. EL FUNERAL

Cuando alguien se nos muere generalmente nos preparamos para asistir al funeral y compartir con la familia y amistades cercanas. Aun así muchas personas evitan asistir a este evento, pues prefieren recordar a la persona querida "como lucía en vida". Pero el funeral tiene una razón de ser, es una forma eficaz de interiorizar que la persona ha muerto y que ya no estará más con nosotros. Adicionalmente, "es una forma de conmemorar públicamente una vida que terminó y de situar la muerte dentro de un marco de significado" (A. Parsons Zulli, 1998)[17]. Como dice A. Parsons, hay diferentes formas de llevar a cabo un funeral y eso depende de la religión de la persona o de la forma de proceder. Se estila mucho ahora el tipo de funeral conocido como Celebraciones de Vida, en los cuales se escoge un tema que identifique a la persona. Por ejemplo, si la persona sentía una gran pasión por el tenis, se incluyen en el velorio elementos alusivos al tenis, desde una raqueta hasta fotos de jugadores. Diana, gerente de una casa funeraria, me contó cuánto se esmeran para llevar a cabo un funeral que satisfaga las exigencias de las familias para honrar a sus seres queridos. Dichos servicios reflejan la cultura y religión de la familia, ademas de honrar la vida del ser amado.

II. El uso de la velas

Una forma muy simbólica de llevar a cabo rituales es con la utilización de velas. Las velas estimulan la espiritualidad y la relajación al combinarlas con oraciones, reflexiones o, simplemente, con música de ambiente. Existen muchos tipos de velas —alargadas, redondas, flotadoras o veladoras— que pueden ser utilizadas de acuerdo al ritual que deseamos llevar a cabo. A continuación deseo brindarte una serie de rituales que puedes llevar a cabo según la pérdida que estás enfrentando. Puedes hacerlos todos, si así lo deseas, ya que todos estos rituales le brindarán paz a tu alma y te darán una sensación de profundo bienestar.

Pérdida de un ser amado

Toma la foto de tu ser amado y colócala sobre una mesita decorada con una vela blanca. Al encender la vela di una oración en nombre de tu ser amado, agradeciéndole por el amor que te brindó y por el amor eterno que siempre sentirás por él o ella.

Si eres religioso puedes hacer la siguiente petición:

> Dios te pido que me llenes de tu blanca luz y que permitas que toda mi alma se encuentre en comunión con mi ser amado. Bríndame la paz que necesito y haz que esta sensación de paz permanezca siempre en mi vida.

Pérdida de la salud

Toma una serie de velas de diferentes colores y asígnale a cada una un tipo diferente de energía. Luego toma un par de gotitas de aceite de lavanda y frota tus sienes, la parte interior de tus manos y tu corazón. Luego al encender las velas imagina que todo tu cuerpo está rodeado de luz celeste, que es un color conocido por sus poderes espirituales y curativos. Pide con fe por el restablecimiento de la salud.

Pérdida por divorcio

Toma papel y lápiz y disponte a escribir una carta a tu ex cónyuge. En esa carta deja salir cualquier sentimiento que todavía tengas guardado dentro de ti, incluyendo rencores e ira. Si necesitas perdonar o pedir perdón por algún hecho del pasado, hazlo también.

Luego toma una vela de color morado, que es un color que inspira mucha espiritualidad y sabiduría, y enciéndela. Acto seguido rompe la carta que escribiste y quémala con el fuego de la vela. De esa manera alejas todos esos sentimientos que perjudican tu alma y evitan tu evolución.

III. Tu diario personal

Escribir un diario es otra actividad que puede convertirse en un ritual. El proceso de escribir es en sí un instrumento de expresión y, a la vez, de sanación, ya que al expresar lo que sentimos nos desahogamos y limpiamos nuestra alma. En un diario llevamos un recuento de nuestras vivencias y de lo que es importante para nosotros. Es una forma de explorar nuestros sentimientos y reacciones ante determinadas circunstancias. Si incorporas la escritura de un diario al proceso de tu duelo te darás cuenta de que es una herramienta poderosa que te ayudará a estar consciente de los cambios que se van suscitando en ti, ya que puede ocurrir que ni siquiera nos percatemos de ellos. Pero si lo haces periódicamente te darás cuenta de que sí estás avanzando en tu proceso y de que se está llevando a cabo una transformación. Los cambios sí se dan aunque tú no los percibas. Puede ser que tu familia note que has aprendido a dar más de ti, a ser más compasivo o más paciente. Muchas veces estamos tan enfrascados en el dolor provocado por la pérdida, que no percibimos los pequeños cambios que se van produciendo en nuestra vida.

Recuerdo a Lucía, una mujer que después de haber pasado por un doloroso divorcio no se había percatado del cambio tan positivo que se había operado en su persona. Había salido de las sombras en las cuales vivía, detrás de su esposo, para brillar por sí misma. Fue como una larvita que se convirtió en mariposa. Y ella no lo había comprendido plenamente hasta que lo hablamos un día y se lo demostré al recordarle sus primeros tiempos después del divorcio y cómo era ella cuando estaba casada. Fue su despertar al mundo. Es ahora una mujer segura y plena de felicidad.

Cómo llevar tu diario

Puedes escribir en tu diario de diferentes maneras. Ya sea libremente o sobre un tema específico. Hazlo como te resulte más placentero, pero lo que sí te recomiendo es que cada vez que escribas no olvides apuntar la fecha y la hora.

Escoge bien tus temas. Puedes escribir sobre tus experiencias del día de forma generalizada o escribir bajo diferentes encabezamientos. A continuación te doy una lista de temas que te pueden servir como punto de partida:

- Estoy triste por...
- Me siento culpable por...
- Tengo temor de...
- Me molesta...
- Extraño a...
- Agradezco por...
- Espero que....

Estos encabezamientos son, básicamente, para ponerte en contacto directo con tus sentimientos. Exprésalos con libertad y sin titubear. Después lee atentamente cada entrada en tu diario y profundiza en lo que sientas. Con el correr del tiempo, sobre todo si llevas el recuento de las fechas, podrás ir apreciando la progresiva evolución de los sentimientos. Si notas que te has quedado estancado en alguno de ellos, te recomiendo que busques ayuda profesional o que visites a tu guía espiritual.

IV. Escribir una carta

Escribir una carta te ayudará a expresar sentimientos que quedaron en tu corazón y que necesitas sacar a flote. Esto ocurre cuando no pudimos expresar lo que sentimos o no nos fue posible decir adiós a nuestro ser querido. La idea de escribir una carta no es enviarla (aunque la persona esté viva), sino expresar lo que sientes. Podrías preguntarte: "¿Cómo puedo escribir una carta que no voy a enviar?". Y yo te contesto: "Escribiéndola con el alma". Toma un cuaderno y empieza tu carta como desees, pero expresa lo que sientas. A lo mejor, si eres viuda, le deseas decir a tu esposo cuánto lo extrañas; o puedes escribir una carta a tu ex jefe, expresándole tu enojo por haberte despedido sin previo aviso; o al padre de tus hijos, que te abandonó por otra persona.

La idea es exponer lo que sientes. Luego puedes guardar la carta o romperla. Lo dejo a tu elección. Marta Felber en su libro *Encuentra tu camino tras la muerte de tu pareja* (*Finding your Way after your Spouse Dies*[18]) nos comenta lo mucho que le ayudó, durante su proceso de duelo, escribirle cartas a su esposo, las que ella guarda en una carpeta especial. Si éste es tu caso, puede que esta idea te sirva a ti también.

Afirmaciones

- Encender una vela le da paz a mi alma
- Encender una vela me acerca a mi ser querido
- Escribir en mi diario me ayuda a limpiar mi alma

- Escribir en mi diario es una forma de expresar lo que yo siento
- La oración me brinda paz y fuerza interior

MEDITACIÓN

Si me siento triste o experimento nostalgia sé que puedo encontrar paz y serenidad al adentrarme en lo profundo de mi ser y establecer un mayor contacto con mis sentimientos. Me sentaré en una habitación de forma relajada, encenderé una vela y experimentaré mis sentimientos. Si deseo escribir en mi diario lo haré de forma libre y sin interrupción. Una vez que logre ponerme en contacto con lo que siento, dejaré salir mis tristezas y abriré mi corazón a nuevas experiencias y sensaciones.

Principio VIII
Vive el presente

El secreto de la salud física y mental no es lamentarse por el pasado, preocuparse por el futuro o anticipar problemas, sino vivir el presente con seriedad y sabiduría.
Buddha

¿No te has percatado de que vives pensando en lo que pasó o en lo que no pudo ser? Tenemos la tendencia a mirar hacia atrás y añorar el pasado como un tiempo mejor. Al enfrentar una pérdida es muy común recordar con nostalgia lindos momentos vividos con la persona amada, pensar en el buen trabajo que perdimos o añorar nuestra patria. Es de esperar que estos sentimientos nos aborden y es sumamente normal experimentarlos. El problema es cuando nuestra vida se enfoca solamente en esos pensamientos y dejamos de vivir el hoy por añorar lo que se fue o preocuparnos por lo que aún no ha llegado. ¿Qué tal si te propones vivir cada día con absoluta presencia en cada acción que lleves a cabo y con total plenitud?, ¿te parece difícil? Eckhart Tolle en su libro *El poder del ahora* (*The Power of Now*) nos recuerda lo necesario que es tomar conciencia de cada uno de nuestros actos y pensamientos. Esto implica estar presente en nosotros mismos y en los demás. Y te podrás preguntar qué es "estar presente". Esto significa entregarnos totalmente a lo que hacemos. Por ejemplo, si estás comiendo o estás sentado, que tengas conciencia de lo que estás haciendo. Que penetres en ese estado dándote cuenta de todo lo que te sucede; que vivas la experiencia; que cuando converses con alguien estés ahí, presente, escuchando a la persona, no ocupando tu mente en otro tipo de pensamientos que más bien te distraen y te aturden. Estar presente y alerta facilita maravillosamente el enfrentamiento de la pérdida, ya que te hace llegar al fondo de tus sentimientos en un estado de conciencia absoluta. No te desesperes si en un primer momento te resulta difícil. Es normal puesto que este tipo de comportamiento o experiencia no es lo acostumbrado en nuestra sociedad. Apenas tomamos tiempo para estar con nosotros mismos o escuchar nuestros pensamientos. Si comemos, lo hacemos de prisa y ni siquiera disfrutamos los sabores de la comida. Si lloramos, nos salen las lágrimas y nos lamentamos pero tal vez no tomamos conciencia de lo que realmente nos está provocando el llanto. Tómate tu tiempo. Mantente presente en ti mismo y conócete un poco más.

Por otro lado, al comprender el concepto del ahora, te darás cuenta de que cada momento es un ahora. Lo que ahora es el presente, mañana será pasado y así sucesivamente. Nuestra vida es una sucesión de momentos, de "ahoras" pero por esto no debemos vivir sin pensar en el mañana. No es esto lo que te estoy sugiriendo. Lo que te propongo es que no vivas preocupado por el mañana, sino que estés consciente de que éste se materializará de acuerdo a nuestra actitud y acciones de hoy. Por consiguiente, vale la pena ir edificando el futuro que deseamos viviendo el ahora con sentido y proyecto.

Momento de reflexión

Siéntate cómodamente sin cerrar los ojos y ponte en contacto con tu yo interno. Siente cómo estás respirando y cómo vas a percibir tu entorno. Mira a tu alrededor y descubre colores que no habías notado, y olores que no percibías. Siente cómo tu universo se encuentra ahí, en ese momento en el cual te encuentras totalmente presente, experimentando cada segundo a plenitud.

Afirmaciones

- No vivo más en el pasado
- No me preocupo por el futuro
- Me encuentro presente en cada momento
- Vivo el hoy a plenitud y totalmente presente

MEDITACIÓN

Aprender a vivir en el presente no es fácil, pero me ha ayudado a vivir más plenamente. He descubierto que poseo una fuente de sabiduría y fortaleza que antes desconocía. Aprecio a diario cada experiencia. Escucho a mi yo interior y dejo escapar la preocupación y el pensamiento intruso. Vivir a plenitud el hoy me hace sentir vivo.

PRINCIPIO IX
MODIFICA TUS PENSAMIENTOS

El secreto de la vida no reside en lo que te pasa a ti, sino en lo que tú haces con lo que te pasa a ti.

NORMAN VINCENT PEALE

En la vida atravesamos situaciones difíciles, pero todo depende de nuestras respuestas a esos sucesos. Tenemos que aprender a aceptar las pérdidas ya que esto —como dijo el Dalai Lama— nos abre la posibilidad de ver el dolor ajeno y no enfocarnos solamente en nuestro dolor:

> Inicialmente los sentimientos de pena y ansiedad son una respuesta humana y natural a una pérdida. Pero si usted permite que estos sentimientos de pérdida y preocupación persistan, hay un peligro; si estos sentimientos son dejados libremente pueden llevarle a un tipo de "autoabsorción". Una situación donde usted llega a ser el foco de usted mismo. Y cuando esto sucede usted se siente agobiado por el vacío y siente que solamente usted está atravesando esto. Pero, en realidad, hay otros que están atravesando la misma experiencia, por lo tanto, si usted se encuentra demasiado preocupado, puede ser de gran ayuda para usted pensar que existen otras personas que tienen tragedias semejantes o, inclusive, peores[19].

Te sugiero que leas nuevamente las palabras del Dalai Lama y te darás cuenta del peligro de caer en una "autoabsorción", pues nos convierte en víctimas pasivas en lugar de agentes de acción. Generalmente esta actitud se origina por nuestros pensamientos, ya que estos influyen en nuestros sentimientos. Por lo general los humanos mantenemos un monólogo (a veces hasta diálogo) con nosotros mismos. Constantemente nos estamos enviando todo tipo de mensajes o nos enfrascamos en algún tipo de pensamiento. Si estás pasando un dolor muy grande es probable que creas que eres el único y que tu dolor es mayor que el de tu vecino. Pero detente y mira a tu alrededor. Muchas personas están sufriendo también.

El poder transformador del pensamiento

Las creencias se originan en los pensamientos. Claro, en el caso de las pérdidas, sobre todo de la pérdida de alguien a quien amamos, entran en juego también nuestros sentimientos. No es a los sentimientos a los que me refiero, sino a los mensajes que te puedas dar con tus pensamientos. El amor hacia tu ser amado nunca cesará, yo aún amo a mi padre después de treinta y seis años de fallecido, pero mis pensamientos fueron cambiando: de la desesperanza y de pensar que no podría salir de ese hueco en el cual me encontraba, pasé a pensar que sí podía, que iba a forjar una vida inspirada en la vida de mi padre, en sus consejos y en su ejemplo. Desde el momento en que cambié mi forma de pensar ante su muerte, mi vida cambió. Me llevó muchos años lograrlo y es por eso que deseo llevarte este mensaje para que no te suceda lo mismo. Sólo cuando tuve la oportunidad de hacer una regresión al momento del funeral, que pude revivir todo de nuevo y dejé salir los sentimientos sepultados en mi alma, fue que logré transformar mi pérdida y cambiar mi vida. Como te confesé en las primeras páginas de este libro, cuando murió mi padre yo no recurrí a ninguna de las herramientas que me hubieran podido ayudar a conllevar mejor el proceso. No recurrí a grupos de apoyo, ni a consejería, ni a rituales, ni a escribir en mi diario, y en realidad me quedé por muchos años como estancada en el primer paso de aceptación de mi pérdida. Por muchos años llevé ese dolor dentro de mi alma y por eso hoy te traigo esta guía para que tú logres procesar tu duelo, enfocándote en transformarlo. Por lo tanto, cuando algún pensamiento negativo pase por tu mente, cámbialo y conviértelo en un mensaje positivo.

- Si te encuentras continuamente diciéndote:

    No puedo vivir sin mi ser amado,

    pronuncia las siguientes palabras con certeza:

    Aprenderé a vivir sin mi ser amado de otra manera.

- Si muchas veces te has dicho:

    ¡No puedo salir adelante!,

    afirma con convicción lo contrario:

    ¡Soy capaz de salir adelante!

- Si has pensado que

    La vida ya no vale nada,

    enuncia con seguridad que:

    ¡La vida es un gran regalo!

Ahora, toma papel y lápiz y haz el ejercicio que sigue. Después de cada pensamiento negativo escribe lo contrario y... ¡conviértelo en positivo!

MOMENTO DE REFLEXIÓN

- Menciona tres pensamientos que te hacen sentir culpable
- Menciona tres pensamientos que te hacen sentir temeroso
- Menciona tres pensamientos que te hacen sentir molesto

Afirmaciones:

- No volveré a sentirme culpable
- No le tengo temor a la vida
- No permito que la ira me domine
- Tengo mucho que dar a la vida
- Me amo a mí mismo y a los demás

MEDITACIÓN

Desde este momento no permitiré que ningún pensamiento intruso me despoje de mi armonía. Observo mis pensamientos y puedo tornarlos en una fuente de fortaleza y esperanza. La vida es hermosa y deseo vivirla a plenitud. A pesar de dolores y adversidades existe en mí la capacidad de transformación y de crecimiento. Creo en mí.

Principio x
Reconstruye tu mundo

Al entrar al Principio x nos encontramos con un concepto innovador, incorporado a las otras filosofías, sobre cómo procesar el duelo y cómo encontrarle significado a la pérdida. El psicólogo Robert Neimeyer (2006)[20] considera esta propuesta constructiva y necesaria. Él nos dice que "(...) intentar reconstruir un mundo con significado es el proceso central en la experiencia del duelo" (*Lessons of Loss*, p. 83). Él nos recuerda que el proceso de encontrar sentido a una pérdida, sobre todo a la muerte de un ser amado, es muy personal y que la reconstrucción de nuestra vida puede llegar a ser extremadamente difícil. Aun así Neimeyer considera que

> el proceso de duelo es en sí un acto de afirmar o reconstruir un mundo personal con sentido que ha sido retado por la pérdida... Requiere que reconstruyamos un mundo que de nuevo tenga sentido, que restaure el significado, la dirección y la interpretación a una vida que ha sido transformada para siempre (p. 92).

De entrada esto puede parecerte imposible, especialmente ante la pérdida de un ser querido. Me preguntaba una madre que perdió a su niño de nueve años: "¿Cómo puedo encontrar significado en la muerte de mi hijo?".

Entonces le pregunté: "¿Deseas llevar a cabo una obra benéfica en honor a tu hijo? ¿Deseas que la muerte de tu niño deje un legado para otros que a lo mejor están sufriendo la misma enfermedad que él sufría? Lo más importante es que la madre sienta que la muerte de su hijo no fue en vano. Tomemos el ejemplo de la organización Madres en Contra de Conductores Ebrios, conocida por las siglas MADD (Mothers Against Drunk Drivers), la cual se fundó hace mas de veinticinco años a raíz de la promesa que una madre le hizo a su hija de trece años, fallecida por culpa de un conductor ebrio. A esta promesa se unieron muchas madres que también habían perdido un hijo por culpa de un conductor borracho. En estos momentos MADD es una organización a nivel nacional en los Estados Unidos que cuenta con más de dos millones de miembros que desarrollan programas y promueven conciencia pública sobre los peligros de manejar intoxicado[21]. Éste en un vivo ejemplo de cómo otorgar significado a una pérdida y, a la vez, transformarla en un acto de amor y ayuda a los demás.

Recientemente asistí a una conferencia sobre el crecimiento después del duelo: *Bendiciones extrañas: duelo y crecimiento postraumático* (*Strange Blessings: Grief and Postraumatic Growth*)[22], donde se habló precisamente de la posibilidad de lograr una transformación en la vida, luego de enfrentar una dolorosa pérdida. En esta conferencia se describieron diferentes tipos de lo que se ha denominado "bendiciones extrañas", aquellas que pueden nacer al lidiar con la muerte de un ser querido. Entre los cambios que se mencionaron se encuentran:

- el de uno mismo
- el de las relaciones
- el de la filosofía de vida

Dentro de este cambio cabe mencionar la reevaluación de nuestras prioridades. A veces nos enfocamos en cosas que a la larga no tienen tanto sentido y no le damos valor a lo que realmente lo tiene, como la familia, nuestras amistades, ayudar a los demás y darnos tiempo a nosotros mismos. A veces vivimos mucho hacia afuera y cuando afrontamos la muerte de un ser querido o el diagnóstico de una enfermedad mortal es cuando comprendemos que necesitamos invertir más tiempo en lo que realmente hace diferencia en nuestras vidas. Recuerda que, según el adagio, "Uno no sabe lo que tiene hasta que lo pierde". Y aunque nos resulte dolorosa la expresión, a veces es muy cierta. Esto nos puede suceder también al enfrentar un divorcio, si es que sentimos que tal vez se hubiera podido trabajar la relación; o al salir de un trabajo del cual vivíamos quejándonos constantemente.

De igual manera nos puede suceder cuando nuestros padres fallecen y nos arrepentimos de no haberles dado el cariño o el tiempo que ameritaban. Todas estas reacciones son humanas y a veces, sólo por una pérdida es que llegamos a comprenderlo.

Aunque no todas las personas crecen debido al sufrimiento, ya que todos reaccionamos de diferente manera, en la mayoría de los casos los cambios se suscitan, sobre todo, a nivel espiritual y existencial (conferencia, 2007).

Después de leer estas líneas, ¿se te ocurre alguna idea para honrar la memoria de tu ser amado? ¿Te gustaría fundar alguna organización a su memoria? Puede ser que decidas llevar a cabo una obra benéfica u ofrecer tus servicios de voluntario.

> **MOMENTO DE REFLEXIÓN**
>
> Toma una pausa y finaliza los siguientes enunciados:
>
> Mi ser querido
>
> - luchaba por _____
> - amaba a _____
> - esperaba que _____
> - soñaba con _____
> - ¿Con cuál organización mi ser querido contribuía o hubiera deseado contribuir?
>
> _____
> _____
>
> - ¿Cómo puedo hacer un aporte a la vida de mis semejantes en honor a mi ser amado?
>
> _____
> _____
> _____

¿Recuerdas que en el Principio III mencioné el caso de Zig Ziglar y cómo su fe le ayudó a conllevar su pérdida y hasta encontrar dicha al saber que su hija se encontraba al lado de Dios? Zig también reconoce que una pérdida puede ser transformada en una fuente de amor y fe al decirnos:

Debido a mi dolor ha crecido el amor hacia mis otros hijos... un amor que excede el gran amor que yo ya sentía por ellos. Debido a mi dolor se ha producido un amor más profundo para los otros miembros de mi familia, incluyendo a mis yernos, mi nuera, mis nietos, primos, sobrinas, sobrinos y demás parientes.

Al igual que Zig, varias personas al compartir sus historias en este libro coinciden en reconocer la importancia que tiene demostrar nuestro amor a los demás y vivir cada día a plenitud. Ese comportamiento puede ser, en tu caso, una poderosa razón para transformar tu vida.

Agradece lo que tienes

El agradecimiento es una de los elementos espirituales que cubrimos en el Principio III, y que puede ser de gran ayuda para reconstruir tu vida.

Puede ser que te preguntes: "¿Qué voy a agradecer si estoy sufriendo una pérdida?". Si lees de nuevo el encabezamiento podrás darte cuenta de que lo que te estoy sugiriendo es que agradezcas por lo que todavía tienes en tu vida.

¿Por qué enfocarte en lo que no tienes? A lo largo de nuestra vida —como hemos visto en capítulos anteriores— sufrimos pérdidas de todo tipo, pero no olvides que también tenemos ganancias constantemente. Lo que sucede es que cuando sufrimos una pérdida un filtro de tristeza o desolación cubre nuestra visión, pero qué tal si removemos ese filtro y nos proponemos evaluar lo que existe en nuestra vida, aquello que la puede enriquecer si nos damos la oportunidad de apreciarlo.

MOMENTO DE REFLEXIÓN

Toma una pausa, respira profundamente y disponte a hacer una lista de las cosas que en tu vida son ganancias, y una vez que las hayas enumerado da gracias por cada una de ellas. Puedes hacer la lista por dimensiones. Por ejemplo, la dimension social, física, psicológica y espiritual. O simplemente puedes hacer listas de amigos, familiares, bienes materiales, atributos personales y hasta metas que has logrado. Lo importante es que reconozcas que en tu vida aún tienes cosas por las cuales estás agradecido.

Estoy agradecido por:

_____

_____

_____

_____

De igual manera te recomiendo que todas las noches al acostarte escribas en un papel tres cosas por las cuales estás agradecido de ese día. Tal vez recibiste una llamada inesperada o te dieron un aumento; o alguien te sostuvo la puerta mientras subías al coche; o tal vez alguien, simplemente, te brindó una sonrisa en el supermercado. Escribe tres cosas que te hicieron sentir bien durante el día. Si tienes más de tres cosas, mucho mejor, escríbelas. No me extrañaría que encontraras más motivos por los cuales estar agradecido. A la mañana siguiente toma la lista y leela de nuevo antes de iniciar el día y verás qué bien te sientes y así enfrentarás ese día con mayor ilusión. Al llegar la noche, vuelve a escribir la lista de las tres nuevas cosas que te ocurrieron ese día. Trata de hacer esto por espacio de tres meses y comprenderás que tienes que estar agradecido a la vida por lo que tienes. Que no se te olvide que mientras más te enfoques en lo que tienes, más llevadero será convivir con lo que perdiste.

Agradezco este día por las siguientes tres cosas:

_____

_____

_____

Significado en la vida

Melvin A. Kimble (2002)[23] afirma que encontrarle sentido a la vida es un componente esencial de la espiritualidad, ya que

> las oportunidades de encontrar el significado [de nuestro entorno] se encuentran siempre en la vida, y ni siquiera el sufrimiento y la muerte nos pueden apartar de ello... Tal reconocimiento espiritual puede renovar la conciencia del individuo en relación a su propia divinidad y valor como persona[24].

Por tanto, es esencial reconstruir nuestra fe y esperanza al pasar por el proceso del duelo (Champ, 2007).

Al llegar a esta etapa de tu proceso podrás preguntarte cuál es el real propósito de la vida. Es muy probable que después de haber pasado por una desdicha tus valores cambien; o, si permanecen iguales, por lo menos se reforzarán. Lo que te ayudará mucho para llevar a cabo tu propia transformación es saber, realmente, lo que es importante en tu vida y de qué forma puedes llevar a cabo tu objetivo. Cada uno de nosotros tiene un propósito diferente en la vida. Por lo tanto te pregunto: ¿Cuál es el tuyo?, ¿qué te da significado?, ¿cuál de estos sentimientos de transformación ha provocado en ti esta pérdida?

- trascendencia
- seguridad en ti mismo
- contribución al mundo
- evaluación de valores
- legado
- amor
- compasión
- aceptación

Considera a Silvia, una mujer de sesenta y cinco años que perdió a su hija de veinte. Ella ha logrado transformar la pérdida de su hija de la siguiente manera:

> Es necesario aprender a vivir con la pérdida. Cuando uno es diabético, uno aprende a vivir con la insulina; si uno pierde una pierna, uno aprende a vivir sin la pierna; si se pierde a un ser querido, uno aprende a vivir sin ese ser querido, ya que tienes que escoger entre vivir o dejarte morir, abandonándote deprimida en una cama. Yo no creo que eso sea lo apropiado. Uno tiene que pensar que la vida es hermosa ya que va cambiando de instante a instante puesto que está basada en ciclos. Y cuando se tiene el ciclo bueno, hay que aprovecharlo. He aprendido a que nada me turbe y yo sé que se debe a mi fe que cada día es mayor. Como dice el Salmo 23: "El Señor es mi Pastor, nada me faltará".

Es muy probable que al principio no entiendas el porqué de dicha pérdida, pero si la transformas puede convertirse en alguna forma de ganancia. Como dijo el rabino Harold S. Kushner al perder a su hijo Aarón, quien solamente tenía catorce años al morir y por espacio de diez años vivió la agonía de su enfermedad: "Pienso en Aarón y en todo lo que su vida me enseñó, y comprendo lo mucho que he perdido y lo mucho que he ganado. El ayer parece menos doloroso, y no temo el mañana"[25].

Los cambios sí se dan, aunque tú no los percibas. Puede ser que tu familia note que has aprendido a dar más de ti, a ser más compasivo o más paciente. Muchas veces estamos tan sumergidos en el dolor o la pérdida que no percibimos los pequeños cambios que se van produciendo en nuestra vida.

Te recuerdo el caso de Lucía (recogido en el Principio VII. Elabora rituales), una mujer que no se había percatado del cambio tan positivo que se había operado en su persona, luego de un divorcio traumático. Ella tuvo un despertar al mundo, como el de una "mariposa", y es ahora una mujer segura, plena de felicidad.

Este fenómeno sucede muy frecuentemente y la inspirada autora Barbara De Angelis nos lo dice claramente:

> Cuando por primera vez salimos de un momento de transformación personal estamos tan ocupados en recuperarnos de ese proceso que puede que no nos demos cuenta de cuánto hemos cambiado… Todavía no llegamos a ver que en nosotros se ha producido un renacimiento[26].

PRINCIPIO XI
VISUALIZA LA VIDA QUE DESEAS

> *¿Cuál es la mayor mentira del mundo? Es la siguiente: "En un momento determinado de nuestra existencia perdemos el control de nuestra vida, y ésta pasa a ser gobernada por el destino". Ésta es la mayor mentira del mundo.*
>
> PAULO COELHO
> *El alquimista*

Al llegar al Principio XI, el último del proceso de transformación, asumo que ya has logrado ir ejecutando los anteriores. Por esa razón te los presenté de forma consecutiva, ya que nunca podría sugerirte que visualices tu vida si no hubieses dado el primer paso: aceptar tu pérdida.

Luego pasaste por las etapas de vivir tu duelo, tu espiritualidad, el apoyo de otros, el cuidado de tu persona, la apreciación del presente, la reconstrucción del significado de tu pérdida y, finalmente, llegas a la etapa de visualizar cómo se llevará a cabo esa transformación. Como nos dice Paulo Coelho, no escojamos ser víctimas del destino. Si piensas que lograrás transformar tu pérdida en algo valioso para tu vida y para los demás, podrás lograrlo. Napoleón Hill lo dice en su best seller *Piensa y serás rico* (*Think and Grow Rich*)[27], el primer elemento para llevar a cabo un sueño o un cambio en tu vida es desearlo.

El motivante orador Robert Allen nos recuerda que en nuestra imaginación todo es posible, y que podemos prever la realidad que deseamos vivir en el futuro (Allen, 2000). Este concepto se utiliza mucho para superarse en la vida. Yo deseo aplicar el mismo concepto en el área de la transformación de tu pérdida, pues al llegar al Principio XI ya has procesado tu duelo y es saludable que te proyectes hacia el futuro. Imagina tu vida de aquí a uno o dos años, ¿cómo la ves? ¿Cómo habrás contribuido con la humanidad, con tu familia, con tu propia vida? ¿Qué logros habrás obtenido? Piensa que llegará un momento en el cual tendrás que reintegrarte a las actividades cotidianas y tomar el control de tu propia vida. Si tomas una actitud pasiva puede suceder que dentro de un año te encuentres en una situación muy similar a la que tienes ahora. ¿Te gustaría eso? ¿Te gustaría sentirte así, como te sientes ahora, después de un año? ¿Te gustaría sentir la misma tristeza, el mismo desaliento, la misma desesperanza? No lo creo y es por eso que te animo a que, una vez que hayas pasado por el momento más agudo del duelo, en el cual necesitas tomarte tu tiempo, tomes una actitud llena de esperanza y confianza en el futuro. Una vez que asumas el control en tu vida podrás desarrollar el potencial que llevas dentro.

Para lograr lo que deseas en tu nueva vida te propongo que definas metas en las diferentes áreas en que te desenvuelves. Escríbelas todas y luego empieza por la que se te hace menos difícil. No te agobies y escoge sólo una si esto te hace sentir más dispuesto. Te darás cuenta de que poco a poco irás llevando a cabo todos los sueños que deseas lograr y comprobarás que, si lo visualizas y te empeñas en lograrlo, ¡podrás hacerlo! Tener metas específicas es —según Zig Ziglar— la única forma de llegar a tener una vida con objetivo, pues si no, estamos divagando. Y aunque la falta de ánimo y desorientación es normal en las primeras etapas del duelo, al transcurrir cierto tiempo es necesario tomar de nuevo el timón de nuestra vida y recobrar el norte con mayor sentido y propósito.

Momento de reflexión

En el siguiente espacio describe cómo deseas que sea tu vida en un futuro:

_____
_____
_____
_____
_____
_____
_____
_____

Afirmaciones

- Puedo edificar la vida que deseo
- Estoy dispuesto a cumplir mis metas
- Viviré mi vida con objetivo
- Merezco ser feliz

Meditación

Mi vida es un regalo y tiene gran significación. Comprendo que mi felicidad es el resultado de mis decisiones y de la forma como me relaciono conmigo y con los demás. Por lo tanto yo escojo ser feliz. Al transformar mi pérdida he adquirido la capacidad de construir una vida con un propósito mayor. Agradezco a Dios por mi vida y por haberme brindado la capacidad de amar y sentir.

¡Con amor, fe y agradecimiento!

Recuerda que para lograr lo que deseamos se necesita encontrar el propósito y, ante todo, el significado de lo que deseamos lograr. ¡Tú puedes! El poder reside en tu interior! Has llegado hasta aquí en el libro porque tú lo decidiste. Pudiste dejarlo en la segunda página pero si decidiste llegar hasta el final es porque comprendiste que esta vida es un regalo y es la única que tienes. ¡No la desaproveches! Con sus altas y bajas, con sus tristezas y alegrías, es tuya y aunque sea frágil te pertenece. Ten presente que hoy estamos aquí pero no sabemos mañana. Las personas a las que amamos están hoy aquí, pero no sabemos mañana. Que esta situación tan difícil por la cual pasaste te inspire a vivir con mayor plenitud y con mayor gratitud; que aprendas a expresar más tus sentimientos, a decirle a la persona que amas lo mucho que la quieres, y que, finalmente, encuentres el propósito de tu vida, cualquiera que éste sea, y que lo logres con significado... Que cuando llegues al final de tu propia vida te sientas realizado con lo que hiciste de ella, con lo que soñaste, lograste y amaste. Que hayas logrado desarrollar tu fortaleza personal después de pasar por las calamidades y entender el significado de cada una de ellas. Sólo así podrás haber crecido y haber vivido. Si nos quedamos en la etapa de la queja no lograremos nunca salir adelante.

¡Tú puedes transformar tu pérdida! —como afirma mi amigo Jorge Córdoba en sus palabras preliminares—, ¡tú puedes! Tú puedes transmutar tu dolor en una oportunidad de crecimiento espiritual. Ésta puede ser una oportunidad para llevar a cabo una obra que beneficie al resto de la humanidad; puede ser una oportunidad para reorientar tu vida hacia algo que tenga mayor significado o puede ser la oportunidad para convertirte en la persona que realmente puedes ser.

Al final de nuestro viaje deseo brindarte este mensaje y pedirte que lo leas con los ojos del alma... Espero que te inspire a transformar tu vida con las herramientas que aquí te he brindado, y recuerda: ¡Vive cada día de tu vida como si fuera el último!, ¡vívelo con amor, fe y agradecimiento!

Evaluación de tu pérdida

Cuestionario II

¿Con cuál de las siguientes expresiones te identificas?

1. No quiero pensar en mi pérdida
2. Nunca volveré a ser feliz
3. Sólo a mí me suceden estas desgracias
4. El resto de las personas son felices
5. No me interesa el cuidado de mi salud
6. No creo en los grupos de apoyo
7. No creo en Dios
8. No creo en los guías espirituales
9. Siento mucha rabia
10. Siento mucho rencor
11. Nunca perdonaré a quien me ocasiona este dolor
12. No quiero hablar de la muerte
13. La vida es injusta
14. Si ocupo mi tiempo no necesito pensar en mi pérdida
15. No tengo que compartir con nadie mi dolor
16. Necesito ser fuerte ante los demás
17. Desde ahora no demostraré mis sentimientos
18. No creo que me llegue a recuperar
19. Nadie me entiende
20. Nunca más veré a mi ser querido
21. La religión no ayuda a sanar una pérdida
22. ¿Por qué me pasó a mí?
23. Soy culpable de sufrir esta pérdida
24. Algún día seré feliz

25 Aprenderé a vivir con esta pérdida
26 Sobreviviré la pérdida y transformaré mi vida
27 Prefiero estar en soledad
28 No quiero ayuda
29 He interiorizado mi pérdida
30 Llegaré a ser feliz de nuevo
31 Las pérdidas son parte de la vida
32 Todo el mundo enfrenta momentos difíciles en la vida
33 El cuidado de mi salud es muy importante
34 Los grupos de apoyo pueden brindar ayuda
35 Creo en la posibilidad de algo más fuerte que yo
36 En ciertos momentos necesitamos de guías espirituales
37 He logrado que la ira se aleje de mí
38 Guardar rencor no es sano para mi alma
39 He logrado perdonar
40 Es necesario hablar sobre la muerte
41 A veces la vida no es fácil, pero sigo adelante
42 Aunque es difícil, necesito procesar mi pérdida
43 Mucho me ayuda compartir mi pena
44 No necesito aparentar fortaleza ante los demás
45 Es importante demostrar mis verdaderos sentimientos
46 Llegará el día en el cual me habré recuperado
47 Existen personas que entienden mi dolor
48 Siempre llevaré en mi corazón a mi ser querido
49 La dimensión espiritual ayuda a encontrar significado
50 No soy la única persona enfrentando una pérdida
51 No soy culpable de esta pérdida
52 Ayudo a otros a conllevar su pérdida
53 Soy capaz de amar, empezando por mí
54 Al transformar mi pérdida puedo cambiar mi vida

Última reflexión

Al llegar al final de este libro lleno de sentimientos, esperanza y fortaleza, me doy cuenta de que yo misma he sufrido una transformación, ya que al pasar por el proceso de escribirlo y de conectarme con muchas personas a un nivel muy profundo he comprendido, una vez más, que lo que nos mueve y nos inspira a seguir adelante es el amor. Ésa es la fuerza que debe de prevalecer en nuestras almas. El amor sin egoísmo, lleno de compasión y entendimiento, el amor que da y no espera recibir. Y es solamente cuando desarrollamos esta capacidad de amar que podemos transformar las pérdidas y cambiar nuestra vida.

Desde el fondo de mi corazón te envío el mejor de los deseos, y te invito a que prosigas en tu desarrollo espiritual, ya que ese proyecto nunca termina, sólo se transforma.

Este libro es el primero de la serie Ventana a la Esperanza. En él se han compartido diversas pérdidas. Los siguientes libros se enfocarán en un solo tipo de pérdida.

Si tienes alguna historia que desees compartir puedes enviarme un mensaje a info@mymeaningfullife.com o visitar mi página web www.mymeaningfullife.com.

Notas y fuentes de origen

1 Kübler-Ross, Elizabeth: *On Death and Dying*. New York, McMillan, 1969.
2 DeSpelder, Lynne & Albert Lee Strickland: *The Last Dance. Encountering Death and Dying*.
3 Viorst, Judith: *Necessary Losses*. Fireside, 1987.
4 Kumar M. Sameet: *Grieving Mindfully*. New Harbinger Publications, 2005.
5 Doka, Kenneth J. Rev. Ed. Clergy to Clergy: *Helping You Minister to Those Confronting Illness, Death and Grief*. Hospice Foundation of America.
6 Freud, Sigmund: "Duelo y melancolía", en *Obras Completas* (Tomo xiv). Amorrortu Editores, 1917.
7 Martin, Terry L. & Kenned J. Doka: *Men Don't Cry. Women Do: Transcending Gender Stereotypes of Grief*. Brunner/Mazel, 2000.
8 Fitzgerald, H.: *The Mourning Handbook*. Fireside, 1995, p. 53.
9 Citada en DeSpelder, Lynne & Albert Lee Strickland: *The Last Dance. Encountering Death and Dying*. McGraw-Hill, 2005, p. 278.
10 Frankl, Viktor: *Man in Search of Meaning*. Beacon Press, 1959, Boston Massachussets. Aventin Press, San Diego California.Washington Square Press, 1984.
11 Beviones, Julio: *Vivir en la zona*. Editorial Brujas, 2006.
12 Klass, Dennis: *Solace and Immortality: Bereaved Parent's Continuing Bond with Their Children*. Death Studies, 1993, pp., 343-368.
13 Champ. Taller de Capacitación para Líderes de Grupos de Apoyo en el Luto. Baptist Helath South Florida, 2007.
14 Casa Bautista de Publicaciones, 2001.

15 Cowman, L. B.: *Streams in the Desert*. Zondervan, 1997, p. 149.

16 Byock, Ira, MD: *The Four Things that Matter Most*. New York, FreePress, 2004.

17 Parsons Zulli, Alice: *Healing Rituals: Powerful and Empowering* (Rituales curativos: poderosos y empoderantes), p. 272.

18 Felber Marta: *Finding your Way after Your Spouse Dies*. Ave María Press, Inc., 2000.

19 *The Dalai Lama in the Art of Happiness*. Hodder and Stoughton, by the Dalai Lama and Howard C. Cutler, 1998.

20 Neimeyer, Robert A.: *Lessons of Loss. A Guide to Coping*. Center for the Study of Loss and Transition, 2006.

21 http://www.madd.org

22 Richard Tedeschi y Lawrence G. Calhoun.

23 Kimble, Mervin: *Finding Meaning in the Face of Life's Changes: Viktor Frankl on Aging and Self-Transcendence*. ForSa, 2002, vol. 4, no. 1, pp. 2,7.

24 *Espiritualidad y tercera edad: La cuarta dimensión*. Curso virtual de Ligia M. Houben.

25 *When Bad Things Happen to Good People*. P. 148.

26 De Angelis, Barbara: *¿Cómo llegué acá?* P. 220.

27 Hill Napoleon: *Think and Grow Rich*. 1996.

FUENTES DE ORIGEN

Browne, Sylvia: *Light a Candle*. China, Angel Bea Publishing, 2006.

Byock, Ira, MD.: *The Four Things that Matter Most. A Book About Living*. FreePress, 2004.

Coelho, Paulo. *El alquimista*. HarperCollins, Edición Décimo Aniversario, 2002.

Cowman, L. B.: *Streams in the Desert. 365 Daily Devotional Readings*. Ed. James Reimann, Zondervan, 1997.

De Angelis, Barbara: *¿Cómo llegué acá?* Traducción de Rosana Elizalde. Rayo/HarperCollins, 2006.

DeSpelder, Lynn & Albert Lee Strickland: *The Last Dance. Encountering Death and Dying* (Seventh Edition). New York, McGraw-Hill, 2005.

Dyer, Wayne: *Wisdom of the Ages.* New York, Harper Collins, 2002.

Felber, Marta: *Finding your Way after Your Spouse Dies.* Ave Maria Press, 2000.

Fitzgerald, Helen: *The Mourning Handbook: The Most Comprehensive Resource Offering Practical and Compassionate Advice on Coping with All Aspects of Death and Dying.* Fireside, 1994.

Gomez-Bassols, Isabel: *Los 7 pasos para ser más feliz* (Fonolibro CD). Miami, Venevisión Internacional, 2006.

Gibran, Kahlil: *El loco.* Barcelona, España, Ramos-Majos, 1982.

_____: *El profeta.* Libro-Mex Editores S. de R. L., Argentina, no. 23-México D. F., 1983.

Hay, Louise L.: *El poder está dentro de ti.* Carlsbad, Hay House Inc., C. A., 1991.

_____ : *Vivir. Reflexiones sobre nuestro viaje por la vida.* Hay House Inc., 1995.

Hill, Napoleon: *Think and Grow Rich.* New York, Ballantine Books, 1996.

Houben, Ligia M.: *Espiritualidad y tercera edad. La cuarta dimensión.* Curso virtual, septiembre de 2007.

Keyes, Ken. Jr.: *Your Life is a Gift.* Coos Bay, Or Living Love Publications, 1987.

Kushner, Harold S.: *When Bad Things Happen to Good People.* New York, 1981.

Kumer, M. Sameet. PhD.: *Grieving Mindfully*. Oakland, New Harbinger Publications, 2005.

Living with grief. Who we are. How we grieve. Brunner/Mazel, Ed. Kenneth J. Doka & Joyce D. Davidson, Hospice Foundation for America, 1998.

Maxwell, J. C.: *Actitud 101. EE. UU.* Caribe-Betania Editores, 2003.

Meyer, Joyce: *El campo de batalla de la mente.*

Martínez-Houben, Ligia: *La Virgen María y la mujer nicaragüense: Historia y tradición.* Managua, Imprimatur, 2004.

Neimeyer, Robert A.: *Lessons of Loss. A Guide to Coping.* Center for the Study of Loss and Transition, 2006.

Staudacher, Carol: *Tiempo de duelo. Pensamientos para consolarse ante la perdida de un ser querido.* HarperCollins, 2006.

Tolle Eckhart: *The Power of Now [El poder del ahora].* New World Library, 2004.

Worden, William J.: *Grief Counseling and Grief Therapy. A Handbook for the Mental Health Practitioner.* New York, Springer, 2002.

Ziglar, Zig: *Goals: Setting And Achieving Them on Schedule.* Audio CD, 2002.

CareNotes

Baldwin Kathyln S.: *Taking the Time you Need to Grieve your Loss.* Abbey Press, 2004.

Diehl, Erin: *Finding Your Way After the Death of a Spouse.* Abbey Press, 2004.

Stout, Nancy: *Five Ways to Get Through the First Year of Loss.* Abbey Press, 2004.

Wheeler, Eugenie G.: *Finding Strength to Survive a Crisis or Tragedy.* Abbey Press, 2004.

Sobre la autora

Ligia M. Houben, especialista en temas de transición de vida, se desarrolla como consultora, educadora y conferencista. Está graduada de las licenciaturas en Psicología y en Estudios Religiosos en la Universidad de Miami, donde también obtuvo la Maestría en Estudios Religiosos, combinada con posgrados en Gerontología y Tanatología.

Como Tanatóloga y Consejera Certificada de Duelo se especializa en ayudar a personas que sufren pérdidas o limitaciones, mediante un proceso de transformación que genera el renacer espiritual y su consecuente crecimiento personal, cuya consecuencia es, integralmente, el cambio a una vida cualitativamente superior.

Sobre sus datos profesionales, su vasta experiencia y amplia práctica asistencial, puede el lector encontrar abundante información en su página web (que se consigna al final), donde además se puede consultar información complementaria, como sus intervenciones en grandes medios de comunicación (CNN en Español, entre otros); reseñas de sus conferencias nacionales e internacionales y relación de sus artículos, aparecidos en numerosas publicaciones especializadas de diversas partes del mundo.

Todo su rigor científico como profesora universitaria (de disciplinas como Muerte y Proceso de Defunción, Religión, y Ética) en aulas tradicionales y espacios virtuales acredita su práctica social, orientada a todas las edades y con especial énfasis en la tercera.

Programas de My Meaningful Life

Seminarios y talleres
A nivel nacional e internacional Ligia M. Houben ofrece seminarios y talleres sobre diversos temas, todos con el objetivo de propiciar tu enriquecimiento humano mediante un proceso de crecimiento y transformación.

Consultas personales y en línea
Para rebasar alguna situación que limita tu desarrollo personal y profesional no dudes en comunicarte con My Meaningful Life. En la consultora Ligia M. Houben encontrarás la respuesta adecuada para lograr, mediante un proceso avalado por resultados prácticos exitosos, el engrandecimiento de tu dimensión humana. Puedes utilizar los servicios de Consultoría On Line, mediante buzón electrónico o telefonía (ver referencia a final de página).

Ligia M. Houben es también autora del libro *La Virgen María y la mujer nicaragüense: historia y tradición*, un ensayo único que explora la devoción mariana con estilo directo, ameno y de fácil comprensión.

Información de contacto
Si deseas conocer sobre este Programa Integral de Enriquecimiento Personal puedes comunicarte a través de:
(305) 666-99 42 y (305) 299-53 70
info@mymeaningfullife.com

o visitar las páginas:
www.mymeaningfullife.com
www.elvalordemivida.com

Transforma tu pérdida.
Una antología de fortaleza y esperanza
se terminó de imprimir en Insight Publishing, EUA
en noviembre de 2007.
Son 2.000 ejemplares
impresos en papel White Smooth de 60 libras.